高职高专经济管理类·专业基础课系列教材

统计学与数据分析基础

主　编　林以琳

副主编　吴　娟　蓝雅卿　黄贞贞　王亚均

厦门大学出版社

XIAMEN UNIVERSITY PRESS

国家一级出版社

全国百佳图书出版单位

图书在版编目(CIP)数据

统计学与数据分析基础 / 林以琳主编. -- 厦门：厦门大学出版社，2024.8. --（高职高专经济管理类·专业基础课系列教材）. -- ISBN 978-7-5615-9432-2

Ⅰ. C8；TP274

中国国家版本馆 CIP 数据核字第 20241QU901 号

责任编辑　江珏玙
美术编辑　李嘉彬
技术编辑　朱　楷

出版发行　*厦门大学出版社*

社　　　址　厦门市软件园二期望海路 39 号
邮政编码　361008
总　　　机　0592-2181111　0592-2181406(传真)
营销中心　0592-2184458　0592-2181365
网　　　址　http://www.xmupress.com
邮　　　箱　xmup@xmupress.com
印　　　刷　厦门市金凯龙包装科技有限公司

开本　　787 mm×1 092 mm　1/16
印张　　18.25
字数　　420 千字
版次　　2024 年 8 月第 1 版
印次　　2024 年 8 月第 1 次印刷
定价　　56.00 元

本书如有印装质量问题请直接寄承印厂调换

厦门大学出版社
微信二维码

厦门大学出版社
微博二维码

前　言

在大数据时代,无论是宏观经济管理还是企业生产经营管理,都离不开数据和数据分析。统计学是数据分析的基础,统计分析软件是数据分析的工具。调研发现,当前数据分析类岗位主要有数据挖掘、数据开发、数据分析、数据运营等方向,主要使用 Excel、SPSS、SAS 等作为工具对数据进行统计分析。高职毕业生主要的就业阵地是中小企业,对数据分析的需求主要以数据统计分析为主,广泛地使用 Excel 作为最常用的统计分析工具。因此,掌握统计基本理论和方法,能熟练使用 Excel 工具进行数据分析是财经类高职人才的必备能力。

本教材遵循理论够用、强化应用、培养技能的原则,将统计知识与目前应用最广的 Excel 软件相结合,着力提高学生对经济现象的分析能力、运用计算机软件解决统计问题的能力,为学生后续进行商务数据分析打下坚实的基础。本书共有八个项目,每个项目以知识目标、能力目标、知识结构图、导入阅读引入,讲解理论知识,以习题巩固知识,以数据分析应用案例和 Excel 2016 的操作引领学生实训。

本教材的主要特点体现在:

1.强化课程思政,落实立德树人根本任务

以践行社会主义核心价值观为基本原则,挖掘统计活动过程中的课程思政元素,将树立正确价值观融入人才培养。举例紧密结合改革开放和现代化经济建设的实际,加深学生对我国国情国力的了解,增强历史责任感。

2.融入新技术、新工艺，突出知识、技能、素养，全方位育人

当前市场上的同类教材主要有两类，一类只介绍统计知识，一类只介绍 Excel 在统计中的应用，较少有教材同时把统计知识与 Excel 应用结合起来，或仅把 Excel 统计函数作为附录，这种做法不利于高职学生把知识和技能有机结合起来。本教材针对高职学生的学习特点，立足于统计应用，介绍统计相关知识和方法，避免统计公式的推导，用 Excel 完成统计计算，并给出了详细的操作步骤，方便学生理解和使用，提升数字素养。

3.配套完善教学资源，创新教材形式，满足教学需要

本教材配备 PPT 课件、习题及习题答案、案例资料、统计基本数据实训素材等教学资源，同时，配套丰富的拓展资源，以二维码形式呈现，可用于教师教学，也可用于学生自学，为实现教中学、学中做、做中教的"教学做合一"提供良好条件。

本教材由林以琳担任主编，吴娟、蓝雅卿、黄贞贞、王亚均担任副主编。其中，全书结构体例及统编定稿由林以琳完成，项目五（动态数列分析）、项目六（统计指数分析）由吴娟编写，项目二（统计调查）、项目三（统计整理）由蓝雅卿编写，项目一（认识统计）、项目四（综合指标）由黄贞贞编写，项目七（抽样推断分析）、项目八（相关与回归分析）由王亚均编写，各项目中的 Excel 应用部分由林以琳编写。每个项目的知识结构图由漳州职业技术学院 2020 级电子商务（五年专）专业朱晓彤同学绘制。

由于编者水平有限，书中难免存在不妥之处，敬请广大读者批评指正。

编者

2024 年 6 月

目录

项目一　认识统计

学习目标

知识目标

1. 理解统计的内涵；
2. 理解统计的研究对象、特点和基本职能；
3. 掌握统计的工作过程与研究方法；
4. 理解统计学中的基本概念；
5. 认识常用的统计软件。

能力目标

1. 能够理解基本的统计现象；
2. 能够分辨统计学常用基本概念之间的区别与联系；
3. 能够结合具体统计任务初步规划统计工作；
4. 能够根据统计研究目的正确设计总体、总体单位与标志、标志表现、指标等。

思政目标

1. 了解我国统计的有关资料，了解我国国情；
2. 通过对优秀统计学家热爱祖国、兢兢业业工作的光荣事迹的学习，增强爱国主义情怀。

🔍 知识结构图

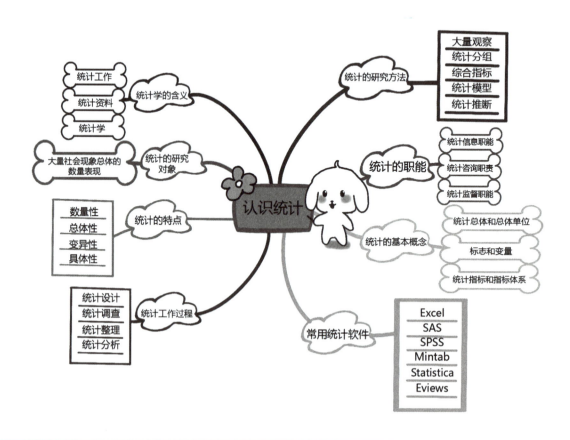

📋 导入阅读

2023年国民经济回升向好　高质量发展扎实推进

　　2023年,面对复杂严峻的国际环境和艰巨繁重的国内改革发展稳定任务,在以习近平同志为核心的党中央坚强领导下,各地区各部门认真贯彻落实党中央、国务院决策部署,坚持稳中求进工作总基调,完整、准确、全面贯彻新发展理念,加快构建新发展格局,全面深化改革开放,加大宏观调控力度,着力扩大内需、优化结构、提振信心、防范化解风险,我国经济回升向好,供给需求稳步改善,转型升级积极推进,就业物价总体稳定,民生保障有力有效,高质量发展扎实推进,主要预期目标圆满实现。

　　初步核算,全年国内生产总值1 260 582亿元,按不变价格计算,比上年增长5.2％。分产业看,第一产业增加值89 755亿元,比上年增长4.1％;第二产业增加值482 589亿元,增长4.7％;第三产业增加值688 238亿元,增长5.8％。分季度看,一季度国内生产总值同比增长4.5％,二季度增长6.3％,三季度增长4.9％,四季度增长5.2％。从环比看,四季度国内生产总值增长1.0%。

一、粮食产量再创新高，畜牧业生产稳定增长

全年全国粮食总产量69 541万吨，比上年增加888万吨，增长1.3%。其中，夏粮产量14 615万吨，下降0.8%；早稻产量2 834万吨，增长0.8%；秋粮产量52 092万吨，增长1.9%。分品种看，稻谷产量20 660万吨，下降0.9%；小麦产量13 659万吨，下降0.8%；玉米产量28 884万吨，增长4.2%；大豆产量2 084万吨，增长2.8%。油料产量3 864万吨，增长5.7%。全年猪牛羊禽肉产量9 641万吨，比上年增长4.5%；其中，猪肉产量5 794万吨，增长4.6%；牛肉产量753万吨，增长4.8%；羊肉产量531万吨，增长1.3%；禽肉产量2 563万吨，增长4.9%。牛奶产量4 197万吨，增长6.7%；禽蛋产量3 563万吨，增长3.1%。全年生猪出栏72 662万头，增长3.8%；年末生猪存栏43 422万头，下降4.1%。

二、工业生产稳步回升，装备制造业增长较快

全年全国规模以上工业增加值比上年增长4.6%。分三大门类看，采矿业增加值增长2.3%，制造业增长5.0%，电力、热力、燃气及水生产和供应业增长4.3%。装备制造业增加值增长6.8%，增速比规模以上工业快2.2个百分点。分经济类型看，国有控股企业增加值增长5.0%；股份制企业增长5.3%，外商及港澳台商投资企业增长1.4%；私营企业增长3.1%。分产品看，太阳能电池、新能源汽车、发电机组（发电设备）产品产量分别增长54.0%、30.3%、28.5%。12月份，规模以上工业增加值同比增长6.8%，环比增长0.52%。1—11月份，全国规模以上工业企业实现利润总额69 823亿元，同比下降4.4%；其中11月份增长29.5%，连续4个月增长。

三、服务业增长较快，接触型聚集型服务业明显改善

全年服务业增加值比上年增长5.8%；其中，住宿和餐饮业，信息传输、软件和信息技术服务业，租赁和商务服务业，交通运输、仓储和邮政业，金融业，批发和零售业分别增长14.5%、11.9%、9.3%、8.0%、6.8%、6.2%。12月份，服务业生产指数同比增长8.5%；其中，住宿和餐饮业，信息传输、软件和信息技术服务业生产指数分别增长34.8%、13.8%。1—11月份，规模以上服务业企业营业收入同比增长8.5%；其中，文化、体育和娱乐业，信息传输、软件和信息技术服务业，租赁和商务服务业营业收入分别增长18.9%、12.8%、12.7%。

四、市场销售较快恢复，服务消费快速增长

全年社会消费品零售总额471 495亿元，比上年增长7.2%。按经营单位所在地分，城镇消费品零售额407 490亿元，增长7.1%；乡村消费品零售额64 005亿元，增长8.0%。按消费类型分，商品零售418 605亿元，增长5.8%；餐饮收入52 890亿元，增长20.4%。基本生活类商品销售稳定增长，限额以上单位服装、鞋帽、针纺织品类，粮油、食品类商品零售额分别增长12.9%、5.2%。升级类商品销售较快增长，限额以上单位金银珠宝类，体育、娱乐用品类，通信器材类商品零售额分别增长13.3%、11.2%、7.0%。全国网上零售额154 264亿元，比上年增长11.0%。其中，实物商品网上零售额130 174亿元，增长8.4%，占社会消费品零售总额的比重为27.6%。12月份，社会消费品零售总额同比增长7.4%，环比增长0.42%。全年服务零售额比上年增长20.0%。

五、固定资产投资规模增加，高技术产业投资增势较好

全年全国固定资产投资（不含农户）503 036亿元，比上年增长3.0%；扣除价格因素影响,增长 6.4%。分领域看,基础设施投资增长 5.9%,制造业投资增长 6.5%,房地产开发投资下降 9.6%。全国商品房销售面积 111 735 万平方米,下降 8.5%;商品房销售额 116 622 亿元,下降 6.5%。分产业看,第一产业投资下降 0.1%,第二产业投资增长 9.0%,第三产业投资增长 0.4%。民间投资下降 0.4%;扣除房地产开发投资,民间投资增长 9.2%。高技术产业投资增长 10.3%,快于全部投资 7.3 个百分点;其中,高技术制造业、高技术服务业投资分别增长 9.9%、11.4%。高技术制造业中,航空、航天器及设备制造业,计算机及办公设备制造业,电子及通信设备制造业投资分别增长 18.4%、14.5%、11.1%;高技术服务业中,科技成果转化服务业、电子商务服务业投资分别增长 31.8%、29.2%。12 月份,固定资产投资(不含农户)环比增长 0.09%。

六、货物进出口总体平稳,贸易结构持续优化

全年货物进出口总额 417 568 亿元,比上年增长 0.2%。其中,出口 237 726 亿元,增长 0.6%;进口 179 842 亿元,下降 0.3%。进出口相抵,贸易顺差 57 884 亿元。民营企业进出口增长 6.3%,占进出口总额的比重为 53.5%,比上年提高 3.1 个百分点。对共建"一带一路"国家进出口增长 2.8%,占进出口总额的比重为 46.6%,比上年提高 1.2 个百分点。机电产品出口增长 2.9%,占出口总额的比重为 58.6%。12 月份,货物进出口总额 38 098 亿元,同比增长 2.8%。其中,出口 21 754 亿元,增长 3.8%;进口 16 345 亿元,增长 1.6%。

七、居民消费价格小幅上涨,核心 CPI 总体平稳

全年居民消费价格(CPI)比上年上涨 0.2%。分类别看,食品烟酒价格上涨 0.3%,衣着价格上涨 1.0%,居住价格持平,生活用品及服务价格上涨 0.1%,交通通信价格下降 2.3%,教育文化娱乐价格上涨 2.0%,医疗保健价格上涨 1.1%,其他用品及服务价格上涨 3.2%。在食品烟酒价格中,猪肉价格下降 13.6%,鲜菜价格下降 2.6%,粮食价格上涨 1.0%,鲜果价格上涨 4.9%。扣除食品和能源价格后的核心 CPI 上涨 0.7%。12 月份,居民消费价格同比下降 0.3%,环比上涨 0.1%。全年工业生产者出厂价格比上年下降 3.0%;12 月份同比下降 2.7%,环比下降 0.3%。全年工业生产者购进价格比上年下降 3.6%;12 月份同比下降 3.8%,环比下降 0.2%。

八、就业形势总体稳定,城镇调查失业率下降

全年全国城镇调查失业率平均值为 5.2%,比上年下降 0.4 个百分点。12 月份,全国城镇调查失业率为 5.1%。本地户籍劳动力调查失业率为 5.2%;外来户籍劳动力调查失业率为 4.7%,其中外来农业户籍劳动力调查失业率为 4.3%。不包含在校生的 16～24 岁、25～29 岁、30～59 岁劳动力调查失业率分别为 14.9%、6.1%、3.9%。31 个大城市城镇调查失业率为 5.0%。全国企业就业人员周平均工作时间为 49.0 小时。全年农民工总量 29 753 万人,比上年增加 191 万人,增长 0.6%;其中,本地农民工 12 095 万人,下降 2.2%;外出农民工 17 658 万人,增长 2.7%。农民工月均收入水平 4 780 元,比上年增长 3.6%。

九、居民收入继续增加,农村居民收入增速快于城镇

全年全国居民人均可支配收入 39 218 元,比上年名义增长 6.3%,扣除价格因素实际增长 6.1%。按常住地分,城镇居民人均可支配收入 51 821 元,比上年名义增长 5.1%,扣除价格因素实际增长 4.8%;农村居民人均可支配收入 21 691 元,比上年名义增长 7.7%,扣除价格因素实际增长 7.6%。全国居民人均可支配收入中位数 33 036 元,比上年名义

增长 5.3%。按全国居民五等份收入分组,低收入组人均可支配收入 9 215 元,中间偏下收入组 20 442 元,中间收入组 32 195 元,中间偏上收入组 50 220 元,高收入组 95 055 元。全年全国居民人均消费支出 26 796 元,比上年名义增长 9.2%,扣除价格因素实际增长 9.0%。全国居民人均食品烟酒消费支出占人均消费支出的比重(恩格尔系数)为 29.8%,比上年下降 0.7 个百分点;全国居民人均服务性消费支出增长 14.4%,占人均消费支出的比重为 45.2%,比上年提高 2.0 个百分点。

十、人口总量有所减少,城镇化率持续提高

年末 31 个省、自治区、直辖市和现役军人的人口(不包括居住在 31 个省、自治区、直辖市的港澳台居民和外籍人员)140 967 万人,比上年末减少 208 万人。全年出生人口 902 万人,人口出生率为 6.39‰;死亡人口 1 110 万人,人口死亡率为 7.87‰;人口自然增长率为 -1.48‰。从性别构成看,男性人口 72 032 万人,女性人口 68 935 万人,总人口性别比为 104.49(以女性为 100)。从年龄构成看,16~59 岁的劳动年龄人口 86 481 万人,占全国人口的比重为 61.3%;60 岁及以上人口 29 697 万人,占全国人口的 21.1%,其中 65 岁及以上人口 21 676 万人,占全国人口的 15.4%。从城乡构成看,城镇常住人口 93 267 万人,比上年末增加 1 196 万人;乡村常住人口 47 700 万人,减少 1 404 万人;城镇人口占全国人口的比重(城镇化率)为 66.16%,比上年末提高 0.94 个百分点。

总的来看,2023 年我国顶住外部压力、克服内部困难,国民经济回升向好,高质量发展扎实推进,主要预期目标圆满实现,全面建设社会主义现代化国家迈出坚实步伐。同时也要看到,当前外部环境复杂性、严峻性、不确定性上升,经济发展仍面临一些困难和挑战。下阶段,要坚持以习近平新时代中国特色社会主义思想为指导,全面贯彻落实党的二十大和二十届二中全会精神,按照中央经济工作会议部署,完整、准确、全面贯彻新发展理念,加快构建新发展格局,着力推动高质量发展这一首要任务,坚持稳中求进、以进促稳、先立后破,加大宏观调控力度,统筹扩大内需和深化供给侧结构性改革,统筹新型城镇化和乡村全面振兴,统筹高质量发展和高水平安全,切实增强经济活力、防范化解风险、提高社会预期,巩固和增强经济回升向好态势,持续推动经济实现质的有效提升和量的合理增长。

(资料来源:国家统计局)

任务一　认识统计的研究对象

一、统计的含义

一般来说,统计包括三个含义:统计工作、统计资料和统计学。

统计工作,即统计实践,是指根据科学的方法从事统计设计、搜集、整理、分析研究和提供各种统计资料的实践活动的总称。其工作过程包括统计设计、统计调查、统计整理与统计分析,其成果表现为统计资料。

统计资料,是指通过统计工作取得的,用来反映一定经济社会现象总体或自然现象总体的客观特征及其规律的数字资料、文字资料、图表资料及其他相关资料的总称,包括统计年鉴、统计公报、统计报告及其他有关统计信息资料。

统计学,是为统计活动提供数量研究和认识规律的科学方法,核心是关于数据的搜集、整理、归纳、分析的原理和方法。目前的主流观点认为,统计学是研究如何搜集数据、整理数据、分析数据,以便从中作出正确推断的认识方法论科学。

统计工作、统计资料、统计学三者之间的关系比较密切。统计资料是统计工作的成果,统计学与统计工作是理论与实践的辩证关系。了解和掌握统计学的基本理论和方法,是做好统计工作、取得统计资料的基础。

扫码阅读▼
统计

 巩固加深

【练习】下列资料中"统计"一词的含义是什么?

1.小王是学统计的。

2.他已经搞了十几年统计了。

3.据统计,今年一季度某种商品物价出现负增长。

4.请统计一下今天的销售量。

二、统计的研究对象

统计的研究对象是指统计所要认识的客体,是大量社会现象(主要是经济现象)总体的数量表现,即社会经济现象总体的数量特征、数量关系及其规律性表现。具体来说,就是采用科学的方法,搜集、整理、分析实际数据,并通过统计指标和指标体系来表明现象的规模、水平、速度、比例和效益等。

社会经济现象包括自然现象以外的社会政治、经济、文化、人民生活等领域的各种现象。比如,国民财富与资产、人口与劳动力资源、生产与消费、财政与金融、教育与科技发展状况、城乡人民物质文化生活水平等。通过对这些基本的社会经济现象的数量方面的认识,达到对整个社会的基本认识。

> **阅读资料**

2023年12月份社会消费品零售总额增长7.4%

2023年12月份,社会消费品零售总额43 550亿元,同比增长7.4%。其中,除汽车以外的消费品零售额38 131亿元,增长7.9%。

2023年,社会消费品零售总额471 495亿元,比上年增长7.2%。其中,除汽车以外的消费品零售额422 881亿元,增长7.3%。

按经营单位所在地分,12月份,城镇消费品零售额37 071亿元,同比增长7.2%;乡村消费品零售额6 479亿元,增长8.9%。2023年,城镇消费品零售额407 490亿元,比上年增长7.1%;乡村消费品零售额64 005亿元,增长8.0%。

按消费类型分,12月份,商品零售38 145亿元,同比增长4.8%;餐饮收入5 405亿元,增长30.0%。2023年,商品零售418 605亿元,比上年增长5.8%;餐饮收入52 890亿元,增长20.4%。

按零售业态分,2023年,限额以上零售业单位中百货店、便利店、专业店、品牌专卖店零售额比上年分别增长8.8%、7.5%、4.9%、4.5%,超市零售额比上年下降0.4%。

2023年,全国网上零售额154 264亿元,比上年增长11.0%。其中,实物商品网上零售额130 174亿元,增长8.4%,占社会消费品零售总额的比重为27.6%;在实物商品网上零售额中,吃类、穿类、用类商品分别增长11.2%、10.8%、7.1%。

(资料来源:国家统计局)

三、统计的特点

(一)数量性

由于社会经济统计的研究对象是社会经济现象的总体数量方面,因此,数量性就成为社会经济统计的首要特点。数量性包含三个方面:(1)数量特征,即社会经济现象的规模、大小、水平等;(2)数量关系,即社会经济现象的内部结构、比例关系、相关关系等;(3)数量界限,即引起社会经济现象质量互变的数量界限,如完成计划与未完成计划是质的差别,计划完成程度100%就是质与量互变的界限。

(二)总体性

统计的研究对象不是个体现象的数量方面,而是社会经济现象总体的数量方面。统计的结果都是描述总体特征的,但总体又是由个体构成的,所以要认识总体必须从个体入手进行调查研究。例如,进行城镇住户调查,需要对具体的居民家庭进行调查,但是其目的并不在于了解个别居民家庭的生活状况,而是要反映一个国家、一个城市的居民收入水平、收入分配、消费水平、消费结构等。只有把大量的个体数量资料加以科学汇总，才能表现出总体的数量特征。"研究个体"是过程和手段，"反映总体"才是结果和目的。

(三)变异性

变异性是统计研究同类现象总体数量特征的前提。构成总体的各单位除了某一方面或几方面性质相同以外，必须在其他方面存在着差别，而这些差异并不是事先可以预知的。如各种股票的价格和成交量每天不同，所以需要对其进行统计，编制股票指数等指标。总体各单位的变异表现为个别现象的特殊性和偶然性，而对现象总体的数量研究，则是通过大量观察，从各单位的变异中归纳概括出其共同特征，揭示现象的普遍性和必然性。

(四)具体性

社会经济统计具有具体性的特点，即统计研究的是客观现象在具体时间、地点、条件下的数量，而不是抽象的数量，这是统计学与数学的一个重要区别。如"2023 年全年国内生产总值 1 260 582 亿元，比上年增长 5.2％"是很具体的统计量，而数学研究的量是抽象的量，如"正方形的面积 $S=a^2$"就是抽象的数量关系，不受时间、地点、条件的限制。

四、统计工作的过程

统计工作是运用各种统计特有的方法对社会经济现象进行调查研究以认识其本质和规律的一种认识活动。为了准确、及时地反映客观现象，保证统计质量，统计也有其相应的工作规范，一个完整的统计工作过程一般分为统计设计、统计调查、统计整理、统计分析四个阶段。

(一)统计设计

统计设计就是根据统计的研究对象的性质、统计的任务和目的，对统计活动的各个方面和各个环节加以通盘考虑和安排。统计设计的结果就是形成统计设计方案，包括统计指标体系、调查方案、整理方案以及调查时限和组织形式等。这是统计行动的依据。

(二)统计调查

统计调查即统计资料的搜集，这一阶段的主要任务是根据统计设计方案的要求，采用各种调查组织形式和调查方法，有计划、有组织地收集客观现象的第一手资料，即对所研究总体的各个单位进行观察、登记，准确、及时、完整、系统地搜集原始资料的工作过程。这一阶段是认识事物的起点，是统计开展定量研究的开始，也是进一步进行统计资料整理和分析的基础环节。

(三)统计整理

统计整理是统计调查的继续，是运用科学的方法对统计调查所搜集到的统计资料进行科学汇总、整理，使个体的、零散的资料条理化、系统化的工作过程。整理后的资料不再是反映个体现象数量特征的调查资料,而是反映客观现象总体数量特征的综合统计资料。统计整理的结果一般表现为各种统计表、统计图。这一阶段是统计研究的中间阶段,为后续统计分析创造条件,在统计工作中起着承前启后的作用。

(四)统计分析

统计分析是借助统计分析工具对已经经过加工汇总整理的资料进行综合分析研究。通过统计分析可以揭示所研究的客观现象的数量特征、内在联系和客观现象发展变化的本质规律,得出科学的结论,进而提出建议和意见并进行科学的统计预测。统计分析是对客观现象在定量分析和定性分析认识上的深化,是统计研究的决定性阶段,也是统计发挥信息、咨询和监督职能的关键阶段。

统计工作过程四个阶段的工作要求各有不同,工作内容有相对的独立性,但各个阶段又是相互联系、不可分割的,一般情况下依序进行,但某些情况下各阶段也相互交叉和渗透。在实际工作中,只有做好每一阶段的工作,才能保证整个统计工作优质、高效地完成。

五、统计的研究方法

统计的研究方法很多,但归纳起来,最基本的方法有大量观察法、统计分组法、综合指标法、统计模型法、统计推断法等,准确把握这些方法的基本思想和精神实质,对于搞好统计工作具有十分重要的意义。

(一)大量观察法

大量观察法是统计的基本方法之一,是指从社会经济现象的总体出发,对其全部单位或足够多数单位进行数量观察的统计方法,其主要依据是大数定律。社会现象或自然现象都受各种社会规律或自然规律相互交错作用的影响。在现象总体中,个别单位往往受偶然因素的影响,如果任选其中之一进行观察,其结果不足以代表总体的一般特征;只有观察全部或足够数量的单位并加以综合,影响个别单位的偶然因素才会相互抵消,现象的一般特征才能显示出来。例如,为了研究城乡人民物质生活的提高程度,就要观察足够多的职工、农民家庭的收支情况,才能得出正确的结论。我国的统计实践广泛运用大量观察法,以保证从整体上认识事物。

(二)统计分组法

统计分组法是统计整理和统计分析的基本方法之一,是根据所研究现象的特点和研究的目的,按一定的标志,将总体划分为若干个部分或组的方法。由于所研究现象本身的复杂性、差异性和多层次性,因此需要根据统计研究问题的目的和现象的性质特点,选择不同的分组标志对总体进行不同的分组,以反映总体的构成和现象之间的依存关系,如在经济统计中,按产业分为第一产业、第二产业和第三产业。统计分组法的应用贯穿于整个统计工作的全过程。

(三)综合指标法

综合指标法是指运用各种统计综合指标来反映社会经济现象总体的一般数量特征和数量关系的研究方法。对大量的原始资料进行整理汇总,计算各种综合指标,可以反映现象在具体时间、地点条件下的总量规模、相对水平、平均水平和变异程度等。常见的综合指标有总量指标、相对指标、平均指标和标志变异指标等。现象总体的综合指标概括地描述了总体在数量方面的综合特征和变动趋势。

综合指标法还可以用来探讨总体内部的各种数量关系,有利于揭露矛盾、发现问题、寻找解决问题的方法。

(四)统计模型法

统计模型法是指根据一定的经济理论和假设条件,用数学方程式去模拟社会经济现象相互关系的一种研究方法。利用这种方法可以对复杂的现象总体在空间、时间上的客观存在的数量关系进行近似的描述,对社会经济现象的发展变化进行数量上的评价和预测。统计模型分析主要有相关与回归分析、统计预测等。

(五)统计推断法

统计推断法是一种常用的统计学研究方法,用于在有限的样本数据的基础上,对总体的特征进行推断和估计。它的基本步骤包括确定研究目的和研究假设、选择样本、计算样本统计量、根据样本统计量计算统计量的置信区间和对推断结果进行检验。

在运用统计方法时,必须注意根据实际情况和需要,分别采用不同的统计方法,还要善于把多种统计方法综合运用,相互补充。

六、统计的职能

统计的最初功能是为统治者了解国情和管理国家提供数据依据。在统计的发展中,虽然其职能发生了很大变化,但是反映国情国力、为国家管理提供基础信息的职能却始终未变并且不断得到强化。大多数国家都有特定的机构专门负责经济和社会的统计工作,为人们提供关于一个国家现状和发展前景的重要的数量化信息,这就是政府统计。政府统计具有信息、咨询、监督三大职能。

(一)统计信息职能

统计信息职能是指统计具有信息服务的功能,也就是统计通过系统的搜集、整理和分析,得到统计资料,在统计资料的基础上再经过反复提炼筛选,提供大量有价值的、以数量描述为基本特征的统计信息,为社会服务。

(二)统计咨询职能

统计咨询职能是指统计具有提供咨询建议和对策方案的服务功能,也就是指统计部门利用所掌握的大量的统计信息资源,经过进一步的分析、综合、判断,为宏观和微观决策以及科学管理提供咨询建议和对策方案。统计咨询分为有偿咨询和无偿咨询两种。统计咨询应更多地走向市场。

(三)统计监督职能

统计监督职能是指统计具有揭示社会经济运行中的偏差,促使社会经济运行不偏离正常轨道的功能,也就是统计部门以定量检查、经济监测、预警指标体系等为手段,揭示社会经济决策及其执行过程中的偏差,使社会经济决策及其执行过程按客观规律的要求进行。

统计信息职能是统计最基本的职能,是统计咨询和统计监督职能能够发挥作用的保证,反过来统计咨询和统计监督职能的强化又会促进统计信息职能的强化。统计的三种功能相辅相成、相互作用,构成了一个有机整体。

扫码阅读▼
胸中有"数"

 人物传记

扫码阅读▼
许宝騄:中国概率统计事业奠基人

任务二　认识统计的基本概念

统计学在研究客观现象的数量特征和数量关系时,会涉及一些专业用语,即统计常用的基本概念。这些基本概念主要包括统计总体和总体单位、标志和统计指标、变量和变量值、指标体系等。掌握这些概念的准确含义,对学习统计这门学科是非常重要的。

一、统计总体和总体单位

(一)概念的界定

我们研究现象总体的数量特征,首先要明确统计总体和总体单位的界定。统计总体是根据一定的目的和要求所确定的研究事物的全体,它是由客观存在的、具有某种共同性质的许多个别事物所构成的整体。构成总体的每个个别事物称为总体单位。例如,要调查某班 40 名学生的学习情况,统计总体就是该班的 40 名同学,总体单位则是该班的每一名同学。

扫码阅读▼
总体与总体单位

统计总体按照总体单位是否可数分为有限总体和无限总体。有限总体是指总体中包括的单位数是有限的。例如,某地区的工业企业、某地区的城镇居民、某校的在校学生、某图书馆的藏书等。无限总体是指总体中包含的个别事物很多,以致无法计量。例如,空气中的氧气、宇宙中的星球、海洋里的鱼类等。统计所研究的大部分总体都是有限总体,可以采用全面调查,也可以采用非全面调查的方式进行研究。对于无限总体,只能调查其中的一部分单位,用部分单位的数据推断总体特征。

　想一想

发展乡村民宿是实现城乡融合、乡村振兴的关键抓手,是生态涵养区落实"两山"理论、实现绿色发展的有益探索和生动实践。为深入把脉乡村民宿发展现状、

促进传统农家乐升级，着力挖掘乡村民宿助力乡村经济高质量发展的实现路径，服务市委市政府科学施策，某市统计局拟开展某市乡村民宿发展情况调查。

问：上述资料中，统计调查的总体和总体单位分别是什么？

(二)总体的特征

1.同质性

同质性是指构成总体的个别事物至少在某一点上必须具有共同的性质。这既是形成总体的必要条件，也是它的重要特征。同质性是确定统计总体的基本标准，研究目的不同，所确定的总体也就不同，其同质性也随之变化。例如，研究×市居民的生活状况，×市的全部居民就构成了统计总体，这个统计总体的同质性就体现在他们都属于×市。如果研究的是×市中低收入居民的生活状况，那么×市的全部中低收入居民就构成了统计总体，其同质性就体现在他们都属于×市的中低收入居民。由此可见，随着同质性的增加，总体范围越来越小。

2.大量性

大量性是指统计总体应该由足够数量的同质性总体单位构成，只是少数或个别事物构不成总体。统计对总体数量特征的研究目的是要探索、揭示现象的规律，而现象的规律只有通过大量观察才能显现出来。少数总体单位的现象有很大的偶然性，大量观察才能表现出现象的规律性和共同性。例如要进行某省高校毕业生的就业情况调查，简单抽取该省某一所高校的毕业生进行调查，将会影响统计调查结果的准确性，其结果肯定无法代表该省高校毕业生的就业情况。

3.差异性

差异性是指构成总体的个别事物，除了在某一点上具有相同性质之外，其他方面是有差异的。差异性是统计的前提条件。统计研究的是同质总体数量方面的特征，目的是掌握其规律性并应用于个体实践。如果个体之间没有差异，就失去统计的意义了。

(三)总体和总体单位的关系

1.二者相互依存、互为前提

总体单位包含在总体之中，总体单位属于总体，是总体中的一个分子，许多单位构成了总体。

2.总体和总体单位是相对的，随着研究目的的不同可相互转化

同一个研究对象，在一种情况下是总体，在另一种情况下可能是总体单位。例如，研究某班级同学的图书借阅情况，统计总体是该班的全体同学，总体单位是该班的每位同学；若研究的是某校各班级的图书借阅情况，统计总体是该校全部的班级，该校的每一个班级只是总体单位。

巩固加深

【练习】某省现有 56 所高职院校,在校生 450 000 人,教职工 32 000 人,若要对该省高职院校进行教学水平评估,其总体和总体单位分别是什么?

二、标志和变量

(一)标志与标志表现

标志是说明总体单位特征的名称,每个总体单位都有许多表示其属性和特征的名称。例如,每位同学都有班级、姓名、性别、籍贯、年龄、身高等属性或特征。标志与个体的关系十分明确,标志是说明个体的属性或特征的名称,如果没有个体,标志就失去了意义。如我们做自我介绍时,通常使用的就是各种标志,使用的标志越多,描述就越具体。若没有指定具体的某个个体,属性或特征就无从谈起,因此,个体是标志的直接承担者。

标志表现是指标志在各单位的具体表现,即个体在某一标志上所具有的属性或数值。如某位同学用上述班级、姓名、性别、籍贯、年龄、身高等标志定义时,其相应的标志表现为:2023 级电子商务 1 班、李明、男、福建厦门、18 岁、178 cm 等。

按照标志表现形式的不同,标志可分为品质标志和数量标志。在上述例子中,班级、姓名、性别、籍贯都属于反映总体单位属性方面的特征,是反映事物质的特征的标志,即品质标志。品质标志一般用文字来表现。年龄、身高属于反映总体单位数量特征的名称,是反映事物量的特征的标志,即数量标志。数量标志一般用数字表现和计量。

品质标志和数量标志的标志表现分别为品质标志表现和数量标志表现。例如,上述例子中的品质标志的标志表现"2023 级电子商务 1 班、李明、男、福建厦门",称为品质标志表现;数量标志的标志表现"18 岁、178 cm",称为数量标志表现。由于数量标志一般用数值来表现,故数量标志表现又称为标志值。

(二)变量和变量值

变量是可变的数量标志。如何理解"可变"? 比如某班学生的身高不可能都一样,那么身高这个数量标志就是变量。当一个方阵全部由身高 178 cm 的学生组成时,若以这个方阵的学生为研究对象,身高就是数量标志,但因每个学生的身高都是 178 cm,所以此时的身高就不是变量。

变量的具体数值叫作变量值。比如,3 位学生的年龄分别为 18 岁、19 岁、20 岁,那么 18 岁、19 岁、20 岁就是变量值。

变量按其变量值是否连续可分为离散型变量和连续型变量两种。离散型变量是指变量值是整数形式的,如人数、企业数、机器设备台数等只能取整数,不能用小数表示,当取小数时,变量就失去了经济含义。离散型变量用计数的方法取得变量值。连续型变量的数值是连续不断的,相邻两数值之间可以进行无限分割,取整数和取小数都具有经济含义。如产值、收入、身高、体重等,它们的取值可以是整数也可以是小数,这类变量属于连续型变量。连续型变量的变量值用测量或计算的方法取得。

扫码阅读▼
标志与变量

 巩固加深

【练习】下列各项中属于离散型变量的有( )。
A.粮食产量 B.职工人数 C.电视机产量 D.耕地面积

三、统计指标和指标体系

(一)统计指标

统计指标简称为指标,它是用来反映统计总体数量特征的概念和具体数值。例如,2022年我国国内生产总值为 1 210 207 亿元,2022 年全国居民人均可支配收入 36 883 元。

一个完整的统计指标由五个要素构成,即指标时间、指标空间、指标名称、指标数值和计量单位。比如 2022 年我国货物进出口总额 420 678 亿元,这一指标中"2022 年"是指标时间,"我国"是指标空间,"货物进出口总额"是指标名称,"420 678"是指标数值,"亿元"是计量单位。

统计指标按其数值表现形式不同分为总量指标、相对指标和平均指标三种,按反映的数量特征不同分为数量指标和质量指标。

数量指标是反映社会经济现象的总规模和总水平的指标,例如在校生人数、销售额、粮食产量、进出口额等。数量指标一般是总体的个体数或标志总量,如某班级的学生总数、某超市的月销售额等,所以数量指标又称为总量指标,它的表现形式为绝对数。

质量指标是反映社会经济现象的相对水平或平均水平的指标,它的表现形式为相对数或平均数,例如平均成绩、人口密度、城镇居民人均收入、男女性别比等都属于质量指标。质量指标是由数量指标派生出来的,常用来反映客观现象的内部结构、比例关系、发展程度、一般水平等。如用某日的全部产量和全部工人数相除,得到的就是当天工人的平均产量。这个平均产量是质量指标,它说明的是当天工人产量的一般水平。

(二)指标与标志的区别与联系

指标与标志的区别:第一,说明的对象不同,标志是说明总体单位特征的,而指标是说明统计总体数量特征的;第二,表现形式不同,标志的具体表现,有的用数值表示(数量标志),有的用文字表示(品质标志),而指标都是用数值表示的。

指标与标志的联系:第一,汇总关系,统计指标的数值是由个体的标志表现经过汇总、计算而来的,没有个体的标志表现,就没有总体的指标数值;第二,变换关系,数量标志与指标之间存在着变换关系,随着研究的目的和范围的不同而相互转化。随着研究目的的改变,如果原来的总体单位变成了统计总体,则与之相对应的数量标志就成了统计指标。

 巩固加深

【练习】对某市工业生产情况进行调查,得到以下资料,其中属于统计指标的有(　　)。

A.工业总产值为 226 000 万元　　　　B.职工人数为 100 万人

C.某企业职工人数是 3 200 人　　　　D.机器总台数为 88 000 台

(三)指标体系

指标体系是指由若干个反映社会经济现象总体数量特征的相对独立又相互联系的统计指标所组成的有机整体。在统计研究中,如果要客观、全面地反映社会经济现象各方面的联系,只使用一个指标往往是不够的,因为它只能反映总体某一方面的数量特征。这个时候就需要同时使用多个相关的指标,即设立指标体系。例如企业的生产经营活动是一个复杂的过程,由多方面的内容和环节构成,所以决定企业经济效益的因素也是多方面的,任一经济效益指标只能反映其中的一个侧面。因此,为了能够客观全面地反映企业的经济效益,必须从多角度进行考核,采用一系列相互关联、相互交叉的指标(即指标体系)进行全面、准确的衡量与评价,如产品销售率、资金利税率、成本利润率、净产值率、全员劳动生产率、流动资金周转率等。

 阅读资料

国民经济指标体系

国民经济指标体系是全面系统地反映国民经济数量方面的一系列相互依存、相互联系的指标所组成的统计指标群。国民经济指标体系可以全面反映社会再生产条件、过程和结果,反映国民经济发展规模、比例、效益和速度,描述经济运行的总过程。制定国民经济指标体系应从我国实际情况出发,适应有计划商品经济发展的要求和加强国民经济宏观管理的需要;能够全面描述国民经济现象和过程的各个方面的数量表现,并能提供用于研究国民经济各种基本平衡比例关系的数据;能适应国际统计资料对比的要求。

国民经济指标体系包括:(1)反映再生产基本条件的指标,如人口劳动力资源指标、国民财产指标、自然资源指标;(2)反映生产与使用的指标,如总产出、中间投入、国内生产总值、物质产品净值、总支出、总消费、总投资等;(3)反映分配与流通方面的指标,如资金流量、财政信贷资金、主要商品资源与使用等;(4)反映消费与积累方面的指标,如国民可支配收入、社会消费、居民消费、总积累、净储蓄、固定资产投资等;(5)反映国际收支方面的指标,如对外贸易往来、资金往来等;(6)反映国民经济循环的指标,如总供给、总需求等。随着生产的发展,指标体系需不断完善。

(资料来源:百度百科)

扫码阅读▼
判断经济形势最
常用的统计指标

扫码阅读▼
什么是贸易统计?

任务三 认识常用统计软件

一、Excel

Excel 是 Microsoft 公司的办公软件 Microsoft Office 的组件之一,严格说来并不是统计软件,但它具有强大的数据处理功能,可以对各种数据进行排序、筛选等预处理,对各种数据进行统计分析,并以图表方式形象地呈现数据及分析结果,从而帮助使用者发现数据的规律和价值,被广泛地应用于日常工作中。它的特点是具有强大的表格管理和统计图制作功能,且软件本身易学易用,使用者无须掌握复杂深奥的定量方法。一般的统计项目均可以运用 Excel 软件进行资料的整理和分析。

二、SAS

SAS 是 1966 年美国北卡罗来纳州立大学开发的统计分析软件,是一个模块化、集成化的大型统计分析应用软件,共有 30 多个功能模块,具有比较完备的数据存取、数据管理、数据分析和数据展现等系列功能,被广泛应用于政府行政管理、科研、教育、生产和金融等不同领域。尽管现在已经尽量简化,但其操作至今仍以编程为主,非统计专业人员学习 SAS 相对比较困难,因此,该统计软件更加适合专业统计工作者使用。

三、SPSS

SPSS 是 1968 年由美国斯坦福大学的三位研究生研制的,是世界上最早的统计分析软件,涵盖了数据采集、数据管理和准备、数据分析以及结果报告等完整的数据分析过程。该软件统计功能齐全、操作界面友好、输出结果直观、使用方便,被广泛应用于自然科学、技术科学和社会科学等领域。

四、Minitab

Minitab 是由美国宾夕法尼亚大学研制的统计软件。该软件操作界面简易友好,功能丰富强大,包括基础统计、高级统计、统计过程设计、实验设计、多变量分析、可靠性分析等,在全世界应用广泛,是现代质量管理统计的领导者,也是许多世界一流的实施六西格玛管理的公司广泛使用的软件。

五、Statistica

Statistica 是美国 STAT SOFT 公司开发的大型统计软件,包含统计、数据挖掘以及统计绘图等功能,可满足使用者统计、绘图等一般目的的需求,还可满足商业、社会科学、生物研究或工业工程特定需求所需的数据分析方法,广泛适用于自然科学、社会科学等领域。

六、Eviews

Eviews 是 QMS 公司开发的基于 Windows 操作系统的应用软件,主要用于处理时间序列数据,包括回归分析与预测、时间序列以及横截面数据分析等,在科学数据分析与评价、金融分析、经济预测、销售预测和成本分析等领域应用非常广泛。

🔳 知识归纳

一般来说,统计包括三个含义:统计工作、统计资料和统计学。

统计学研究对象是指统计所要认识的客体,是大量社会现象(主要是经济现象)总体的数量表现,即社会经济现象总体的数量特征、数量关系及其规律性表现。

统计的特点:数量性、总体性、变异性、具体性。

一个完整的统计工作过程一般分为统计设计、统计调查、统计整理、统计分析四个阶段。

统计的研究方法:大量观察法、统计分组法、综合指标法、统计模型法、统计推断法等。

统计的职能:统计信息职能、统计咨询职能、统计监督职能。

统计总体是根据一定的目的和要求所确定的研究事物的全体,它是由客观存在的、具有某种共同性质的许多个别事物所构成的整体。构成总体的每个个别事物称为总体单位。统计总体按照总体单位是否可数分为有限总体和无限总体。

总体具有三个特征:同质性、大量性、差异性。

总体和总体单位的关系可以概括为两个方面:第一,二者相互依存、互为前提;第二,总体和总体单位是相对的,随着研究目的的不同可相互转化。

标志是说明总体单位特征的名称,标志表现是指标志在各单位的具体表现。

按照标志表现形式的不同,标志可分为品质标志和数量标志。

变量是可变的数量标志。变量的具体数值叫作变量值,又称标志值。

变量按其变量值是否连续分为离散型变量和连续型变量两种。

统计指标简称为指标,它是用来反映统计总体数量特征的概念和具体数值。一个完整的统计指标由五个要素构成,即指标的时间、指标的空间、指标名称、指标数值和计量单位。统计指标按其数值表现形式不同分为总量指标、相对指标和平均指标三种;按反映的数量特征不同分为数量指标和质量指标。

指标与标志的区别:说明的对象和表现形式不同。

指标与标志的联系:汇总关系、变换关系。

指标体系是指由若干个反映社会经济现象总体数量特征的相对独立又相互联系的统计指标所组成的有机整体。

扫码答题▼
项目一习题

项目二　统计调查

学习目标

知识目标

1.了解统计调查的含义、类型；
2.理解统计调查的主要组织形式；
3.掌握统计调查的类型和方法；
4.了解统计调查方案的主要内容；
5.掌握统计调查方案的设计程序；
6.掌握统计调查问卷设计的方法。

能力目标

1.能够根据调查目的和客观实际制订详细周密的调查方案；
2.能够根据统计研究目的合理设计调查问卷；
3.具备独立设计简单的统计调查方案的能力；
4.能够采用恰当的调查方法收集统计数据。

思政目标

1.让学生认识到没有调查就没有发言权，大力传承弘扬"四下基层"优良传统，大兴调查研究之风；
2.具备搜集社会经济统计数据的能力，能够分析经济社会的基本特征和规律；
3.了解《中华人民共和国统计法》中规定的统计监督职能、统计资料真实准确与完整及时的重要性。

🔍 知识结构图

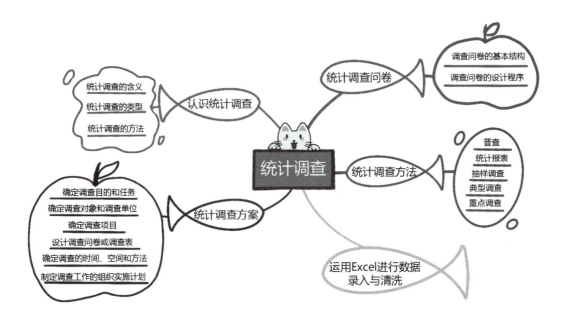

📋 导入阅读

中国经济生活大调查

"中国经济生活大调查"于 2006 年创办,由中央电视台财经频道、国家统计局、中国邮政集团公司联合发起,是中国规模最大的民生调查活动。该调查每年面向全国 10 万家庭,发放 10 万张明信片问卷进行入户调查。样本筐由国家统计局制定,覆盖全国 34 个省(自治区、直辖市)、154 个城市和 297 个县,问卷回收率达 85%。大调查汇集中国家庭生活感受、经济状况、消费投资预期、民生困难和幸福感等。从 2006 年到 2019 年,大调查完整跨越了"十一五""十二五"两个五年规划,累计调查近 130 万中国家庭,平均回收率超过 85%,建立起了科学、系统、完备又独具特色的民生感受数据库,成为全球最大规模的民生感受性调查。

"中国经济生活大调查"旨在充满变化的时代,深入中国最微小的经济细胞——普通家庭,累计民生基础数据,传递百姓最真实的生活感受与经济主张,寻找中国人的幸福来源。每年不变的调查问题包括"未来一年您的收入预期是怎样?""下一年您计划在哪增加消费支出?""下一年您计划投资什么?""您最期待改善的是什么?""您的生活感受(幸福感)是怎样的?"等。

2013 年开始,大调查以"再小的声音,我们都听得见"为宗旨,着眼于"拐点、定位、大数据",开始围绕民生热点,增设有关休闲经济以及居住地如何改变等新的调查内容,推出新的数据产品，更深入地"知百姓生活感受，观市场趋势变化，察行业发展动向"。大调查关于幸福调查数据在世界心理学大会、哥伦比亚大学和联合国都引发了强烈反响。

每年 3 月 7 日两会期间，都会举办"大调查数据发布之夜"大型晚会活动，用数据发现美好生活，用数据讲述中国故事，用数据传播中国声音。随着两会召开，各大城市媒体多渠道、多系列、多角度结合大调查数据进行报道，百姓对"美好生活"的感受性发现占据了城市广播、电视、报纸、新媒体"两微一端"的头版头条。

（节选自：《〈中国经济生活大调查（2019—2020）〉简介》，https://news.cctv.com/2019/11/25/ARTISSupTuiJlI2hEkUug4md191125.shtml）

任务一 认识统计调查

一、统计调查的含义

统计调查是按照统计研究的目的和要求，运用科学的方法，有计划、有组织、系统地搜集某种客观事物实际资料的工作过程。例如，要研究国民经济的发展情况，就要搜集构成国民经济的各个行业、各个部门、各个要素的实际资料；要探究某个企业的生产情况，就要搜集反映该企业生产情况的有关实际资料。

统计调查搜集的实际资料包括原始资料和次级资料。原始资料是指那些反映总体单位特征的、尚未进行加工整理的资料；次级资料是指已经经过一定加工整理，在一定程度上能够说明总体特征的统计资料。追根究底，次级资料是从原始资料整理而来的，因此，统计调查的基本任务是准确地、及时地、完整地搜集与统计研究任务有关的原始资料。

思政园地

扫码阅读▼
习近平：没有调查，就没有
发言权，更没有决策权

二、统计调查的类型

统计研究目的的多样性和统计研究对象的复杂性,决定了统计调查方法的多样性,统计调查可以从不同的角度,按不同的标准进行分类。

(一)全面调查和非全面调查

按调查对象所包括的范围,统计调查可分为全面调查和非全面调查。

全面调查是指对构成调查对象的所有总体单位进行调查登记的一种调查方法。在全面调查的情况下,被研究总体的所有单位都要被调查到。例如 2020 年为了研究我国人口数量、年龄结构、性别比例、民族构成、受教育程度等人口问题而进行的第七次全国人口普查,就属于全面调查。普查和全面统计报表也都是全面调查。

非全面调查是指对构成调查对象的一部分总体单位进行调查登记的一种调查方法。例如,对某批产品进行质量鉴定,不需要对所有产品逐个进行质量检验,只需要抽出一部分产品进行检验即可,这些调查属于非全面调查。抽样调查、典型调查和重点调查,都是非全面调查。

(二)一次性调查和经常性调查

按调查登记的时间是否连续,统计调查分为一次性调查和经常性调查。

一次性调查是指间隔一定时间的不连续调查。例如,学校数、人口数、固定资产原值等指标,因为短时间内的变化不会太大,所以没有必要进行经常性调查,只需间隔一定时间了解现象在一定时点上的状况,可采用一次性调查。

经常性调查是指随着调查对象的发展变化,连续不断地进行调查登记的方法。例如,要对某个工程的质量水平进行调查,就需要随着工程进度的延伸,连续不断地调查登记此项工程的质量情况和相关情况,直至工程全面竣工、验收。这种调查就属于经常性调查。

(三)统计报表和专门调查

按调查的组织方式不同,统计调查分为统计报表和专门调查。

统计报表是按一定的表式和要求,自上而下统一布置、自下而上逐级提供和报送统计资料的一种统计调查方式。我国建立了规范的统计报表制度,所有的企事业单位和基层行政机关,都要遵守《中华人民共和国统计法》,按照上级部门规定的表式、项目、日期和程序向上级部门提交统计报表。这种调查组织方式在我国的统计工作中占有重要的地位。统计报表属于经常性调查。

专门调查是指为了研究某些专门问题而专门组织的统计调查。这种调查的组织机构不是常设的,而是根据研究目的和任务临时设置的。专门调查属于一次性调查,包括普查、抽样调查、典型调查和重点调查等。

三、统计调查的方法

(一)直接观察法

直接观察法是调查人员亲临现场,对调查对象进行观察、计量以取得统计数据的一种方法。例如,公交运营中客流量的调查,需要调查人员亲自到公交站站点观察乘客的数量;调查人员期末盘点商品库存时,通过亲自盘点、计数取得统计数据资料。这种调查方法能保证资料的准确性,但需要较多的人力、物力、财力和时间,且有些社会经济现象根本不能用直接观察法进行测量,因此,直接观察法在实际应用中受到一定的限制。

(二)报告法

报告法是基层单位根据上级的要求,以各种原始记录与核算资料为基础,搜集各种统计数据资料,逐级上报给有关部门。现行的统计报表形式就是采用这种方法搜集统计数据资料的。

(三)访问法

访问法是由调查人员向被调查者提问,根据被调查者的答复来搜集调查资料的方法。它分为口头询问法和被调查者自填法两种。口头询问法又分为个别询问和开调查会两种。个别询问是调查人员对被调查者单独采访询问,将询问结果记入调查表,借以搜集资料。个别询问主要用来搜集涉及个人隐私、道德伦理、政治态度等敏感问题的调查。开调查会是由调查人员召集了解情况、有经验的有关人员,以开座谈会的形式,按一定的调查提纲,进行商讨、搜集资料的一种方法。

被调查者自填法是调查人员把调查表交给被调查者,说明填表的要求和方法,并对有关事项如实解释,由被调查者按实际情况如实填写,填好后由调查人员审核收回的一种方法。

(四)互联网调查法

互联网调查法是借助各种网络技术所提供的各种工具,搜集传输有关数据资料,具有网络数据传输的及时性、信息形式的多样性、发布范围的广泛性等许多优越性。它有两种方式,一种是利用互联网直接进行问卷调查以搜集第一手资料,这种方式称为网上直接调查;另一种是利用互联网的媒体功能,从互联网上搜集二手资料,这种方式一般称为网上间接调查。

(五)卫星遥感法

卫星遥感法是现代高科技应用于统计调查的一种方法。它是运用现代测量手段,以地理信息系统和全球定位系统为基础,再根据不同的调查对象,加载不同的卫星遥感信息,最后经过计算机处理,得到所需要的图形及数据的一种调查方法。如我国利用卫星遥感技术对地面农作物进行观测来估计农作物产量。

扫码阅读▼
什么是遥感测量

任务二 设计统计调查方案

想一想

统计活动从哪里开始？

在某调查公司兼职的小林同学接到了公司发布的新任务——调查自己所在学校的大学生月消费支出情况。小林应该如何开始这项工作呢？

阅读资料

统计调查涉及面广，是一项复杂的工作，因此在统计调查实施之前需要做好各项准备工作，设计一个切实可行的统计调查方案，使调查工作能统一思想、统一认识、统一步骤、统一内容，有组织、有计划地进行，以保证调查任务的顺利进行。

无论采用什么调查方法搜集资料，都要事先根据需要和可能，对被研究对象进行定性分析，设计出合理的调查方案。统计调查方案是统计设计阶段的一项重要内容，是保证统计调查顺利进行的前提，也是准确、及时、系统、完整地取得调查资料的重要条件。一份完整的调查方案应包括的基本内容如图 2-1 所示。

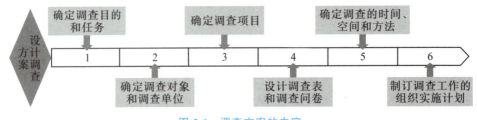

图 2-1 调查方案的内容

不同类型调查的调查方案在内容和形式上会有一定的差别,但总体上看,一个完整的统计调查方案,至少应回答或解决为什么调查、向谁调查、调查什么、何时调查、调查何事、怎样调查,大体上都包括调查目的、调查对象、调查单位、调查内容、调查时间、调查方式和调查的组织实施等内容。以上六个方面内容,不论调查规模大小,都必须在调查前认真研究、明确规定。

一、确定调查目的和任务

统计调查总是为一定的研究任务服务的,制订调查方案的首要工作是明确调查的目的和任务。不同的研究目的和任务,决定着不同的调查内容和范围。如果目的不明,任务不清,就无法确定向谁调查、调查什么、怎样调查,整个调查工作就会陷入盲目与混乱,并造成人力、物力、财力的浪费。例如,我国第七次全国人口普查的目的是"在中国特色社会主义进入新时代开展的重大国情国力调查,将全面查清我国人口数量、结构、分布、城乡住房等方面情况,为完善人口发展战略和政策体系,促进人口长期均衡发展,科学制定国民经济和社会发展规划,推动经济高质量发展,开启全面建设社会主义现代化国家新征程,向第二个百年奋斗目标进军,提供科学准确的统计信息支持"。

二、确定调查对象和调查单位

确定调查对象、调查单位就是明确调查的范围以及向谁调查。所谓调查对象是指需要调查的社会经济现象总体,实质上是统计总体,它是由许多性质相同的调查单位组成的整体。例如,我国第七次全国人口普查的调查对象是普查标准时点在中华人民共和国境内的自然人以及在中华人民共和国境外但未定居的中国公民,不包括在中华人民共和国境内短期停留的境外人员;我国农业普查以从事第一产业活动的单位和农户为对象。显然,只有把调查对象的范围界定清楚,才能保证调查的客观性、真实性。

调查单位是指构成调查对象的每一个单位,即总体单位,它是进行调查登记的标志的承担者。例如,在我国第四次经济普查中,调查单位就是我国境内从事第二产业和第三产业的每一个法人单位、产业活动单位和个体经营户。

明确调查单位,还必须把它与报告单位相区别。报告单位也称为填报单位,是负责报告调查内容的单位。调查单位是调查标志的承担者,而报告单位负责提交调查资料,它们有时一致,有时又不一致。比如,对某企业员工收入情况进行调查,调查对象是企业所有员工,调查单位是每一个员工。如果调查表要求每个员工自行填写,则填报单位就是每个员工,此时的调查单位和填报单位是一致的;如果以车间为单位进行填报,则填报单位是每个车间,此时的调查单位和填报单位不一致。

三、确定调查项目

调查项目是所要调查的具体内容,是向调查单位进行登记的各项具体标志,是由数量标志和品质标志共同构成的标志体系,是一份在调查过程中获得答案的各种问题的清单。如第七次全国人口普查,所登记人口的姓名、公民身份证号码、性别、年龄、民族、受教育程度、行业、职业、迁移流动、婚姻生育、死亡、住房情况等都是调查项目。设计调查项目须注意:第一,调查项目的含义要明确,不能含糊不清,如企业调查中"利润额"一项,必须明确是营业利润还是利润总额;第二,设计调查项目时,既要考虑需要,又要考虑可能,必要的内容不遗漏,不必要或不可能取得的资料就不应列入调查项目;第三,各调查项目之间应尽可能有所联系、彼此衔接,以便有关项目间的相互核对和逻辑判断,提高调查资料的质量。

四、设计调查问卷或调查表

调查问卷是指调查者根据调查目的和要求设计的,由一系列问题、备选答案及说明等组成的,用于从被调查者处获取信息的一种基本工具。调查表,就是将反映调查单位有关标志的调查项目,按一定的逻辑顺序排列而成的表格。如第七次全国人口普查,使用普查短表、普查长表、港澳台居民和外籍人员普查表、死亡人口调查表等四种普查表。调查问卷的具体内容详见本项目任务三,此处只介绍调查表。

使用调查表是调查过程中的基本手段,也是拟定调查方案的基本步骤。调查表一般由表头、表体和表脚三部分组成。表头用来表明调查表的名称,左上角填写报告单位(填报单位)的名称、地址及隶属关系、经济类型等。表体是调查表的主要部分,其内容包括统计调查所要说明调查单位特征的调查项目和这些项目的具体表现、栏号、计算单位等。表脚包括调查者或填报人的姓名、签章、填表的日期,有的还要填写单位负责人姓名、签章等,以便明确责任,发现问题也便于查阅。调查表一般有单一表和一览表两种形式。

(一)单一表

单一表是在一张调查表中只登记一个调查单位的表格,可以容纳比较多的项目,还可以加快调查填写速度,适用于大型调查,但由于同一调查项目被分散到各张单一表中,不便于汇总整理。如表 2-1 所示。

表 2-1 单一表范例

姓名		性别		出生年月	
班级		身高	厘米	体重	千克
家庭地址					
血压		毫米汞柱		心率	次/分
视力(左)				视力(右)	
耳				鼻	
肺				扁桃体	
脊柱				四肢	
皮肤				辨色力	
发育状况				营养状况	
其他所见					

意见   检查单位盖章

医师签字   日期

（二）一览表

一览表是在一张调查表上登记多个调查单位的表格。在调查内容不多的情况下，采用一览表可以节省人力、物力和时间。如表 2-2 所示。

表 2-2　一览表范例

调查序号	姓名	性别	出生年月	年龄	身高	体重	胸围	肺活量

五、确定调查的时间、空间和方法

统计调查应规定调查时间和调查期限。调查时间是调查资料所属的时间，具有客观性。调查时间可以是时期，也可以是时点。如果所要调查的是时期现象，调查时间就是资料所反映的起讫日期；如果所要调查的是时点现象，调查时间就是规定的统一标准时点。调查期限是进行调查工作所要经历的时间，包括从收集资料到报送的整个工作所需要的时间，具有主观性。调查期限的长短根据任务量的大小以及人力、物力、财力等情况进行确定，应尽可能缩短调查期限，保证统计信息的时效性。假定某企业每月 7 日需上报上个月的生产经营情况，则调查时间为上个月，调查期限为次月的 1—7 日这 7 天。又如我国第七次人口普查规定 2020 年 11 月 1 日 0 时为普查登记的标准时点，要求在 2020 年 12 月 10 日以前完成普查登记，则调查时间为 2020 年 11 月 1 日 0 时，调查期限为 40 天。

确定调查空间是指确定调查单位在什么地方接受调查。它有时与调查单位所在地一致，有时却不一致。如人口普查，必须规定是按户口所在地登记还是按常住地登记。如果规定按户口所在地登记，则被调查人员如因故离开其居住地，应仍然按户口所在地登记。

调查方法包括调查的组织形式和收集资料的具体方法，这些也要进行正确的选择，主要根据调查目的和调查对象的特点而定。例如，我国第一次经济普查规定对法人单位、产业活动单位采用普查（全面调查）的方式，对个体经营户采用全面普查辅助以典型调查、抽样调查等方式，具体搜集数据一律采取访问调查法。

 情景思考

1.假定对企业 2022 年经济活动情况进行调查，呈报时间是 2023 年 1 月底以前。调查时间和调查期限分别是什么？

2.普查为什么要规定标准时点?第七次全国人口普查的标准时点是 2020 年 11 月 1 日 0 时,在 11 月 1 日 0 时之前死亡的人口和 11 月 1 日 0 时以后出生的人口,是否均应予以登记?

六、制订调查工作的组织实施计划

为了保证整个统计调查工作顺利进行,在调查方案中还应该有一个周密考虑的组织实施计划。其主要内容应包括:调查工作的领导机构和办事机构;调查人员的组织;调查方法的选择;调查前的准备工作,包括宣传教育、干部培训、调查文件的准备、调查经费的预算和开支办法、调查方案的传达布置、试点及其他工作等。在工作任务的分工设计上,必须遵循科学、合理的原则,做到各项任务都有人负责、不遗漏。

 案例阅读

国务院关于开展第五次全国经济普查的通知

国发〔2022〕22 号

各省、自治区、直辖市人民政府,国务院各部委、各直属机构:

根据《全国经济普查条例》的规定,国务院决定于 2023 年开展第五次全国经济普查。普查方案的主要内容如下:

一、总体要求

(一)指导思想。以习近平新时代中国特色社会主义思想为指导,深入贯彻党的二十大精神,认真落实党中央、国务院决策部署,完整、准确、全面贯彻新发展理念,加快构建新发展格局,着力推动高质量发展,坚持依法普查、科学普查、为民普查,坚持实事求是、改革创新,确保普查数据真实准确,全面客观反映我国经济社会发展状况。

(二)普查目的。第五次全国经济普查是一项重大国情国力调查,将首次统筹开展投入产出调查,全面调查我国第二产业和第三产业发展规模、布局和效益,摸清各类单位基本情况,掌握国民经济行业间经济联系,客观反映推动高质量发展、构建新发展格局、建设现代化经济体系、深化供给侧结构性改革以及创新驱动发展、区域协调发展、生态文明建设、高水平对外开放、公共服务体系建设等方面的新进展。通过普查,进一步夯实统计基础,推进统计现代化改革,为加强和改善宏观经济治理、科学制定中长期发展规划、全面建设社会主义现代化国家,提供科学准确的统计信息支持。

二、普查对象和范围

普查的对象是在我国境内从事第二产业和第三产业活动的全部法人单位、产

业活动单位和个体经营户。具体范围包括:采矿业,制造业,电力、热力、燃气及水生产和供应业,建筑业,批发和零售业,交通运输、仓储和邮政业,住宿和餐饮业,信息传输、软件和信息技术服务业,金融业,房地产业,租赁和商务服务业,科学研究和技术服务业,水利、环境和公共设施管理业,居民服务、修理和其他服务业,教育,卫生和社会工作,文化、体育和娱乐业,公共管理、社会保障和社会组织等。

三、普查内容和时间

普查的主要内容包括普查对象的基本情况、组织结构、人员工资、生产能力、财务状况、生产经营、能源生产和消费、研发活动、信息化建设和电子商务交易情况,以及投入结构、产品使用去向和固定资产投资构成情况等。

普查标准时点为 2023 年 12 月 31 日,普查时期资料为 2023 年年度资料。

四、普查组织实施

第五次全国经济普查调查内容增多、技术要求提高、工作难度加大,各地区、各部门要按照"全国统一领导、部门分工协作、地方分级负责、各方共同参与"的原则,统筹协调,优化方式,突出重点,创新手段,认真做好普查的宣传动员和组织实施工作。

为加强对普查工作的组织领导,国务院将成立第五次全国经济普查领导小组,负责普查组织实施中重大问题的研究和决策。普查领导小组由国务院领导同志任组长,成员单位包括国务院办公厅、国家统计局、国家发展改革委、中央宣传部、中央政法委、中央编办、民政部、财政部、税务总局、市场监管总局等部门(组成人员名单另发)。涉及普查经费方面的事项,由财政部负责和协调;涉及数据处理能力建设方面的事项,由国家发展改革委负责和协调;涉及普查宣传动员方面的事项,由国家统计局、中央宣传部负责和协调;涉及企业和个体工商户名录方面的事项,由市场监管总局、税务总局负责和协调;涉及机关和事业单位名录方面的事项,由中央编办负责和协调;涉及社会团体、基金会、民办非企业单位及基层自治组织名录方面的事项,由民政部负责和协调;涉及统一社会信用代码信息共享方面的事项,由市场监管总局负责和协调;涉及城乡社区网格化服务管理工作的事项,由中央政法委协调。

国务院第五次全国经济普查领导小组办公室设在国家统计局,负责普查的具体组织实施和协调,各成员单位要按照各自职能,各负其责、通力协作、密切配合、信息共享。银行、证券、保险、铁路等部门和单位及有关方面,要按照普查方案统一要求,负责组织开展本系统的普查工作;海关总署负责组织开展普查工作中的进口货物使用去向调查任务。掌握普查有关基础资料的各级部门要及时准确提供部门行政记录和数据信息。

地方各级人民政府要设立相应的普查领导小组及其办公室,认真组织好本地区的普查实施工作,及时采取措施解决普查工作中遇到的困难和问题。要充分发挥街道办事处和居民委员会、乡镇人民政府和村民委员会的作用,广泛动员和组织社会力量积极参与、认真配合做好普查工作。地方普查机构根据工作需要,可聘用或者从有关单位商调符合条件的普查指导员和普查员,及时支付聘用人员的劳动报酬,保证商调人员在原单位的工资、福利及其他待遇不变,稳定普查工作队伍,确保普查工作顺利进行。

五、普查经费保障

第五次全国经济普查所需经费,按现行经费渠道由中央和地方各级人民政府共同负担,列入相应年度财政预算,按时拨付,确保到位,保障普查工作顺利开展。

六、普查工作要求

(一)坚持依法普查。所有普查工作人员和普查对象必须严格按照《中华人民共和国统计法》《中华人民共和国统计法实施条例》《全国经济普查条例》的规定,按时、如实填报普查表。任何单位和个人不得虚报、瞒报、拒报、迟报,不得伪造、篡改普查数据。普查取得的单位和个人资料,严格限定用于普查目的,不作为任何单位对普查对象实施奖惩的依据。各级普查机构及其工作人员,对在普查中所知悉的国家秘密和普查对象的商业秘密、个人信息,必须严格履行保密义务;未经批准,任何单位和个人不得对外发布普查数据。对在普查工作中的违纪违法等行为,依纪依法予以处理并加大通报曝光力度。

(二)确保数据质量。始终坚守数据质量第一原则,严格执行普查方案,规范普查工作流程,强化事前事中事后数据质量检查核查,切实防范和惩治统计造假、弄虚作假,确保普查数据真实准确、完整可信。各级普查机构要建立健全普查数据质量控制体系和岗位责任制,完善普查数据质量追溯和问责机制,严肃普查纪律,坚决杜绝各种人为干预普查数据的行为。采用有效技术手段和管理措施,确保普查数据采集、传输、存储和使用的安全。适时将普查工作开展情况纳入统计督察。

(三)创新手段方式。广泛应用部门行政记录,推进电子证照信息等在普查中的应用,采取网上填报与手持电子终端现场采集数据相结合的方式开展普查,通过信息化手段提高普查数据处理效能。适应常态化疫情防控需要,组织开展线上线下业务培训,支持普查对象通过网络自主报送普查数据,科学、规范、高效推进普查工作。

(四)强化宣传引导。各级普查机构应会同宣传部门认真做好普查宣传的策划和组织工作。充分发挥各类新闻媒体以及有关部门服务平台等宣传渠道作用,广泛深入宣传经济普查的重要意义和要求,引导广大普查对象依法配合普查、全社会积极参与普查,为第五次全国经济普查顺利实施营造良好的社会氛围。

国务院

2022 年 11 月 17 日

(资料来源:中华人民共和国中央人民政府网站,https://www.gov.cn/gong-bao/content/2022/content_5734802.htm)

思政园地

扫码阅读▼
《中华人民共和国统计法》——统计之路上的引航明灯

任务三 设计统计调查问卷

调查问卷是指调查者根据调查目的和要求设计的,由一系列问题、备选答案及说明等组成的,用于从被调查者处获取信息的一种基本工具。由于问卷设计已将统计调查目的、调查内容转化为具体的问题和备选答案并罗列出来,可以节省统计调查时间,提高统计调查效率。而且调查问卷可以将统计调查的数据收集过程标准化和统一化,有利于准确、迅速地收集资料和信息,也便于高效地对这些数据进行处理和分析。

想一想

在制订好统计调查的方案、选定了合适的统计调查方法之后,接下来要展开的是数据收集的工作。问卷是收集统计信息、进行数据分析处理的重要载体,是由一个又一个问题组成的,这些问题凝结着设计人员的智慧,可以说,问卷决定着统计调查的一切。假定开展 A 校大学生月消费支出的调查项目,那么要如何设计问卷的问题、答案以及编排问题的顺序?

一、调查问卷的基本结构

一份完整的调查问卷,通常由调查问卷的标题、问候语、填写说明、问题与答案、编码和调查证明的记载等六个部分构成。

(一)标题

问卷的标题是对问卷调查主题的基本概况的说明,一般位于问卷的上端中间位置。它的功能是让被调查者一目了然地了解该项问卷调查的主要内容和基本用意。因此问卷的标题既要简明扼要,又要切中主题。

(二)问候语

问候语也称前言或问卷说明,一般放在问卷的开头,意在让被调查者了解调查目的、意义和主要内容,引起对填写问卷的重视,以求得到被调查者的支持与合作,并说明注意事项,指导问卷的填写。在调查问卷的问候语中,调查者至少应该传递如下基本信息。

(1)称呼:对被调查者的称呼。

(2)自我介绍:说明调查者所代表的公司或单位。

(3)调查目的与意义:尽量从被调查者感兴趣的角度,说明本次问卷调查的目的和意义,以争取被调查者的合作。

(4)回报:如果调查者有酬谢,应在前言中说明对被调查者的酬谢方式,如获得赠品、参与抽奖等。

(5)保密承诺:对被调查者的信息承诺保密。

(6)所花的时间及感谢语。

例如:

女士们、先生们:

您好!

我是市场调查员,我们正在为×××产品做市场调查,想问您几个问题,只占用您15分钟的时间,您的回答将被严格保密。届时,我们将从被调查者中随机抽出100位幸运者,每人可得到公司提供的价值500元的奖品。对您提供的任何意见,我们将十分感谢!

(三)填写说明

问卷的填写说明通常在自填式问卷中出现,旨在帮助被调查者填写问卷,应包括注意事项、填写方法、交回问卷的时间要求以及问卷如何返回到调查者手中等。可在问题前面集中说明,也可在每个问题中说明,用括号括起来。

(四)问题与答案

问题与答案又称为问卷的主体,是调查问卷中最重要的部分,其篇幅也占整个调查问卷的绝大部分。问题部分的基本内容包括根据调查纲要或调查项目而设计的各种问句、不同问句的回答方式、对各类回答方式的指导和说明等。

(五)编码

编码也是主体的一个组成部分。它将问卷中的调查项目以代码的形式表示出来。调查问卷编码是实现计算机数据处理的"中介"与"桥梁"。调查问卷编码是指把调查问卷记录的所有资料,按一定的分类或排序规则转换成不同的数字组合,即把调查问卷中的各种数字和文字资料以数字的形式,填写到调查问卷给定的编码框里。一般的问卷均须对每个问题进行编码,以便分类整理,易于进行计算机处理和统计分析。

编号和编码不是完全相同的概念。对于每个问题而言,编号是进行编码的基础和前期准备。编码可对每个问题进行设置,每份问卷也必须有编号,即问卷的编码,该编码除了反映序号之外,还应包括与该样本有关的抽样信息等。

(六)调查证明的记载

调查证明主要包括调查者的姓名、调查日期、时间及调查地点等表明任务完成的信息和联系电话等,除此之外还包括便于审核和继续跟踪的一些信息,如被调查者的姓名、单位或家庭住址及电话等。

二、调查问卷的设计程序

(一)明确调查目的

在接受一个调查项目后,通常情况是委托人只提供一个大致的调查范围,如对某项产品的需求情况,需要委托人和调查人员进行深入沟通和分析,调查单位应详细研究本项调查的目的及调查结果的用途,以便确定对各种信息资料的取舍、调查问卷中应侧重的方面等。

(二)确定所需信息和收集方法

明确调查目的后,要对调查目的进行初步的探索性研究,将其转化为具体的理论假设和所需获取的信息,尤其要搜寻与被调查者各种特征相关的材料。明确所需获取的信息后,研究人员需要确定怎样收集这些信息,常见的问卷调查方式有人员访问、电话调查、邮寄调查、网络调查等,不同类型的调查方式对问卷的格式和要求是有所差别的。

(三)设计问卷初稿

1.确定问题内容

明确问卷中具体包含哪些问题,每个问题询问什么内容,问题可否准确反映调查所需信息,问卷内容不宜过多,否则不但会浪费时间和增加资料处理的费用,而且可能引起调查对象的厌烦,影响调查质量。应对编写好的问题展开检查,对非必要、重复、不恰当的问题加以修改调整,对不完整的内容进行补充。

2.确定问题的类型

常见的问题类型有开放型和封闭型两种。

(1)开放式问题

开放式问题是一种应答者可以自由地用自己的语言回答和解释的问题类型。其优点是被调查者可以提供丰富的信息,答案的分析可以作为解释封闭式问题的工具,可以让回答者有自我表达的机会,提供对问题的一般性反应。缺点是答案不规范,不便于分析汇总,编码方面费时费力,回答需要花费比较多的时间,对被调查者的文化程度要求较高。

开放式问题举例如下:

您喜欢的手机品牌有哪些?

您的职业是:_____

您对我们的服务还有哪些具体的要求或建议?

您觉得将来新能源汽车价格会下降吗?

您知道电价如何计算吗?

(2)封闭式问题

封闭式问题是一种需要应答者从一系列答案中做出选择的问题。其优点是可以减少访问人员误差,编码与数据录入过程简化,答案标准,填写方便;缺点是可能的选项范围有限,对复杂事物、主观判断性问题的回答往往比较粗略,不能完全代表回答者的意向。

举例如下:

您是否购买过一次性用品?

A.是　　　　　　　　B.否

您家里有电视机吗?

A.有　　　　　　　　B.无

您的月支出是多少?

A.1 000 以下　　　　B.1 000~3 000　　　C.3 000~5 000　　　D.5 000~7 000

E.7 000 以上

您最希望这一产品满足您的哪些需求?

A.洗脸　　　　　　　B.润肤　　　　　　C.祛斑　　　　　　　D.防晒

E.深度清洁　　　　　F.修护角质层　　　　G.其他_____

您认为最重要的家电是哪几个(限选 2 项)

A.洗碗机　　　　　　B.空调　　　　　　C.冰箱　　　　　　　D.洗衣机

E.扫地机　　　　　　F.电视机　　　　　G.油烟机　　　　　　H.净水器

您对我们的售后服务满意程度如何?

A.非常满意　　　　　B.满意　　　　　　C.一般　　　　　　　D.不满意

E.非常不满意

您选择工作岗位时考虑因素先后排序是:

A.个人兴趣　　　　　B.收入状况　　　　C.发展前景　　　　　D.别人建议

E.所属行业　　　　　F.地理位置　　　　G.个人特长　　　　　H.其他(请注明)

3.确定问题的用词

问卷中的问题和备选答案是用于了解被调查者的观点和提供资料数据的,要将所需内容转化为被调查者容易接受的句子,注意避免使用诱导性的用语,考虑被调查者回答问题的能力和意愿,用词必须清楚,避免使用含糊不清的词语。

4.确定问题的顺序

第一,运用过滤性问题以识别合格应答者。在问卷上设计过滤性问题,例如,想调查现有洗碗机有什么不足之处,则必然先调查洗碗机的使用者,可以在问卷开始提问"您使用过洗碗机吗?"这样就可检查被调查者是否合格,及时过滤不合格者了。

第二,在得到合格的调查者后,以一个令人感兴趣的问题开始访谈。开始提出的问题应简单,容易回答,令人感兴趣,不存在任何威胁。例如,用一个人的年收入或者是否存在征信问题作为开始的问题往往是不合适的,因为这些问题通常被认为有威胁性,会让回答者处于防范状态。

第三,先问一般性问题,让回答者开始考虑有关情况。例如,有关沐浴露的问卷也许会以这样的问题开始:"过去的 3 个月内您购买过沐浴露吗?"这促使人们开始考虑有关沐浴露的问题,然后再问及沐浴露的品牌、价格、购买渠道。

第四,需要思考的问题放在问卷中间。起初应答者对调查的兴趣与理解是含糊的,需要循序渐进,逐渐加深对问题的理解,所以将需要回忆、难以回答、复杂的问题摆放在中间位置,可以保证其能得到答案。

第五,在关键点插入提示。在问卷的关键处插入简短鼓励,例如,"下面没几个问题了"或"下面会容易些"等,鼓励回答者完整回答后续问题;或者对下一部分内容作简要介绍,例如,"既然您已帮我们提出了以上的意见,我们想再多问一些题"。

第六,把开放性、敏感性、隐私性问题放在问卷的最后。此类问题可能会激发回答者的防卫心理,放在问卷的后面部分,在回答者与访问者之间已建立了融洽关系时,可以提高回答者回答的意愿和可能性。

(四)评估问卷和编排问卷

在评估问卷过程中,注意这几个方面的问题:设置的每一个问题是否必要,问卷是否过长,问卷是否回答了调查所需的全部信息。

在编排问卷时候,注意这些问题:问卷整体是否美观,空间留存是否足够,后期数据处理是否方便,是否拥挤杂乱,强调之处是否有明显字体差别,图表格式是否恰当等。

(五)测试问卷和制作问卷

问卷设计完成后,在进行大规模正式调查之前,需要对问卷的内容、措辞、问题的顺序等进行全面的检查,如有问题应立即做相应修改;对预先测试获得的数据,研究人员应考虑编码、统计分析的便利性。问卷修改后进入制作印刷环节,应当用质量较好的纸张印刷。随着信息技术的发展,很多调查采用网络问卷方式,设计时也要考虑到美观问题,并在问卷链接上提示问卷的名称以获得被调查者的信任与好感。

 案例阅读

亲爱的网友们,感谢您填写我的问卷!

1.您的性别:

○ 男   ○ 女

2.您的年龄：

○ 16 岁以下　　　○ 16～22 岁　　　○ 23～30 岁　　　○ 31～40 岁

○ 40 岁以上

3.您的职业：＿＿＿＿＿＿＿

4.您的月收入：

○ 3 000 元以下　　　　　　　　　○ 3 000～6 000 元

○ 6 000～9 000 元　　　　　　　　○ 9 000～12 000 元

○ 12 000 元以上

5.您的学历：

○ 中学以下　　　○ 中学　　　○ 本科　　　○ 硕士

○ 博士

6.您经常在哪里观看电影？

○ 家里观看　　　○ 电影院观看　　　○ 电脑上观看　　　○ 其他

7.您觉得电影院门票价格如何？

○ 偏高　　　○ 比较合理　　　○ 便宜

8.一般去电影院看电影的原因：(多选)

□ 男/女朋友要去,不去不行

□ 亲戚朋友邀请去

□ 最近有部大片,在电影院看才有感觉

□ 怀念下电影院的感觉

□ 无聊才去

□ 其他

9.国内外电影你更喜欢看：

○ 国内　　　○ 国外　　　○ 无所谓,好看都看

10.若是国外电影您希望是中文配音还是原声发音？

○ 中文配音吧,字幕看得太累

○ 原声发音,中文配音太难听了,不专业

○ 无所谓,看得懂就行了

11.您喜欢看什么样的电影？（多选）

□ 恐怖　　　□ 科幻　　　□ 悬疑　　　□ 剧情

□ 动作　　　□ 搞笑　　　□ 爱情　　　□ 动漫

□ 战争　　　□ 其他

12.您是否会购买盗版电影光盘？

○ 会,价钱便宜,能及时看到最新电影

○ 不会,画面得不到保证,破坏观看情绪

○ 看情况,值得收藏的买正版,抢先观看买盗版

13.您如何看待在电影院吃瓜子之类的食品？

○ 最好不要吃，嗑瓜子的声音听得心里发烦，还到处乱扔

○ 边吃点东西边看电影才有意思，不乱扔就可以了

○ 没考虑过

14.您通过什么途径了解电影院播放的节目？

○ 朋友推荐

○ 路过电影院看见海报

○ 街头传单

○ 自己去查找

○ 其他

15.您对在电影院看电影还有什么意见？

 巩固拓展

请你设计一份关于在校大学生月消费支出情况的调查问卷。

 思政园地

扫码阅读▼
统计人的初心使命

任务四　掌握统计调查方式

在组织统计调查时,应根据不同调查对象和调查目的,灵活采用不同的调查方式,常见的统计调查方式有:普查、统计报表制度、抽样调查、典型调查、重点调查等。

一、普查

普查是根据统计任务的特定目的而专门组织的一次性全面调查,它主要用来搜集那些不需要或不可能经常性调查,但又需要掌握准确情况的统计资料,一般用来调查摸清国情国力,如全国人口普查、经济普查、农业普查等。

普查一般需要成立专门的组织机构,领导和组织实施普查工作,并配备专门的普查工作人员。普查的客观现象一般是时点现象,必须规定统一的时间节点作为标准时间,以免重复或遗漏登记。普查需要制定严格的质量控制办法,自上而下、逐级逐层把关。普查工作开始之前要对普查人员进行强化培训,明晰统计工作要求,掌握统计指标含义、计算口径、登记方法,保证普查资料的准确性。普查工作涉及范围广,工作量大,前期宣传、中期各个阶段的工作进度衔接有序十分关键,要对各个环节的任务时间节点做出清晰的指示,以确保总体进度高效完成。

普查一般用来调查属于一定时点的社会经济现象总量。时点现象的总量在短期内往往变化不大,不需要进行经常性调查,通常要间隔一段较长时间才进行一次调查,比如人口普查一般间隔 10 年开展一次。普查也可以用来反映一定时期的现象总量,如出生人口总数、工业总产值等。普查的对象范围广、规模宏大,比其他调查方法掌握更大量、更全面的统计信息,但也往往要耗费大量的人力、物力、财力,因此普查不适合经常开展。我国现已形成规范化的普查制度,如表 2-3 所示。

表 2-3　我国常见普查项目

普查项目	普查年份	间隔时间	最近开展的普查工作
经济普查	尾数逢"3"和"8"的年份	每 10 年开展两次	2023 年第五次经济普查
人口普查	尾数逢"0"的年份	每 10 年开展一次	2020 年第七次人口普查
农业普查	尾数逢"6"的年份	每 10 年开展一次	2016 年第三次农业普查

请思考

普查为什么要规定标准时点?

延伸拓展

扫码获取▼
第七次全国人口
普查公报(第一号)

扫码获取▼
第七次全国人口
普查主要数据

二、统计报表制度

统计报表制度是统计部门搜集资料的组织形式,是按照上级统一规定的表格形式,定期地、自上而下地布置、自下而上地填报统计资料的一种调查形式,它是统计调查方法体系中一种重要的组织方式。统计报表按内容和实施范围的不同,分为国民经济基本统计报表、专业统计报表和地方统计报表;按调查范围的不同,分为全面统计报表和非全面统计报表;按报送周期长短的不同,分为日报、旬报、月报、季报、半年报和年报;按报送方式的不同,分为邮寄报表和电讯报表;按填报单位的不同,分为基层统计报表和综合统计报表。统计报表制度中,对统计范围、统计指标、统计目录、计算方法、计算价格、报送期限等,均有明确规定。

统计报表有规范的表式,不同的调查任务有不同的具体格式,但基本是由三部分组成,即表头(报表标题、表号、报表期别、填报单位、制表单位、计量单位等)、表身(具体填报数据和资料)和表脚(备注、填表人签章、审核人或负责人签章等)。一般在统计报表制度下都附有填表说明,明确填报任务和填报方法,包含调查目的、要求和办法、统计范围、统计目录、指标解释、报送方式、报送日期等。下面举例统计报表的表式,如表2-4所示。

表 2-4　从业人员及工资总额

统一社会信用代码：

尚未领取统一社会信用代码的填写原组织机构代码：

单位详细名称：

20　　年

制定机关：国家统计局

文号：国统字〔2022〕90 号

有效期至：2023 年 6 月

指标名称	计量单位	代码	本年	上年同期
甲	乙	丙	1	2
一、从业人员	—	—		
从业人员期末人数	人	01		
其中：女性	人	02		
按人员类型分	—	—		
在岗职工	人	05		
劳务派遣人员	人	06		
其他从业人员	人	07		
从业人员平均人数	人	08		
按人员类型分	—	—		
在岗职工	人	09		
劳务派遣人员	人	10		
其他从业人员	人	11		
二、工资总额	—	—		
从业人员工资总额	千元	12		
按人员类型分	—	—		
在岗职工	千元	13		
劳务派遣人员	千元	18		
其他从业人员	千元	19		

单位负责人：　　　统计负责人：　　　填表人：　　　联系电话：　　　报出日期：20　年　月　日

说明：

1. 统计范围：辖区内除规模以上工业、有资质的建筑业、限额以上批发和零售业、限额以上住宿和餐饮业、有开发经营活动的全部房地产开发经营业、规模以上服务业法人单位以外的抽中样本单位。

2. 报送日期及方式：网络平台次年 1 月 4 日 0：00 开网；调查单位次年 2 月 25 日 24：00 前通过网络平台报送数据，无法进行网络直报的单位可通过其他形式报送，再由统计机构代录至平台；区级统计机构次年 3 月 10 日 24：00 前完成数据的审核、验收、上报。

3. 本表中"上年同期"数据统一由国家统计局在数据处理软件中复制，调查单位和各级统计机构原则上不得修改；本期新增的调查单位自行填报"上年同期"数据。

4. 审核关系：(1)01≥02；(2)01＝05＋06＋07；(3)08＝09＋10＋11；(4)12＝13＋18＋19。

扫码阅读▼
"统计造假"被纳入党的
纪律处分条例处分范畴

三、抽样调查

抽样调查是按照随机原则,在调查对象中抽取一部分总体单位作为样本,根据样本资料推断总体数量特征的一种非全面调查方式。由于全面调查的范围广,耗费的人力、物力、财力大,而且有时也不需要或不可能进行全面调查,但又要了解客观现象的总体情况,此时可以采用抽样调查的方式。抽样调查的具体方法详见项目七。

四、典型调查

典型调查是根据调查目的和要求,在对研究总体进行全面分析的基础上,有意识地从中选择若干具有典型意义的单位进行深入调查研究的一种非全面调查方法。做好典型调查的关键是根据研究目的选择具有典型意义的单位,通常可选取先进典型、后进典型和一般典型。例如,为了了解民营企业扭亏为盈的情况,可在实现摸底的基础上,选择一些该项工作成就显著的企业作为典型单位,深入研究其做法,总结经验,为其他企业树立榜样。

(一)典型调查的特点

(1)典型调查的调查单位少,调查方法机动灵活,省时省力,调查效果好。

(2)典型调查是一种深入、细致的调查方法,通过典型调查,既可以收集有关数字资料,也可以掌握具体情况,探索事物发展规律。

(3)调查单位是根据调查目的有意识选择出来的若干具有典型意义的单位,便于从典型入手,逐步扩大到具有一般性和普遍性的事物。

(二)典型调查的主要作用

(1)补充全面调查的不足之处。

(2)可以利用典型资料,估计推算相关数据。

（3）用于研究新生事物，抓住苗头，探索新生事物发展方向，形成预见，加以推广。

五、重点调查

重点调查是指在全体调查对象中选择一部分重点单位进行调查，借以了解总体基本情况的一种非全面调查方式。

重点单位是指调查对象中的一小部分单位，但其某一主要标志总量在总体标志总量中却占很大比重，重点单位的特征可以反映总体的基本情况。所以，重点调查虽然属于非全面调查，但通过重点调查却可以了解总体的主要情况和发展变化的基本趋势，在一定程度上起到全面调查的作用。例如，为了解我国工业企业发展的基本情况，我们对一些国有特大型企业进行调查，如鞍钢、首钢、上海宝钢、大庆油田、胜利油田等，它们的数量不多，但在国民经济的发展中，无论是资产总量，还是所创利税，都占全国所有工业企业相关指标的 60% 以上。对这些重点单位所进行的调查，属于重点调查。

重点调查实质上是范围比较小的全面调查，它的目的是反映现象总体的基本情况。一般来说，当调查任务只要求掌握基本情况，而部分单位又能比较集中地反映所研究的项目和指标时，采用重点调查比较适宜。但是，重点单位虽然对总体来说最有代表性，但却不可能完整地反映现象总量，也不具备推断总体总量的条件。

重点调查对重点单位的选择着眼于其所研究现象主要标志总量的比重，因而不带有主观因素。由于重点调查单位比较少，因此调查项目可多一些，所了解信息也可详细一些。重点调查单位一般管理水平较高、统计基础工作较好、资料容易取得且质量较高，所以重点调查是节省人力、物力，效果较好的调查方式。

 巩固拓展

请你开展一次关于在校大学生月消费支出情况的调查。

任务五　运用 Excel 进行数据录入与清洗

一、数据录入

统计调查得到的数据，在使用 Excel 进行处理分析前，通常需要先将数据录入 Excel。在使用人工录入的情况下，容易出现差错，因此需要数据录入人员具有严谨的工作作风和敬业精神。为了保证数据录入的质量，可以采用数据双录的方法，即安排两名录入人员或两组录入人员分别录入数据，录完后两组数据进行比对，如果出现不一致，说明该处的数据录入有误,此时需要核对原始资料,对出错的数据进行修正。

为了提高录入效率,可以使用以下技巧完成数据录入工作。

(一)Tab 键和 Enter 键组合

当需要实现固定区域横向录入完成后换行时,在起始单元格录入数据后,按【Tab】键,光标自动跳转到右方单元格,录入数据后,再按【Tab】键,以此类推,直至整行录完,然后按【Enter】键返回下行左起单元格,开始新一行数据的录入。

(二)提前锁定录入区域,利用 Enter 或 Tab 键实现全区域移动

【例 2-1】某班第一组和第二组期末成绩见表 2-5,请分组录入 Excel 中。

表 2-5　某班学生成绩

组别	学号	成绩		
		统计学	经济学	英语
第一组	01	81	80	85
	02	88	87	84
	03	85	94	85
	04	85	94	90
	05	88	93	85
	06	90	91	87
第二组	07	80	75	79
	08	92	76	84
	09	95	93	85
	10	81	76	82
	11	81	92	86
	12	84	91	85

方法 1:选定第一组成绩录入区域 C3:E8,在起始单元格录入数据后,按【Enter】键,可以完成从上到下、从左到右的数据录入,如图 2-2 所示。

方法 2:选定第二组成绩录入区域 C9:E14,在起始单元格录入数据后,按【Tab】键,可以完成从左到右、从上到下的数据录入,如图 2-3 所示。

二、数据清洗

数据清洗也叫作数据预处理,是指在统计分析之前,将缺失、不完整的数据补充完整,或将数据表中多余、重复的数据筛选出来并删除,或将内容、格式错误的数据进行纠正或剔除的操作行为。数据清洗是对数据进行重新审查和校验的过程,目的在于提升数据的质量,确保数据的准确性、完整性和一致性。包括缺失值清洗、格式内容清洗、逻辑错误清洗、重复数据清洗、无价值数据清洗。

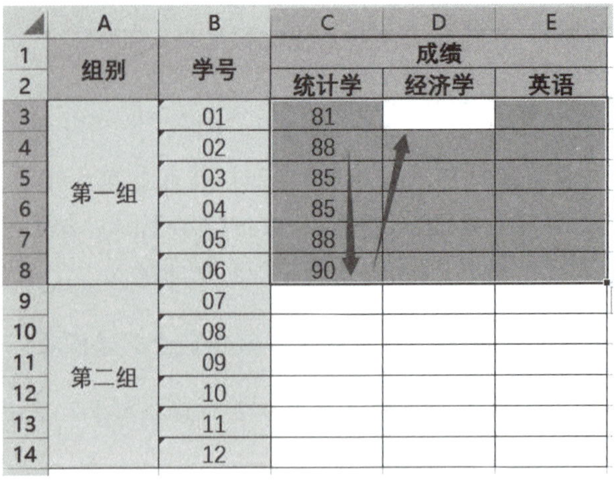

	A	B	C	D	E
1	组别	学号	成绩		
2			统计学	经济学	英语
3	第一组	01	81		
4		02	88		
5		03	85		
6		04	85		
7		05	88		
8		06	90		
9	第二组	07			
10		08			
11		09			
12		10			
13		11			
14		12			

图 2-2　利用 Enter 键移动录入数据

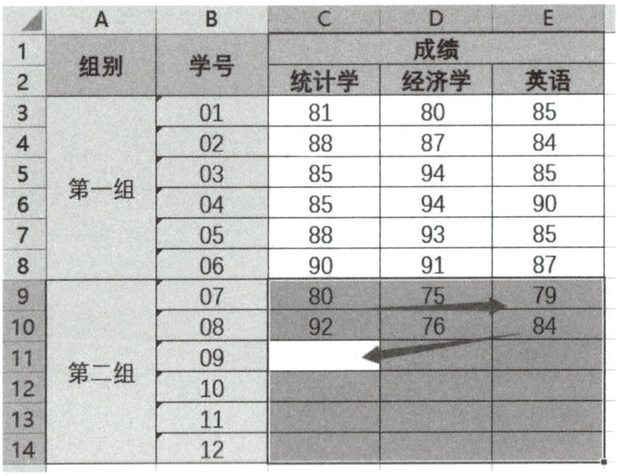

	A	B	C	D	E
1	组别	学号	成绩		
2			统计学	经济学	英语
3	第一组	01	81	80	85
4		02	88	87	84
5		03	85	94	85
6		04	85	94	90
7		05	88	93	85
8		06	90	91	87
9	第二组	07	80	75	79
10		08	92	76	84
11		09			
12		10			
13		11			
14		12			

图 2-3　利用 Tab 键移动录入数据

(一)缺失值清洗

缺失值清洗是指数据存在某个或某些属性的值不完整。

缺失值产生的原因主要有:一是有些信息无法获取,如未婚人士的配偶、未成年儿童的工作单位等,都是无法获取的信息;二是由于人为原因导致的某些信息被遗漏或删除了;三是数据收集或者保存失败造成数据缺失,如数据存储的失败、存储器损坏、机械故障等。

缺失值清洗步骤如下:

步骤 1:打开数据表格,选中数据区域,在功能区【开始】选项卡下单击【查找和选择】按钮,点击【定位条件】命令,在弹出的【定位条件】对话框中,选中【空值】,点击【确定】后,所有的空值即可被一次性选中。如图 2-4、图 2-5 所示。

步骤 2:根据需要处理空值,如补齐、删除、不处理。

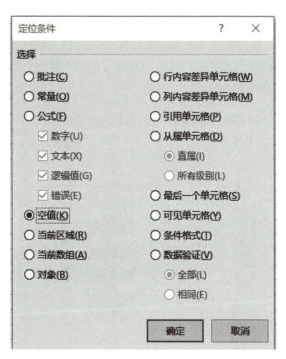

图 2-4 【定位条件】对话框

学号	姓名	性别	年龄	籍贯	成绩		
					统计学	经济学	英语
01	张三	男	18	湖南	81	80	85
02	刘琴	女	18	福建	88	87	84
03	林淼	男	17		85	94	85
04	周颖	女	19	广东	85	94	90
05	郑盈盈	女	19		88	93	85
06	林心怡	女	19	福建	90	91	87
07	李俊杰	男	16		80	75	79
08	黄晶晶	女	18	云南	92	76	84
09	黄婷	女	20		95	93	85
10	林丽芳	女	19	福建	81	76	82
11	黄楚阳	男	18		81	92	86
12	余芳	女	17	湖北	84	91	85
13	王莹	女	17		93	90	96
14	蔡承伟	男	17		50	80	88
15	林静怡	女	18	四川	78	55	86
16	黄玉珠	女	20	新疆	85	91	66
17	谢祥	男	16	云南	66	67	81
18	陆枫	男	18		71	72	76
19	张娜	女	19		63	85	82
20	张涛	男	19	福建	83	77	84
21	王秀萍	女	18	云南	56	70	91
22	黄景鸿	男	18	四川	95	86	85
23	陈志涛	男	18	江苏	66	70	85
24	林洪声	男	17	福建	72	75	94
25	林心如	女	19	福建	85	69	90
26	张洁	女	19		78	89	92

图 2-5 选择空值

补齐数据有两种情况：

(1)批量补齐数据：输入要补充的值，然后按快捷键【Ctrl＋Enter】，则其他空白单元格都变为第一个填充的值。如图 2-6 所示。在单元格 E5 输入"浙江"，按快捷键【Ctrl＋Enter】，其他空白格都填充了"浙江"。

学号	姓名	性别	年龄	籍贯	成绩		
					统计学	经济学	英语
01	张三	男	18	湖南	81	80	85
02	刘琴	女	18	福建	88	87	84
03	林淼	男	17	浙江	85	94	85
04	周颖	女	19	广东	85	94	90
05	郑盈盈	女	19	浙江	88	93	85
06	林心怡	女	19	福建	90	91	87
07	李俊杰	男	16	浙江	80	75	79
08	黄晶晶	女	18	云南	92	76	84
09	黄婷	女	20	浙江	95	93	85
10	林丽芳	女	19	福建	81	76	82
11	黄楚阳	男	18	浙江	81	92	86
12	余芳	女	17	湖北	84	91	85
13	王莹	女	17	浙江	93	90	96
14	蔡承伟	男	17	浙江	50	80	88
15	林静怡	女	18	四川	78	55	86
16	黄玉珠	女	20	新疆	85	91	66
17	谢祥	男	16	云南	66	67	81
18	陆枫	男	18	浙江	71	72	76
19	张娜	女	19	浙江	63	85	82
20	张涛	男	19	福建	83	77	84

图 2-6　批量补齐数据

(2)填充不同的空值：输入等号，单击上面的单元格，然后按快捷键【Ctrl＋Enter】，则其他空白单元格就填充了不同的空值。如图 2-7 所示。在单元格 E5 输入"＝E4"，按快捷键【Ctrl＋Enter】，则空白格分别填充了与上一个单元格相同的值。

学号	姓名	性别	年龄	籍贯	成绩		
					统计学	经济学	英语
01	张三	男	18	湖南	81	80	85
02	刘琴	女	18	福建	88	87	84
03	林淼	男	17	福建	85	94	85
04	周颖	女	19	广东	85	94	90
05	郑盈盈	女	19	广东	88	93	85
06	林心怡	女	19	福建	90	91	87
07	李俊杰	男	16	福建	80	75	79
08	黄晶晶	女	18	云南	92	76	84
09	黄婷	女	20	云南	95	93	85
10	林丽芳	女	19	福建	81	76	82
11	黄楚阳	男	18	福建	81	92	86
12	余芳	女	17	湖北	84	91	85
13	王莹	女	17	湖北	93	90	96
14	蔡承伟	男	17	湖北	50	80	88
15	林静怡	女	18	四川	78	55	86
16	黄玉珠	女	20	新疆	85	91	66
17	谢祥	男	16	云南	66	67	81
18	陆枫	男	18	云南	71	72	76
19	张娜	女	19	云南	63	85	82
20	张涛	男	19	福建	83	77	84

图 2-7　填充不同的空值

（二）重复数据清洗

重复数据是指数据被重复、多次记录，如图 2-8 所示。重复数据会影响数据处理结果的正确性，从而导致数据分析出现偏差，因此需要将其删除。

	A	B	C	D	E	F	G	H
1	学号	姓名	性别	年龄	籍贯	成绩		
2						统计学	经济学	英语
3	01	张三	男	18	湖南	81	80	85
4	02	刘琴	女	18	福建	88	87	84
5	03	林淼	男	17		85	94	85
6	04	周颖	女	19	广东	85	94	90
7	05	郑盈盈	女	19		88	93	85
8	06	林心怡	女	19	福建	90	91	87
9	07	李俊杰	男	16		80	75	79
10	08	黄晶晶	女	18	云南	92	76	84
11	09	黄婷	女	20		95	93	85
12	10	林丽芳	女	19	福建	81	76	82
13	11	黄楚阳	男	18		81	92	86
14	12	余芳	女	17	湖北	84	91	85
15	13	王莹	女	17		93	90	96
16	14	蔡承伟	男	17		50	80	88
17	15	林静怡	女	18	四川	78	55	86
18	16	黄玉珠	女	20	新疆	85	91	66
19	17	谢祥	男	16	云南	66	67	81
20	18	陆枫	男	18		71	72	76
21	19	张娜	女	19		63	85	82
22	20	张涛	男	19	福建	83	77	84
23	21	王秀萍	女	18	云南	56	70	91
24	22	黄景鸿	男	18	四川	95	86	85
25	23	陈志涛	男	18	江苏	66	70	85
26	10	林丽芳	女	19	福建	81	76	82
27	24	林洪声	男	17	福建	72	75	94
28	25	林心如	女	19	福建	85	69	90

图 2-8 出现重复数据

选中工作表中的数据区域，在功能区【数据】选项卡下的【数据工具】功能组中，单击【删除重复项】，在弹出的【删除重复项】对话框中，点击确定，如图 2-9 所示。

Excel 将显示一条消息，指出有多少个重复值被删除，多少个唯一值被保留。如图 2-10 所示。

（三）格式内容清洗

由于系统导出渠道或人为输入习惯的原因，整合而来的原始数据有时不能做到格式统一，内容表达不一致。

如图 2-11 所示，"入团时间"列出现了四种不同的表达方式，"家庭所在地"列的字符前面或中间存在空格，需要将其修正，"特长"列需要把不同的特长拆分出来。

具体操作步骤如下：

（1）选中"入团时间"整列，右键打开弹出式菜单，点击【设置单元格格式】选项，在弹出的【设置单元格格式】对话框中，选择【数字】选项卡，点击【日期】将其类型修改为某种样

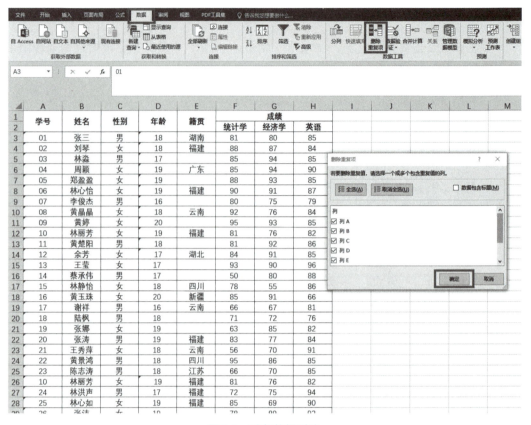

图 2-9　重复数据删除

图 2-10　重复数据删除提示

	A	B	I	J	K
1	学号	姓名	入团时间	家庭所在地	特长
2					
3	01	张三	2018/5/4	湖南省长沙市□芙蓉区	唱歌；跳舞
4	02	刘琴	06/06/19	福建省□漳州市龙文区	篮球；足球
5	03	林淼	10-May-18	□福建省莆田市荔城区	演讲
6	04	周颖	2018年5月10日	广东省潮州市潮安区	画画；书法；唱歌

图 2-11　数据格式内容有误

式。点击【确定】，如图 2-12、图 2-13 所示。

　　(2)"家庭所在地"列数据中的空格可以使用【替换】一次性批量去除。选中数据区域，

图 2-12 【设置单元格格式】对话框

	A	B	I	J	K
1	学号	姓名	入团时间	家庭所在地	特长
2					
3	01	张三	2018/5/4	湖南省长沙市 芙蓉区	唱歌；跳舞
4	02	刘琴	2019/6/6	福建省 漳州市龙文区	篮球；足球
5	03	林淼	2018/5/10	福建省莆田市荔城区	演讲
6	04	周颖	2018/5/10	广东省潮州市潮安区	画画；书法；唱歌

图 2-13 统一"入团时间"格式

在【开始】选项卡下的【编辑】功能组中单击【查找和选择】按钮，点击【替换】命令，【查找内容】输入一个空格，【替换为】则不输入任何内容，点击【全部替换】即可全部删除表格中的空格。如图 2-14 所示。

（3）选中"特长"列，在功能区【数据】选项卡下的单击【分列】按钮，然后按照【文本分列向导】步骤操作。如图 2-15、图 2-16、图 2-17、图 2-18 所示。

图 2-14　统一"家庭所在地"格式

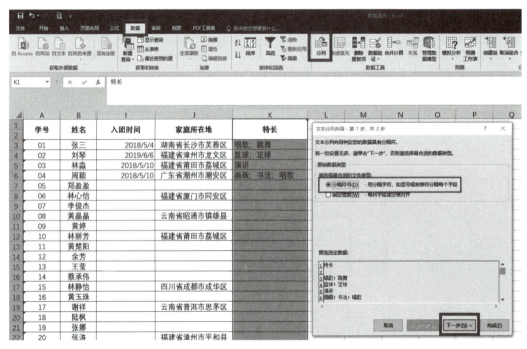

图 2-15　【文本分列向导】操作第 1 步

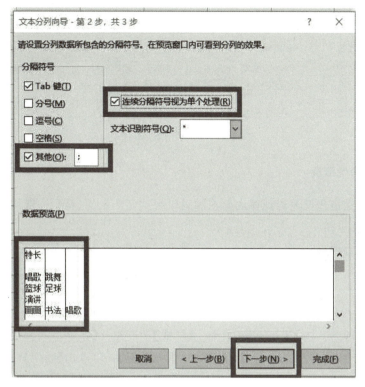

图 2-16　【文本分列向导】操作第 2 步

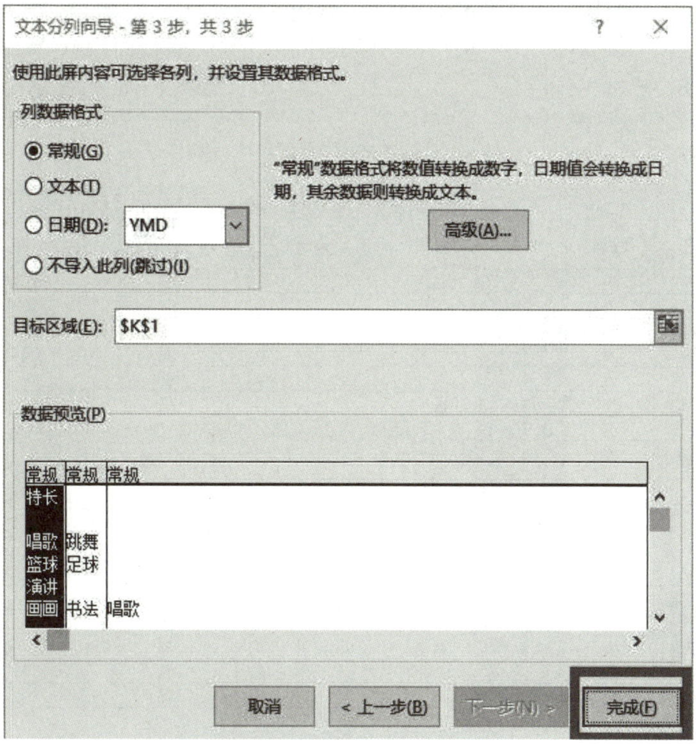

图 2-17　【文本分列向导】操作第 3 步

	A	B	I	J	K	L	M
1	学号	姓名	入团时间	家庭所在地	特长		
2							
3	01	张三	2018/5/4	湖南省长沙市芙蓉区	唱歌	跳舞	
4	02	刘琴	2019/6/6	福建省漳州市龙文区	篮球	足球	
5	03	林淼	2018/5/10	福建省莆田市荔城区	演讲		
6	04	周颖	2018/5/10	广东省潮州市潮安区	画画	书法	唱歌

图 2-18　统一"特长"格式

(四)逻辑错误清洗

逻辑错误,是指违反逻辑规律的要求和逻辑规则而产生的错误,一般使用逻辑推理就可以发现问题。包括:

(1)数据不合理:如大学生年龄2岁,或者考试成绩为−12分,明显不符合客观事实。

(2)数据自相矛盾:如出生年份是1980年,但年龄却显示18岁。

(3)数据不符合规则:如限购1件的商品,客户的购买数量却为3。

下例中,由于大学生年纪大都应在15岁以上,因此需要将"年龄"小于15的记录标注出来。选中"年龄"列,选择【开始】选项卡—【样式】功能组—【条件格式】—【突出显示单元格规则】—【小于】,在弹出的【小于】对话框中,填入数值"15",点击【确定】即可将错误数据标注出来。如图2-19所示。

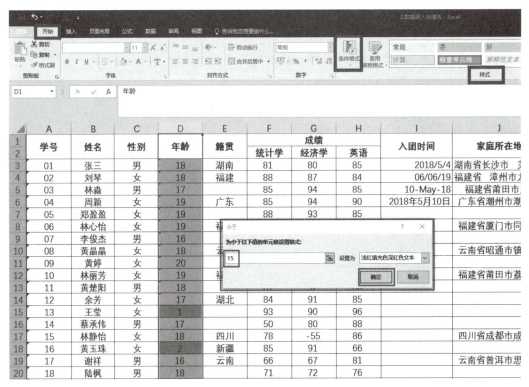

图 2-19　"年龄"逻辑错误清洗

同理,条件格式选择【小于】即可将"成绩"列的错误数据标注出来。如图 2-20 所示。

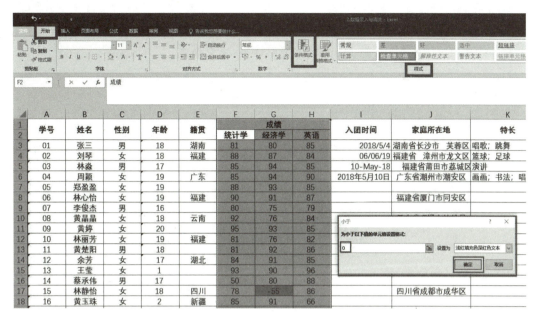

图 2-20 "成绩"逻辑错误清洗

扫码获取▼
本任务数据源

 知识归纳

1.统计调查是整个统计活动的基础和关键。按调查对象所包括的范围,统计调查可分为全面调查和非全面调查;按调查登记的时间是否连续,统计调查可分为一次性调查和经常性调查;按调查的组织方式不同,统计调查可分为统计报表和专门调查。统计调查的方法包括直接观察法、报告法、访问法、网络调查法、卫星遥感法等。

2.每项统计调查实施之前,都要设计周密的调查方案,主要内容包括:确定调查目的和任务,确定调查对象和调查单位,确定调查项目,设计调查表或调查问卷,确定调查时间、空间和方法,制订调查工作的组织实施计划。

3.调查问卷是指调查者根据调查目的和要求设计的,由一系列问题、备选答案及说明等组成的,用于从被调查者处获取信息的一种基本工具。调查表格和问卷的设计应简明扼要,以保证所搜集资料的准确性。

4.在组织统计调查时,应根据不同调查对象和调查目的,灵活采用不同的调查方式,常见的统计调查方式有:普查、统计报表、抽样调查、典型调查、重点调查等。

扫码答题▼
项目二习题

项目三 统计整理

学习目标

知识目标

1.理解统计整理的意义和整理步骤；

2.理解统计分组的作用；

3.掌握统计分组的方法；

4.掌握分配数列的概念与编制；

5.掌握编制统计表和绘制统计图的方法；

6.掌握运用 Excel 软件进行统计整理的方法。

能力目标

1.能够根据研究目的进行统计分组、编制分配数列；

2.能够根据实际资料编制规范的统计表、绘制统计图；

3.能够利用 Excel 软件对统计资料进行整理。

思政目标

1.让学生利用数据图表展示我国经济社会运行数据，了解新时代中国特色社会主义建设的成就；

2.培养学生数据整理思维，形成大数据观；

3.培养学生整理统计数据、运用统计分析方法、作为统计工作人员坚持实事求是的理念。

知识结构图

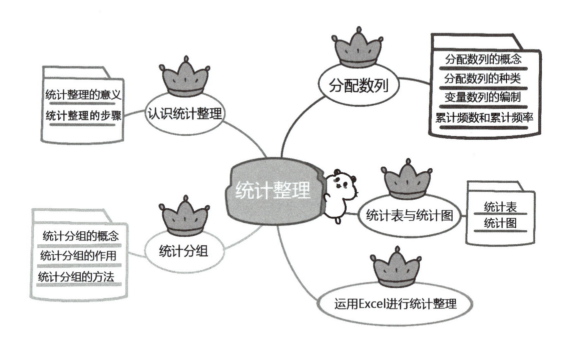

导入阅读

电商舆情:2023 双十一数据分析报告

2023 双十一各大平台依旧不再公开自家的成交总额,而是依托其他数据发布战报。

天猫公布数据显示,截至 2023 年 11 月 11 日零点,共有 402 个品牌成交破亿,243 个国货品牌进入"亿元俱乐部",3.8 万个品牌成交同比增长超 100%;全周期累计访问用户数超 8 亿,破历史纪录。

京东公布数据显示,截至 11 月 11 日晚 23:59,累计超过 60 个品牌销售破 10 亿元,近 20 000 个品牌成交额同比增长超 3 倍,新商家成交单量环比增长超 5 倍;京东采销直播出圈,总观看人数突破 3.8 亿。

据星图数据统计,2023 年双十一期间,全网 GMV 达 11 386 亿元。其中,以淘宝、京东、拼多多为代表的综合电商销售额达 9 235 亿元,以抖音、快手、点淘为代表的直播电商销售额达 2 151 亿元,以美团闪购、京东到家、饿了么为代表的新零售销售额达 236 亿元,以多多买菜、美团优选、兴盛优选为代表的社区团购销售额达 124 亿元。

（节选自《电商舆情:2023 双十一数据分析报告》,https://zhuanlan.zhihu.com/p/666698446）

任务一　认识统计整理

一、统计整理的意义

统计资料整理简称统计整理,是指根据统计研究的目的和任务,对统计调查所得的大量原始资料进行系统化的分组、汇总,或对已初步加工的次级资料进行再整理,以反映所研究的现象总体特征的工作过程。

统计调查得到的大量、零散、不规范的资料只能表明被调查单位的具体情况,反映事物的表面现象,不能说明事物的综合情况,必须进行加工整理。统计整理是统计工作的中间环节,它是统计调查的继续和深化,也是统计分析的基础和前提,在统计工作过程中起着承上启下的重要作用。统计整理的质量不仅直接关系到调查资料能否发挥其应有的作用,也直接影响到统计分析和预测能否得出正确的结论。例如,人口普查中的人口资料只能说明每一个人的具体情况,如姓名、性别、婚姻状况、民族等,必须对个人的资料进行加工整理后才能得到人口总体的综合情况,如总人口数、男女性别比例等,从而了解人口总体的规模、结构状况等,达到对人口总体的全面、系统的认识。

扫码阅读▼
次级数据

二、统计整理的步骤

(一)拟定统计整理方案

统计资料整理方案是根据调查目的,明确整理的资料内容、分组方式、数据指标,按照整理资料的专门方法,对整理资料的工作流程、分工和要求等事项进行具体说明。

(二)审核调查资料

审核调查资料的目的是确保进入数据录入分析阶段的调查资料的完整性、准确性和及时性,是对回收的调查资料进行质量控制的必不可少的步骤。

(1)审核资料的完整性,包括审核调查中应调查的单位是否缺报漏报,调查的内容是否齐全等。

（2）审核资料的准确性，审核所填报的资料是否准确可靠，主要采用两种方法：①逻辑审查，即审核资料内容是否合情合理，各个项目之间是否有矛盾之处，比如，在"年龄段"选项上填写了"儿童"的人却在"从事工作"选项上填写了"财务"，这其中必有填写错误，应予以纠正。②计算审查，即审核各项数据在计算方法和计算结果上有无错误，统计口径、范围、计量单位是否符合要求，统计数字是否正确，出现在不同表格上的同一指标数值是否相同，等。

（3）审核资料的及时性，审核统计资料是否符合调查规定的时间，填报单位是否按规定的时间报送了有关资料。

（三）录入数据

运用计算机汇总调查数据是目前市场调查工作中普遍运用的技术方法。

（四）统计分组与汇总

根据研究目的和统计分析的需要，选择整理的标志，并进行归类分组。统计分组是统计整理的重要内容和统计分析的基础，是统计整理的关键环节，只有正确的分组才能整理出有科学价值的综合指标，并借助这些指标来揭示现象的本质与规律。

统计汇总是对分组后的各项统计指标进行汇总处理，并计算各组的单位数和合计数，计算出说明总体和各组情况的统计指标数值。

（五）绘制统计表和统计图

统计表使统计资料的表现更加明白、清晰。统计图是表现统计资料的另一种更直观、更形象的手段。通过编制统计表和绘制统计图，将整理出的资料简洁、明了且有序地呈现出来。

任务二　掌握统计分组

想一想

通过关于某高校学生月消费支出情况的问卷调查工作，我们从被调查对象处获得了 200 多份调查问卷，经过审核并将有效的问卷资料录入计算机后，发现计算机中呈现的数据是零散的，只能显示每个被调查者的具体情况，不能说明研究总体的全貌，接下来应该如何处理？

一、统计分组的概念

统计分组是根据统计研究的目的和任务，按照选定的标志将总体划分为若干部分或组别，使组与组之间具有差异性，而同一组内的单位保持相对同质性。例如，将参加考试的学生作为总体，按照考试成绩这一标志将学生划分成及格与不及格两组，两组的性质截然不同，但及格组内性质相同，不及格组内性质也相同。在社会经济统计研究中，分组对于发现特点与规律、划分现象类型、研究总体结构和研究现象之间的依存关系等具有重要作用。

二、统计分组的作用

统计分组在统计研究中的作用主要体现在以下四个方面。

(一)发现总体的特点与规律

零星的、分散的统计数据，在统计分组后，可以有条理地反映事物的特点。

【例 3-1】某班级共 40 位学生，"统计学基础"课程的期末考试成绩如下：

76	73	80	80	65	85	75	86	58	72	90	71	72	83
74	82	51	93	87	62	66	77	66	90	69	83	92	
81	88	51	55	95	71	61	48	82	60	67	69	79	

根据以上资料我们很难看出该班学生学习成绩的特点和规律。现在，我们对上述资料进行分组整理，编制成如表 3-1 所示的考试成绩分组(对于相邻两组的重叠部分，一般遵循"上限不在内"原则)。

表 3-1   某班学生考试成绩分组

按成绩分组/分	学生人数/人
0～60	5
60～70	9
70～80	10
80～90	11
90～100	5
合计	40

从表 3-1 可以看到，某班学生的考试成绩经过分组整理后，能够比较直观地反映学生总体成绩情况。

(二)区分社会经济现象的类型

社会经济现象是极其复杂的，客观上存在各种不同的类型，各种不同类型的现象在规模、水平、结构、比例关系等方面的数量表现也各不相同。

利用统计分组就能根据统计研究的目的,将总体区分为各种性质不同的类型,来研究各类现象的数量差异和特征以及相互关系。

例如,中国居民城镇、农村的划分,说明在中国二元经济结构下社会经济关系存在巨大的差异;在国民经济统计活动中,按经济活动性质的不同将国民经济划分为第一产业、第二产业和第三产业。

【例 3-2】第三次全国经济普查按登记注册类型分组资料如表 3-2 所示。

表 3-2 按登记注册类型分组的批发和零售业企业法人单位和从业人员

登记注册类型	企业法人单位/万个	从业人员/万人
合 计	281.1	3 314.9
内资企业	277.7	3 119.1
国有企业	2.7	103.4
集体企业	3.7	56.9
股份合作企业	1.6	15.2
联营企业	0.7	8.3
有限责任公司	49.0	767.7
股份有限公司	3.2	150.1
私营企业	197.0	1 758.0
其他企业	19.8	259.5
港、澳、台商投资企业	1.5	89.4
外商投资企业	1.9	106.4

资料来源:国家统计局。

通过这种划分,可以反映按登记注册类型分组的批发和零售业企业法人单位和从业人员情况。

(三)反映现象内部结构

利用统计分组计算出各组数值在总体中所占比重,对社会经济现象的内部结构进行研究,可以说明现象总体的基本性质和特征。同时,对现象内部结构的变化进行动态研究,还可以反映现象总体发展变化的过程、趋势和规律。

【例 3-3】某高校经济管理学院近几年教师学历结构如表 3-3 所示。

表 3-3 某高校经济管理学院近几年教师学历结构表

年份	本科/%	硕士研究生/%	博士研究生/%	合计/%
2018	36	46	18	100
2019	32	46	22	100

年份	本科/%	硕士研究生/%	博士研究生/%	合计/%
2020	28	48	24	100
2021	26	49	25	100
2022	23	50	27	100

从表 3-3 可以看出,经济管理学院近几年的教师队伍学历有所优化。

(四)分析现象之间的依存关系

客观现象之间都存在不同程度的相互联系、相互制约的依存关系。例如,市场商品价格与其需求量之间、家庭的工资收入与日常生活之间,都在一定程度上存在相互依存的关系。这些依存关系可以通过统计分组分析出因素与结果之间的变动规律。

【例 3-4】某企业的产品产量与单位成本之间的依存关系如表 3-4 所示。

表 3-4　某企业产品产量与单位成本情况

产品产量/万件	单位成本/(元/件)
0～3	11
3～6	10.6
6～9	10.1
9～12	9.2
12～15	8
15 及以上	7.5

从表 3-4 可以看到,产品产量越大,单位成本越小,这说明产品单位成本随产量扩大而降低,这种依存关系通过分组可以直观地揭示出来。

三、统计分组的方法

统计整理的关键在于统计分组,而统计分组的关键在于分组标志的选择和确定各组的界限。

(一)分组标志的选择

分组标志就是将统计总体区分为若干组成部分的根据。社会经济现象一般都有许多不同的标志,对同一总体进行分组会有多种选择,正确选择分组标志应遵循以下原则。

1.根据研究目的与任务选择分组标志

在对社会经济现象进行研究时,研究目的不同,可选用的分组标志也不同。例如,以全国工业企业为总体进行研究时,研究对象有很多标志,如经济类型、固定资产原值、职工人数、所属行业等。在具体研究过程中应采用哪种标志进行分组,要根据研究目的来确定。

如果研究目的是分析不同经济类型的企业在总体中的构成,那么就要选择经济类型作为分组标志;如果要研究工业企业所属行业构成情况,则可以选择所属行业作为分组标志。

2.选择最能反映现象本质特征的标志作为分组标志

社会经济现象复杂多样,分组标志可以有多种选择,在这些标志中,有些是本质的或主要的,有些是非本质的或次要的,此时应选择与研究目的的关系最密切、最能反映现象最本质特征的标志。例如,研究职工生活水平高低情况,可以用职工的工资水平作为分组标志,也可以用职工家庭成员人均收入水平作为分组标志。究竟选用哪个分组标志更能充分反映职工的生活水平呢?我们知道,职工的工资水平高不一定代表其生活水平高,还要结合其赡养的人口数来判断,如果其赡养的人口数很多的话,其家庭生活水平也不会很高。在进行统计分组时,选择职工家庭成员人均收入作为分组标志进行分组是比较恰当的。

3.根据现象所处的历史时期和经济状况来选择分组标志

社会经济现象是随着时间、地点的变化而变化的,同一个标志在过去某个时期是适用的,现在不一定适用;在这个场合适用,在另一场合不一定适用。因此,即使是研究同类现象,也要视具体时间、地点、条件的不同而选择不同的分组标志。例如,在研究某企业困难职工人数情况时,显然要根据当时的物价水平和经济条件来确定,而各个年代的标准当然是不同的;又如,反映企业规模的分组标志,在技术不发达时期,适合用职工人数来作为分组标志;在技术进步时期,采用生产能力作为分组标志更切合实际。

(二)统计分组的类型

1.根据分组标志性质不同分组

按分组标志性质不同分组,统计分组可以分为按品质标志分组和按数量标志分组。

(1)按品质标志分组

按品质标志分组就是用反映事物的属性、性质的标志作为分组标志,将总体划分为若干个性质不同的组成部分。例如,我国把社会经济部门划分为第一产业、第二产业和第三产业;将某市的企业按所在区域分组;将学生按性别、班级分组;将产品按用途分组;将劳动者按从事职业分组等。在实际工作中,国家制定了适合一般情况的标准分类目录,以统一分类口径,便于各部门掌握和使用,如我国的《国民经济行业分类》《学科分类与代码》等。

(2)按数量标志分组

按数量标志进行分组,就是根据统计研究的目的,选择反映事物数量差异的数量标志作为分组标志,在数量标志值的变异范围内划定各组的数量界限,将总体划分为若干个部分或组别。其中,每组用一个数值表示的是单项式分组,例如,某城市家庭按人口多少进行分组,可以分成1、2、3、4或以上五个组;每组用两个数来表示的是组距式分组,例如,统计学生的考试成绩时,按学习成绩将学生划分为60以下、60~70、70~80、80~90、90~100五个组。关于数量标志分组的具体问题将在下一节具体阐述。

需要注意的是,无论是按品质标志分组还是按数量标志分组,在分组时都必须遵循穷尽原则和互斥原则。穷尽原则是指统计分组必须保证总体的每一个单位都能归入其中的一个组,各个组的单位数之和等于总体单位总数,总体的指标必须是各个单位相应标志的综合。比如,若将学生的月生活费支出分为800~1 000元、1 000~1 200元、1 200~1 400

三组，则那些生活费支出在 800 元以下和1 400元以上的学生就无法归类。互斥性原则是指统计分组必须保证总体的每一个单位只能属于其中的一个组，不能出现重复统计的现象，否则必然影响统计资料的真实性。比如，将学生的月生活费支出分为 800 元以下、800～1 000元、1 000～1 200元、1 200～1 400、1 400元以上，需要确定各组临界值的归属标准，如生活费支出为1 000元的学生按“上限不在内”的原则应被划入1 000～1 200元这一组中。

2.根据分组标志的多少分组

根据分组标志的多少，统计分组可分成简单分组、复合分组和分组体系。

(1)简单分组

简单分组是指按照一个标志进行分组。表 3-5 所示为某班级按分数对统计学科目的考试成绩进行分组。

表 3-5　某班学生按统计学科目考试成绩分组情况

成绩/分	人数/人
0～60	4
60～70	9
70～80	10
80～90	11
90～100	7
合计	41

(2)复合分组

复合分组是指对同一个总体，把两个或两个以上标志结合起来进行多层次分组，即在按某一个标志分组的基础上，再依次按另一个标志进一步分组。例如企业先按经济类型分组，再分别按照生产规模做进一步的分组。在校大学生按学科性质分为文科、理科，在学科性质基础上按性别又分为男、女。

(3)分组体系

分组体系是对同一总体进行多种不同的分组而形成的体系，有两种形式，即平行分组体系和复合分组体系。

第一，对同一总体选择两个或两个以上的标志分别进行简单分组，排列起来，即成为平行分组体系。例如：对大学生总体的研究，就可以进行如图 3-1 所示的平行分组。

- 大学生总体
  - 按学历分组
    - 本科
    - 专科
  - 按性别分组
    - 男生
    - 女生
  - 按学科性质分组
    - 文科
    - 理科

图 3-1　平行分组

第二,对同一总体同时选择两个或两个以上的标志重叠起来进行复合分组,多个复合分组组成的体系就是复合分组体系。例如,对大学生总体进行研究,可先按学历分组,然后在学历的基础上再按学科性质分组,然后在学科性质的基础上再按性别分组,即形成如图 3-2 所示的复合分组体系。

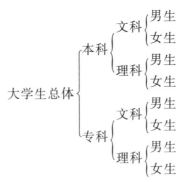

图 3-2　复合分组体系

扫码阅读▼
统计上大中小微型企业
划分办法(2017)

任务三　掌握分配数列

一、分配数列的概念

将总体按某一标志进行分组,并按一定顺序排列出每个组的总体单位数,这种数列称为分配数列,又称次数分配或次数分布。在分配数列中,分布在各个组的总体单位数叫作次数或频数,各组次数与总次数之比称为比率或频率。分配数列能够正确反映现象在总体中的结构特征,是分析总体特征及其变动规律的重要手段。由此可见,分配数列有两个组成要素,一个是分组,另一个是次数或频率。表 3-6 所示为 2020 年我国人口性别统计情况。

表 3-6 2020 年我国人口性别统计情况

性别	人口数/万人	占比/%
男	72 334	51.24
女	68 844	48.76
合计	141 178	100.00

表 3-6 中,第一列为各组指标名称,第二列为次数或频数,第三列为比重或频率。

二、分配数列的种类

根据分组标志的不同,分配数列分为品质数列和变量数列两种。

(一)品质数列

品质数列是指按品质标志分组后形成的数列,用来观察总体单位中不同属性的单位分布情况。如表 3-6 是人口按性别分组形成的品质数列。

(二)变量数列

变量数列是指按数量标志分组后形成的数列,用来观察总体单位中不同数量的单位分布情况。变量数列按每一组标志值的多少不同,分为单项数列和组距数列。

1.单项数列

单项数列是在变量值数目不多、数值变化幅度不大的情况下采用,一般用一个变量值代表一个组。如表 3-7 所示为某小区家庭按照儿童数分组。

表 3-7 某小区家庭按照儿童数分组

儿童数/个	家庭数/户
0	30
1	55
2	123
3	70
4	26
合计	304

2.组距数列

组距数列是在变量值很多,数值变动范围很大的情况下采用,一般用两个数代表一个组,表示变量值的一定变动区间。如表 3-8 所示为某地区 100 个乡镇按人均收入分组情况。

表 3-8 某地区 100 个乡镇按人均收入分组情况

人均收入/元	乡镇数/个
2 000～3 000	15
3 000～4 000	48

续表

人均收入/元	乡镇数/个
4 000～5 000	29
5 000～6 000	8
合计	100

在组距数列中,需要明确以下各要素:

(1)全距:全距是指总体中最大标志值与最小标志值之差。

(2)组限:组限是指组距数列中,每个组两端的变量值,其中每组的最大值叫上限,每组的最小值叫下限,统称为组限。如果各组的组限都齐全,称为闭口组;如果组限最小组缺下限或最大组缺上限,称为开口组。缺下限的开口组,组距数列的第一组用"××以下"表示;缺上限的开口组,组距数列的最后一组用"××以上"来表示。

相邻组上下限的表示,连续型变量和离散型变量有所差别。

划分连续型变量的组限时,由于连续型变量相邻两个数值之间有无限个中间值,不可能一一列举,因此,应按照"重叠组限"原则,相邻两组的上下限用同一变量值表示,即相邻两组的上下限必须重叠;同时,一般应把重叠的数值归入下限那一组,即"上限不在内"原则。比如表3-8,有一个乡镇人均收入恰好是4 000元,应把它分到4 000作为下限的一组,即第三组。

划分离散型变量的组限时,相邻两组的上下限可用两个连续自然数表示,即"不重叠组限",但在实际工作中,为方便计算,也可用"重叠组限"。

(3)组距:组距是各组上下限之间的距离,也就是各组最大标志值和最小标志值之差,即组距＝上限－下限。组距数列,有等距和不等距两种。等距的变量数列,其各组的组距都相等,反之称为不等距或异距数列。

 知识拓展

等距分组和异距分组的适用情况

等距分组就是标志值在各组保持相等的组距,即各组的标志值变动都限于相同的范围。凡是在标志值变动比较均匀的情况下,都可采用等距分组。例如,工人的年龄、工龄、工资的分组,零件尺寸的误差、加工时间的分组,农产品单位面积产量、单位产品成本的分组等。等距分组有很多好处,它便于计算,便于绘制统计图,也便于进行各类运算。

异距分组即各组的组距不相等。一般来说,异距分组适用于如下几种场合:第一,标志值分布很不均匀的场合;第二,标志值相等的量具有不同意义的场合;第三,标志值按一定比例发展变化的场合。对于异距分组方法的运用没有固定模式可供依循,全凭统计人员在实践中不断探索,关键在于对所研究现象的内在联系必须十分熟悉,才能很好地运用异距分组来揭示事物的本质。

(4)组数:组数是指根据一定的组距划分的区间的数目。组数与组距呈反比例关系:组数越多,则组距越小;反之,组距越大,则组数越少。

(5)组中值:组中值是指各组中点位置所对应的变量值。

闭口组组中值的计算公式为:

$$组中值 = \frac{上限 + 下限}{2}$$

开口组组中值的计算公式为:

$$缺下限组的组中值 = 该组上限 - \frac{邻组组距}{2}$$

$$缺上限组的组中值 = 该组下限 + \frac{邻组组距}{2}$$

在计算平均指标或进行其他统计分析时,常以组中值来代表各组标志值的一般水平,但它不是各组标志值的平均值,只是近似代表值。

三、变量数列的编制

对于品质数列,按规定的分组标志将总体单位按组归类整理,通常能准确反映总体的分布特征。在此,我们只对变量数列的编制做重点介绍。

(一)单项数列的编制

在编制单项数列时,一般将调查所得资料按照数值由小到大顺序排列;然后确定各组的变量值和组数,一般有多少个变量值就有多少组;最后汇总出各变量值出现的次数,编制单项数列。下面结合实例说明编制方法。

【例 3-5】某班级 20 名同学的年龄如下,试编制单项数列。

19 18 20 20 20 21 19 19 18 19
19 20 20 19 21 20 19 20 20 20

首先,将总体各单位标志值从小到大排列:

18 18 19 19 19 19 19 19 19 20
20 20 20 20 20 20 20 20 21 21

其次,以总体各单位标志值为各组标志值,以总体各单位标志值出现次数为各组次数,编制单项数列,如表 3-9 所示。

表 3-9　某班级 20 名学生年龄统计表

年龄/岁	频数/人	频率/%
18	2	10
19	7	35
20	9	45

续表

年龄/岁	频数/人	频率/%
21	2	10
合计	20	100

 特别提醒

在此资料中,学生年龄范围是 18~21 岁,数据跨度较小。如果数据跨度大,那么用单项数列进行编制,组数会比较多,很难看出数据分布的特点,在这种情况下就需要使用组距数列。

(二)组距数列的编制

连续型变量和变量值跨度较大的离散型变量适合编制组距数列。下面结合实例说明编制方法。

【例 3-6】某单位 50 名工人日生产零件数(单位:件)如下:

121	135	112	108	125	124	127	118	118	122	128	123	123
127	126	117	115	113	134	133	107	124	119	133	122	139
126	117	129	120	127	123	125	124	114	134	118	131	122
110	108	117	123	139	120	130	112	122	128	137		

1.将总体各单位标志值从小到大排列

107	108	108	110	112	112	113	114	115	117
117	117	118	118	118	119	120	120	121	122
122	122	122	123	123	123	123	124	124	124
125	125	126	126	127	127	127	128	128	129
130	131	133	133	134	134	135	137	139	139

2.计算全距

$$全距 = 139 - 107 = 32$$

3.确定组距和组数

同一变量数列中,组数与组距相互制约,组距大则组数少,组距小则组数多,组数与组距的确定,应力求符合现象的实际情况,充分体现总体的特征。为了方便计算,组距宜取 5、10 或 100 的倍数。组数一般在 3~9 组比较适中。对于上例,组距为 5,组数为 7 组。(组数 = 全距/组距,计算后取整。)

4.确定各组组限

一般来说,确定组限应考虑以下几个方面:第一,组限最好用整数表示;第二,最小组的下限(起点值)可以略低于最小变量值,最大组的上限(终点值)可以略高于最大变量值;

第三,连续型变量应采用重叠组限,离散型变量重叠组限和不重叠组限均可。

5.计算各组的单位数,编制数列

确定了全距、组距、组数和组限后,就可以计算出各组的单位数,并填入相应的各组次数栏中,完成数列编制。本例编制数列如表 3-10 所示。

表 3-10　某单位 50 名工人日生产零件数分组表

按零件数分组/个	频数/人	频率/%
105～110	3	6
110～115	5	10
115～120	8	16
120～125	14	28
125～130	10	20
130～135	6	12
135～140	4	8
合　计	50	100

在变量数列中,我们可以通过频数的合计来检验变量是否不重不漏地被归入各组,各组的频率都是介于 0 和 1 之间的,且各组频率之和等于 1。

 想一想

如果要对某地区所有工业企业按产值分组,应编制单项数列还是组距数列?如果要对某地区的家庭人口数进行分组,又应编制什么样的变量数列?为什么?

四、累计频数和累计频率

在研究总体分布特征的时候,通常还需计算累计频数和累计频率。累计频数和累计频率分别表明总体的某一标志值在某一水平以上或以下的总次数和比重。累计方法有向上累计和向下累计两种。

向上累计是将各组次数和比重由变量值小的组向变量值大的组累计,称为向上累计频数或向上累计频率,说明小于该组上限的各组的频数(频率)之和。向下累计是将各组次数和比重由变量值大的组向变量值小的组累计,称为向下累计频数或向下累计频率,说明大于及等于该组下限的各组频数(频率)之和。如表 3-11 所示。

表 3-11　某单位 50 名工人日生产零件累计频数(率)分布表

零件数/个	频数/人	频率/%	向上累计		向下累计	
			频数/人	频率/%	频数/人	频率/%
105~110	3	6	3	6	50	100
110~115	5	10	8	16	47	94
115~120	8	16	16	32	42	84
120~125	14	28	30	60	34	68
125~130	10	20	40	80	20	40
130~135	6	12	46	92	10	20
135~140	4	8	50	100	4	8
合计	50	100	—	—	—	—

表 3-11 中的数据说明,日生产零件数在 120 以下的有 16 人,占总数的 32%,即日生产零件数在 120 以上的有 34 人,占总数的 68%,依此类推。

任务四　掌握统计表与统计图

想一想

　　现在你已经完成了对某高校学生月消费支出数据的分组整理,并按要求编制了各个调查项目的分配数列。你的统计整理任务是否已经完成? 还需要做什么?

一、统计表

　　统计调查得来的大量原始资料,经过汇总整理之后,按照规定的要求填列在相应的表格内,这种填有统计资料的表格叫做统计表。其主要优点是:使统计资料条理化,更清晰地表述统计数据之间的相互联系;使统计数据的显示简明易懂;便于计算和比较表内的各项统计指标,并易于检查数字的完整性和正确性。

(一)统计表的结构

统计表的构成可以从表式和内容两个方面来认识。

1.从统计表的形式来看

统计表由总标题、横行标题、纵栏标题和统计数字四个要素构成,如图 3-3 所示。

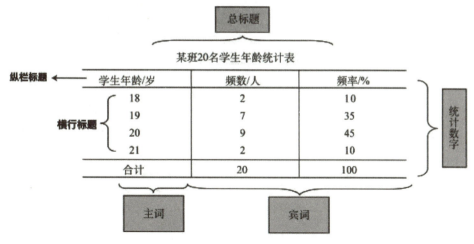

图 3-3　统计表的构成

总标题是统计表的名称,用以概括说明整个表的内容,多数情况要包括总体的时间和空间限制,一般位于表的上方中央。

横行标题是横行内容的名称,通常用来说明总体及其各组的名称,通常也称为主词,一般列在表的左边。

纵栏标题是纵栏内容的名称,通常用来表示反映总体及其各组成部分数量特征的统计指标的名称,通常也称为宾词,一般列在表内的上方。

统计数字是各项指标的具体数值,内容由横行标题和纵栏标题所限定,其数字可以是绝对数、相对数或平均数。

另外,为了补充统计表中未说明的问题,统计表往往还附有一些说明,包括资料来源、指标计算方法、填报单位、填表人、填表日期等。

2.从统计表的内容来看

统计表由两部分组成,一部分是主词,另一部分是宾词。主词是统计表的主体,也是统计表所要说明的对象。主词通常用横行标题来表示。宾词是说明主词的各项指标,一般由纵栏标题和统计数字所组成。统计表的主词和宾词的位置一般如图 3-1 所示,但不是固定不变的,有时为了阅读方便,可以将主词和宾词的位置互换。

(二)统计表的种类

统计表的种类可根据主词的结构来确定,按照主词是否分组和分组的程度,分为简单表、分组表和复合表。

1.简单表

简单表是主词未经任何分组的统计表,仅按单位名称或时间顺序排列而成的统计表,如表 3-12 所示。

表 3-12　某地区 12 个工业企业劳动生产率和固定资产利用效益

企业	经济类型	员工人数	固定资产原值/万元	产值/万元	人均固定资产/百万	每百元固定资产原值/百元	人均产值/百万
(甲)	(乙)	(1)	(2)	(3)	(4)=(2)/(1)	(5)=(3)/(2)	(6)=(3)/(1)
1	国有	540	459	963.9	85	210	178.5
2	国有	500	360	864.0	72	240	172.8
3	国有	480	384	844.8	80	220	176.0
4	集体	420	336	621.6	80	185	148.0
5	其他	400	288	518.4	72	180	129.6
6	集体	360	270	445.5	75	165	123.8
7	其他	360	198	277.2	55	140	77.0
8	国有	350	238	368.9	68	155	105.4
9	集体	340	221	309.4	65	140	91.0
10	集体	250	160	192.0	64	120	76.8
11	其他	240	144	165.6	60	115	69.0
12	其他	240	116	110.2	58	95	55.1
合计	—	4 400	3 174	5 681.5	71.5	179	128.0

2.分组表

分组表是主词按一个标志进行分组的统计表,利用分组来揭示现象的不同特征,研究总体的内部构成。如表 3-13 所示。

表 3-13　2020 年我国人口性别统计情况

性别	人口数/万人	占比/%
男	72 334	51.24
女	68 844	48.76
合计	141 178	100

3.复合表

复合表是主词按两个或两个以上标志进行复合分组的统计表,如表 3-14 所示。

表 3-14　各城市某年自来水用水量统计表

按各城市自来水客户性质分组	自来水用水量/亿立方米
A 市	4.7
企业客户	2.6
居民客户	2.1
B 市	5.8
企业客户	3.6
居民客户	2.2

续表

按各城市自来水客户性质分组	自来水用水量/亿立方米
C 市	4.4
企业客户	2.3
居民客户	2.1

(三)编制统计表的规则

为了使统计表能够科学地反映被研究对象的数量特征,同时为了使统计表美观和标准化,编制统计表时要遵循以下规则:

(1)统计表的标题、项目、指标要简明扼要,应写明资料所属的时间和空间范围,让人一目了然,便于分析。

(2)统计表的纵栏、横行的排列要尽量反映出内容方面的逻辑关系。

(3)当统计表的栏目较多时,可进行编号,以说明其相互关系。一般用甲、乙、丙编号主词和计量单位等栏,宾词栏常用数字编号。

(4)表中的合计栏可以排在前面,也可以排在最后,如果只列出其中部分项目,则合计栏必须排在前面。

(5)表中的统计数字应书写工整、字迹清晰;数字应填写整齐,数位对准。数字为零时要写出"0"来,不应填写数字的空格用"—"表示;未发生的数字空着不填;估算的数字应在表下说明;无法取得的资料用"…"表示。

(6)国际上规范的统计表是"三线表",表的上下两端用粗线,左右两边不封口,纵栏之间用细线分开,横行之间可以不加线。

(7)统计表中的数字资料都要注明计量单位,计量单位应按统计制度的规定填写,不得另设不同的计量单位。当表中只有一个计量单位时,可以把它写在表头的右上方,如果计量单位较多,可以写在指标栏内。

(8)统计表的资料来源及其他需要说明的问题可在表下加以注明,如统计资料的来源、填表时间、制表人、审核人等。

二、统计图

统计图是利用几何图形或具体形象表现统计资料的一种形式,可以直观、鲜明地表明总体单位的分布状况和规律性。随着计算机技术不断发展,电脑制图功能日益强大,统计图的制作更加方便和准确,目前主要利用 Excel 绘制统计图。统计图要有标题,一般位于图的下方,简要说明资料内容,散点图、直方图、折线图要有横、纵轴,要有单位和图例,绘制统计图时要注意合理选用图的种类。常用的统计图主要有直方图、折线图、饼图、散点图等。

(一)直方图

直方图是用宽度相等、高度或长短不同的柱形来表示现象之间对比关系的统计图,故又称为柱形图。在平面直角坐标中，横轴表示数据分组，即各组组限，纵轴表示频数或频率。这种图形制作简单，便于对比，容易给人留下深刻印象，因此广泛应用于实践中。如图 3-4 所示。

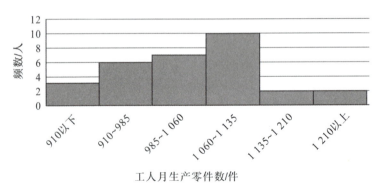

图 3-4　某车间 30 名工人月生产零件频数直方图

(二)折线图

折线图是在直方图的基础上把相邻直方形的顶边中点连接成一条折线，就形成了折线图。折线图可使数据的分布更加直观，并且能够清楚地表示出数据增减变化情况。如图 3-5 所示。

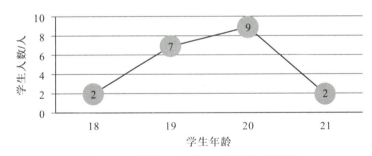

图 3-5　某班级 30 位学生年龄结构折线图

(三)饼图

饼图是以圆的面积或圆内各扇形的面积来表示数值大小或总体内部结构的一种图形。如图 3-6 所示。

(四)散点图

散点图主要用于显示时间序列数据，以反映事物发展变化的规律和趋势。如图 3-7 所示，可以清楚地看出：城乡居民的家庭人均收入逐年提高，而且城镇居民的家庭人均收入高于农村。

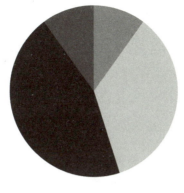

■ 18岁　■ 19岁　■ 20岁　■ 21岁

图 3-6　某班级 30 位学生年龄结构饼图

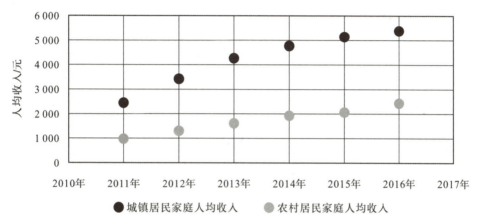

● 城镇居民家庭人均收入　　● 农村居民家庭人均收入

图 3-7　城乡居民家庭人均收入散点图

扫码阅读▼
2024 年中国直播电商用户规模及
人均消费情况预测分析

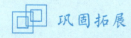 巩固拓展

　　请你对调查得到的"关于在校大学生月消费支出情况"数据进行整理。

任务五 运用 Excel 进行统计整理

一、数据排序

一般来说,录入的数据是无序的,不能反映现象的本质与分布规律性。为了使杂乱无章的数据能够以一定的顺序呈现,首先需要对数据进行排序。

【例 3-7】某班学生情况与"统计学基础"成绩见表 3-15,请对"成绩"进行排序。

表 3-15 某班学生情况与"统计学基础"成绩表

学号	性别	年龄/岁	成绩/分
1	男	18	93
2	女	18	50
3	男	17	78
4	女	19	85
5	女	19	66
6	女	19	71
7	男	16	63
8	女	18	83
9	女	20	56
10	女	19	95
11	男	18	66
12	女	17	72
13	女	17	85
14	男	17	78
15	女	18	82
16	女	20	52
17	男	16	77
18	男	18	86
19	女	19	96
20	男	19	88
21	女	18	90
22	男	18	80
23	男	18	55
24	男	17	91

续表

学号	性别	年龄/岁	成绩/分
25	女	19	67
26	女	19	72
27	男	18	85
28	女	17	77
29	男	19	70
30	男	18	86
31	女	19	70
32	女	20	75
33	女	19	69
34	女	16	89
35	女	17	99
36	女	18	87
37	女	17	62
38	男	16	74
39	女	17	86
40	女	20	66

具体操作步骤如下：

(1)将表 3-15 的数据输入 Excel 表格中,如图 3-8 所示。

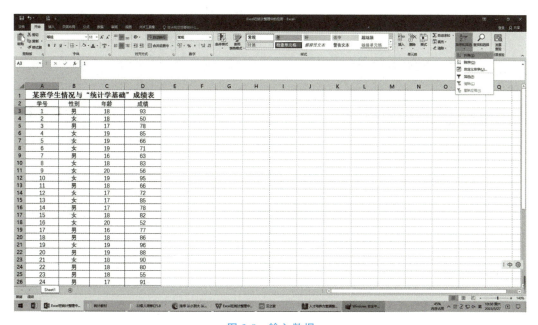

图 3-8　输入数据

（2）对"成绩"排序：单击该字段下任一单元格，再单击功能区【开始】选项卡下的【排序与筛选】按钮，再单击【升序】或【降序】按钮，就可以完成【成绩】字段的升序或降序排序。如图 3-9 所示。

A	B	C	D
某班学生情况与"统计学基础"成绩表			
学号	性别	年龄	成绩
35	女	17	99
19	女	19	96
10	女	19	95
1	男	18	93
24	男	17	91
21	女	18	90
34	女	16	89
20	男	19	88
36	女	18	87
18	男	18	86
30	男	18	86
39	女	17	86
4	女	19	85
13	女	17	85
27	男	18	85
8	女	18	83
15	女	18	82
22	男	18	80
3	男	17	78
14	男	17	78
17	男	16	77
28	女	17	77
32	女	20	75
38	男	16	74
12	女	17	72
26	女	19	72
6	女	19	71
29	男	19	70

图 3-9　对"成绩"按升序排序后的结果

（3）按多字段方式排序。操作步骤如下：

①单击"成绩"字段下任一单元格，再单击功能区【开始】选项卡下的【排序与筛选】按钮，再单击【自定义排序】。或者，在功能区【数据】选项卡下的单击【排序】按钮，弹出【排序】对话框，如图 3-10 所示。

②在【排序】对话框中，在【主要关键字】中点开下拉按钮，在下拉列表中选择"成绩"，在【次序】中选择升序或降序；点击 添加条件(A)，增加关键字，在【次要关键字】中点开下拉按钮，在下拉列表中选择【年龄】，在【次序】中选择升序或降序。

③点击【确定】，就可以得到排序结果，如图 3-11 所示。

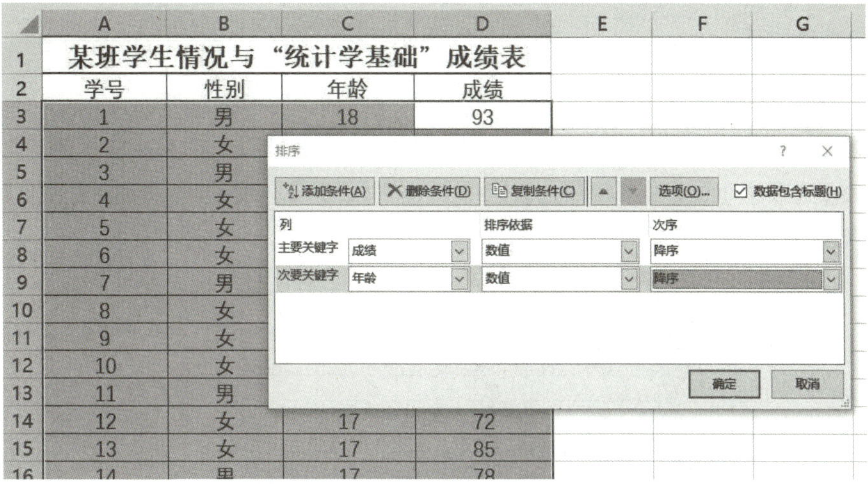

图 3-10 【排序】对话框

图 3-11 排序结果

二、数据筛选

利用 Excel 进行数据筛选,可以把符合条件的数据集中在一起,把不符合条件的数据隐藏起来。数据筛选包括自动筛选和高级筛选。

（一）自动筛选

自动筛选是一种快速的筛选方法。

如例 3-7，要对"成绩"进行自动筛选，只需单击"成绩"字段下任一单元格，再单击功能区【开始】选项卡下的【排序与筛选】按钮，再单击【筛选】。或者，在功能区【数据】选项卡下单击【筛选】按钮，点击后的结果如图 3-12 所示。

	学号	性别	年龄	成绩
	1	男	18	93
	2	女	18	50
	3	男	17	78
	4	女	19	85
	5	女	19	66
	6	女	19	71
	7	男	16	63
	8	女	18	83
	9	女	20	56
	10	女	19	95
	11	男	18	66
	12	女	17	72
	13	女	17	85

图 3-12　打开自动筛选功能

点开下拉按钮 ，在自动筛选的下拉列表中，可以直接【搜索】，也可以点击一下去掉【全选】，然后在所需要筛选的内容前点击勾选一项或多项，还可以点击【数字筛选】，弹出等于、不等于、大于等多种方式，根据需要选择。如图 3-13 所示。

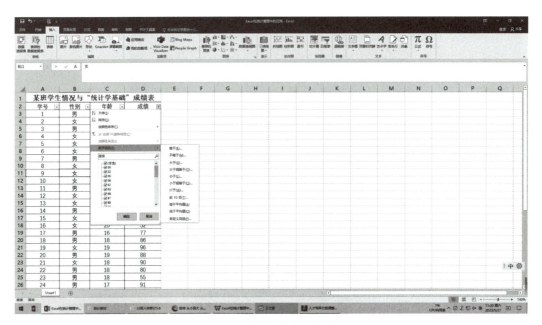

图 3-13　【数字筛选】对话框

(二)高级筛选

高级筛选是一种可以满足指定条件的筛选方法。

以例 3-7 为例,查找年龄大于 17、成绩高于 80 的同学。

具体操作步骤如下:

(1)设定条件区域。复制单元格 A2:D2 的内容到 F2:I2 单元格,在单元格 H3 和 I3 分别输入">17"和">80"。

(2)高级筛选。单击数据清单中任一单元格,打开功能区【数据】选项卡,在【筛选】项下选择【高级】,打开【高级筛选】对话框。在【列表区域】中选择数据清单区域($A$2:$D$42),在【条件区域】中选择设定的条件($F$2:$I$3),如图 3-14 所示。单击【确定】,结果如图 3-15 所示。

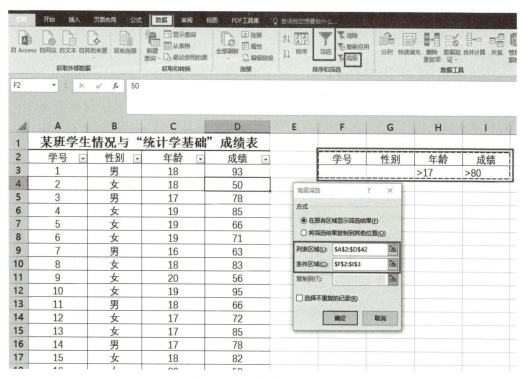

图 3-14 【高级筛选】对话框

若要退出高级筛选,可在【数据】选项卡,在【筛选】项下选择【清除】,即可恢复原来的数据清单。

三、分组整理

(一)函数法

在 Excel 中进行统计分组可使用 COUNTIF 函数和 FREQUENCY 函数。

某班学生情况与"统计学基础"成绩表			
学号	性别	年龄	成绩
1	男	18	93
4	女	19	85
8	女	18	83
10	女	19	95
15	女	18	82
18	男	18	86
19	女	19	96
20	男	19	88
21	女	18	90
27	男	18	85
30	男	18	86
36	女	18	87

图 3-15　高级筛选结果

 函数学习园地

COUNTIF 函数用于统计满足给定条件的单元格数目,其语法格式为:COUNTIF(range,criteria),参数 Range 是要计算其中非空单元格数目的区域,Criteria 是以数字、表达式或文本形式定义的条件。当分组标志是品质标志或进行单项式分组时,应使用 COUNTIF 函数。

FREQUENCY 函数是以一列垂直数组返回一组数据的频率分布。其语法格式为:FREQUENCY(data_array,bins_array),参数 Data_array 是用来计算频率的数组,或对数组单元区域的引用(空格及字符串忽略),Bins_array 是数据接收区间,为一数组或对数组区域的引用,设定对 Data_array 进行频率计算的分段点。当分组标志是数量标志时,应使用 FREQUENCY 函数。

以例 3-7 为例,分别对"性别""年龄""成绩"进行分组统计。

1.对"性别"进行分组统计

(1)在 F2:F4 单元格中分别输入"性别""男""女",在 G2 单元格中输入"人数",表示分组方式,并确定分组组限。

(2)选择单元格 G3 至 G4,在功能区【公式】选项卡中单击【插入函数】,选择 COUNTIF 函数,在【函数参数】对话框中,在【Range】中输入单元格 B3:B42,在【Criteria】中输入单元格 F3:F4。如图 3-16 所示。

(3)由于分组统计是数组操作,此处不能直接单击【确定】,而应按【Ctrl+Shift+Enter】,得到分组统计结果。

步骤二也可以只选择单元格 G3,插入函数 COUNTIF 函数进行同样操作后单击【确定】,先得到"男"统计结果,再点击单元格 G3,鼠标左键点住单元格右下角的填充柄,并向下拉至 G4,就可以填充了。

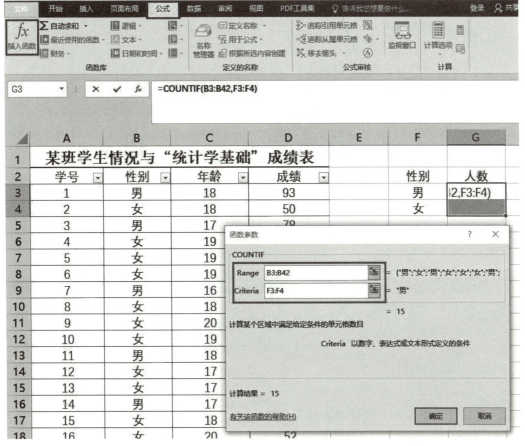

图 3-16　使用 COUNTIF 函数进行分组统计

2.对"年龄"进行分组统计

因按年龄分组形成单项式数列,对"年龄"分组统计方法同上。结果如图 3-17 所示。

年龄	人数
16	4
17	9
18	12
19	11
20	4

性别	人数
男	15
女	25

图 3-17　分别对"性别""年龄"分组统计结果

3.对"成绩"进行分组统计

(1)根据资料,确定组数、组距和组限。

(2)按分组要求在 F3 至 F7 输入每一组的上限和下限,并在 G3:G7 分别输入各组上限 59、69、79、89、100。

特别提醒

　　Excel 在统计各组频数时，是按"上限在内"的原则进行统计的，而前面介绍的分组原则，对于重叠组限，要求"上限不在内"。

　　因此，在设置各组上限时，应根据实际情况进行适当调整。如在本例中，60~70 组的上限为 70，根据分组原则，70 分不计入这组，但 Excel 会把 70 分计入这组。因此在 Excel 中，要分别输入 59、69、79、89、100，作为每组的上限。

　　（3）选择单元格 H3 至 H7，在功能区【公式】选项卡中单击【插入函数】，选择 FREQUENCY 函数，在【Data_array】中输入单元格 D3：D42，在【Bins_array】中输入单元格 G3：G7。如图 3-18 所示。

图 3-18　使用 FREQUENCY 函数进行分组统计

　　（4）由于分组统计是数组操作，此处不能直接单击【确定】，而应按【Ctrl＋Shift＋Enter】，得到分组统计结果。如图 3-19 所示。

	学号	性别	年龄	成绩		按成绩分组	分组组限	人数
1	某班学生情况与"统计学基础"成绩表							
2	学号	性别	年龄	成绩		按成绩分组	分组组限	人数
3	1	男	18	93		60以下	59	4
4	2	女	18	50		60~70	69	7
5	3	男	17	78		70~80	79	11
6	4	女	19	85		80~90	89	12
7	5	女	19	66		90~100	100	6
8	6	女	19	71				

图 3-19 对"成绩"分组统计结果

4.计算频率、累计频数、累计频率

取得频数分布后,可使用公式输入与函数相结合的方法继续计算频率、累计频数和累计频率。

(1)合计频数。单击 H8 单元格,输入"＝SUM(H3：H7)",回车确认,得到合计结果为 40。也可以选定 H3 至 H8 单元格,在功能区【开始】或【公式】选项卡中单击【自动求和】按钮,即得到这一栏的合计数。结果如图 3-20 所示。

文件　开始　插入　页面布局　公式　数据　审阅　视图　♀告诉我您想要做什么……

插入函数　自动求和　最近使用的函数　财务　逻辑　文本　日期和时间　查找与引用　数学和三角函数　其他函数　　名称管理器　定义名称▼　用于公式▼　根据所选内容创建　定义的名称　　追踪引用单元格　追踪从属单元格　移去箭头▼　显示公式　错误检查▼　公式求值　公式审核　　监视窗口

H3　{=FREQUENCY(D3:D42,G3:G7)}

	学号	性别	年龄	成绩		按成绩分组	分组组限	人数
1	某班学生情况与"统计学基础"成绩表							
2	学号	性别	年龄	成绩		按成绩分组	分组组限	人数
3	1	男	18	93		60以下	59	4
4	2	女	18	50		60~70	69	7
5	3	男	17	78		70~80	79	11
6	4	女	19	85		80~90	89	12
7	5	女	19	66		90~100	100	6
8	6	女	19	71				40
9	7	男	16	63				

图 3-20 计算合计数

(2)计算频率(比重)。单击单元格 I3,输入"＝H3/40"或"＝H3/＄H＄8",回车得到第一组比重。然后运用填充柄完成对其他各组比重的计算。最后,使用 SUM 函数或按【自动求和】,得到 I8 的比重总和。结果如图 3-21 所示。

(3)设置"比重"数据格式。选中 I3 至 I8 单元格,点击【开始】选项卡下的【数字】右下角小按钮,打开【设置单元格格式】对话框,设置数字的格式为百分比。结果如图 3-22 所示。

◢	A	B	C	D	E	F	G	H	I
1	某班学生情况与"统计学基础"成绩表								
2	学号	性别	年龄	成绩		按成绩分组	分组组限	人数	比重
3	1	男	18	93		60以下	59	4	0.1
4	2	女	18	50		60~70	69	7	0.175
5	3	男	17	78		70~80	79	11	0.275
6	4	女	19	85		80~90	89	12	0.3
7	5	女	19	66		90~100	100	6	0.15
8	6	女	19	71				40	1

图 3-21　计算比重

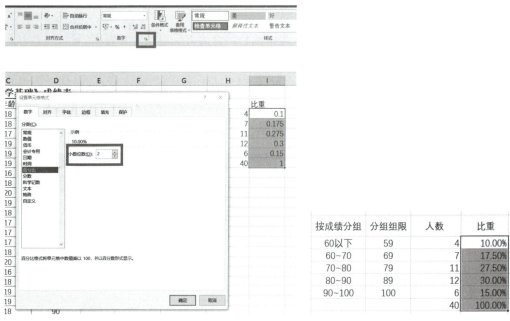

图 3-22　设计数据格式

（4）计算向上累计频数和频率。单击 J3 单元格,输入"＝H3",回车得出 4,再单击 J4 单元格,输入"＝J3＋H4",回车得出 11,然后,使用填充柄功能按住鼠标左键向下拖至 J7,松开鼠标,即得到由低组到高组的向上累计频数。向上累计频率的操作方法相同。结果如图 3-23 所示。

◢	A	B	C	D	E	F	G	H	I	J	K
1	某班学生情况与"统计学基础"成绩表										
2	学号	性别	年龄	成绩		按成绩分组	分组组限	人数	比重	向上累计频数	向上累计频率
3	1	男	18	93		60以下	59	4	10.00%	4	10.00%
4	2	女	18	50		60~70	69	7	17.50%	11	27.50%
5	3	男	17	78		70~80	79	11	27.50%	22	55.00%
6	4	女	19	85		80~90	89	12	30.00%	34	85.00%
7	5	女	19	66		90~100	100	6	15.00%	40	100.00%
8	6	女	19	71				40	100.00%		

图 3-23　计算累计频数和频率

（5）计算向下累计频数和频率,如图 3-24 所示。

按成绩分组	分组组限	人数	比重	向上累计频数	向上累计频率	向上累计频数	向上累计频率
60以下	59	4	10.00%	4	10.00%	40	100.00%
60~70	69	7	17.50%	11	27.50%	36	90.00%
70~80	79	11	27.50%	22	55.00%	29	72.50%
80~90	89	12	30.00%	34	85.00%	18	45.00%
90~100	100	6	15.00%	40	100.00%	6	15.00%
		40	100.00%				

图 3-24　计算累计频数和频率

(二)利用"直方图"工具进行分组统计

直方图分析工具是一个用于确定数据的频数分布、累积分布,并提供直方图的分析模块。仍以例 3-7 为例。

(1)在【数据】选项卡下,单击【数据分析】选项,打开【数据分析】对话框。

 特别提醒

　　如果在【数据】选项卡下没有找到【数据分析】选项,说明安装的 Excel 不完整,需要重新安装【分析工具库】的内容。具体步骤如下:

　　1.【文件】—【选项】菜单中,单击【加载项】,单击【转到】按钮。

　　2.在【加载宏】对话框中,选中【分析工具库】和【分析工具—VBA】复选框,单击【确定】,如图 3-25 所示。

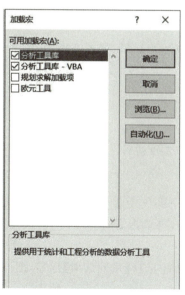

图 3-25　【加载宏】对话框

安装完毕后,【数据分析】选项会自动出现在【数据】选项卡下。

（2）在【分析工具】在列表中选择【直方图】，单击【确定】，打开【直方图】对话框。

（3）【输入区域】：本例中的待分析数据区域为 D3 至 D42。单击 D3 单元格，向下拖动鼠标选择至 D42。

【接收区域】：表示分组标志所在的区域，本例中为 G3 至 G7。

【输出选项】：可选择【输出区域】、【新工作表组】或【新工作簿】。在这里选择【输出区域】，如 H2 单元格。如图 3-26 所示。

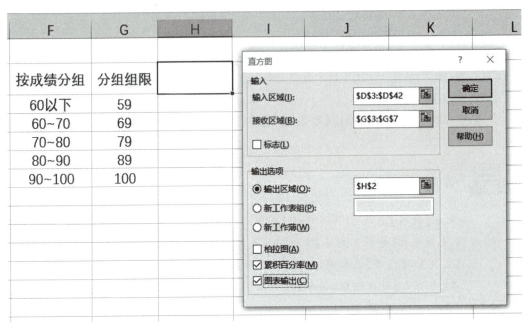

图 3-26 　【直方图】对话框

（4）单击【确定】按钮，得到输出结果，如图 3-27 所示。

 试一试

请比较勾选项选与不选的差别。

（5）需要注意的是，图 3-27 实际上是一个条形图而不是直方图。若要把它变成直方图，用鼠标左键单击任一直条，再单击右键，在弹出的快捷菜单中选取【设置数据格式】。如图 3-28 所示。

在【设置数据格式】对话框中选择【系列选项】标签，把分类间距改为 0，回车后即可得到直方图。结果如图 3-29 所示。

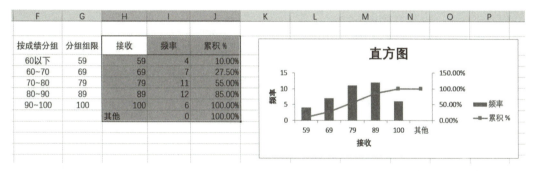

图 3-27　频数分布和直方图

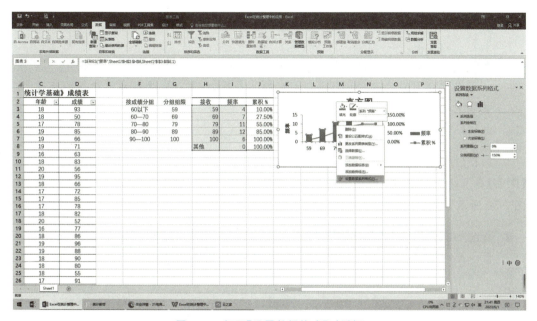

图 3-28　打开【设置数据格式】对话框

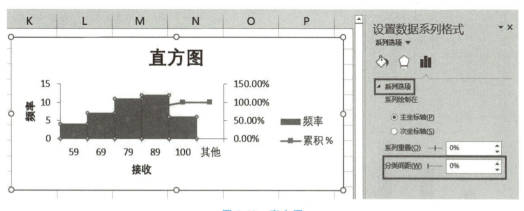

图 3-29　直方图

四、利用 Excel 绘制统计图

Excel 提供了强大的统计图制作功能,提供的统计图包括柱形图、条形图、折线图、饼图、散点图、面积图等,用户可以根据需要和图形功能选择使用。各种统计图的绘制方法大同小异,在此以柱形图为例,介绍绘制统计图的工作步骤。

仍以例 3-7 为例。

(1)选定要绘制统计图的区域。拖动鼠标选中 F2:F7,按住 Ctrl 键,再拖动鼠标选中 H2:H7。

小贴士

将数据所对应的横行标题和纵栏标题一并选上,可以使生成的统计图的标题和图例自动说明数据含义。

(2)在【插入】选项卡下的【图表】功能组中,单击所需要的【柱形图】图表按钮,或单击【图表】右下角的按钮,弹开【插入图表】对话框,选择合适的柱形图,点击【确定】。结果如图 3-30 所示。

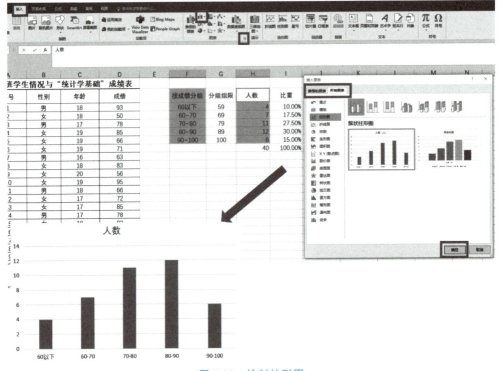

图 3-30　绘制柱形图

用同样的方法,可以为"比重"绘制折线图,如图 3-31 所示。

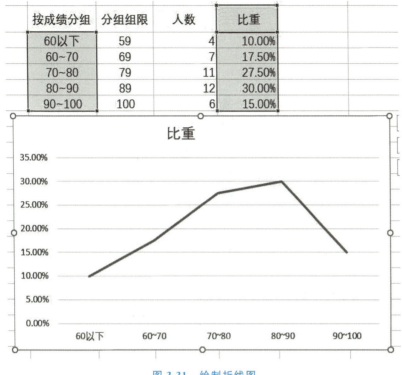

按成绩分组	分组组限	人数	比重
60以下	59	4	10.00%
60~70	69	7	17.50%
70~80	79	11	27.50%
80~90	89	12	30.00%
90~100	100	6	15.00%

图 3-31   绘制折线图

如需对图表进行进一步设置,可选定图表,在窗口上方将显示【图表工具】选项卡,可分别在【设计】、【格式】选项卡下,单击相应的按钮进行设置。如图 3-32 所示。

图 3-32   设置图表格式

也可以选定图表,利用右侧的快捷按钮进行设置。如图 3-33 所示。

还可以在图表的相应区域,如条形图区、绘图区、坐标轴区、图表标题区等,点击右键,在弹出的快捷菜单中进行相应设置。如图 3-34 所示。

 思考

能不能把"人数"和"比重"两列数据在一个图表里表现出来,以方便观察变化规律?

图 3-33　设置图表格式

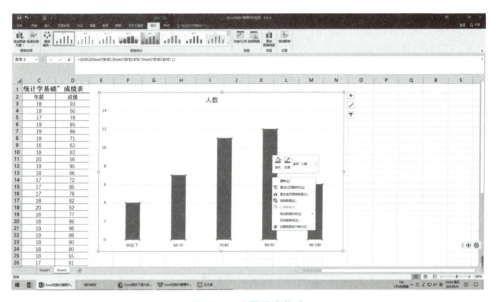

图 3-34　设置图表格式

 知识拓展

绘制组合图

（1）选定要绘制统计图的区域。拖动鼠标选中 F2：F7，按住 Ctrl 键，再拖动鼠标选中 H2：I7。

（2）在【插入】选项卡下的【图表】功能组中，单击【图表】右下角的按钮，弹开【插入图表】对话框,选择【所有图表】—【组合】。【人数】的图表类型设置为【簇状柱形图】,【比重】的图表类型设置为【折线图】,并勾选【次坐标轴】,点击【确定】,即可得到组合图,如图 3-35 所示。

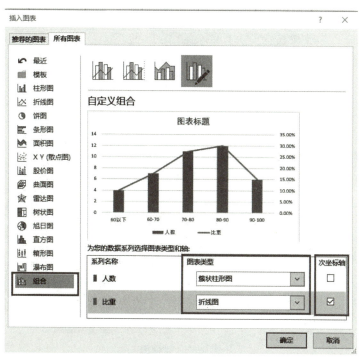

图 3-35 【插入图表】对话框

 知识拓展

绘制迷你图

迷你图是创建在工作表单元格中的一个微型图,没有坐标轴、标题、图例、数据标志、网格线等图元素,主要用于反映一系列数据的变化趋势,或者突出显示数据中的最大值和最小值。迷你图有三种类型——折线迷你图、柱形迷你图和盈亏迷你图,并且不能同时制作两种以上的组合图。

1.创建单个迷你图

选中要创建迷你图的单元格,点击【插入】选项卡中【迷你图】组的【折线图(或柱形图、盈亏图)】按钮,打开【创建迷你图】对话框,编辑【数据范围】后点击【确定】按钮,如图 3-36 所示。

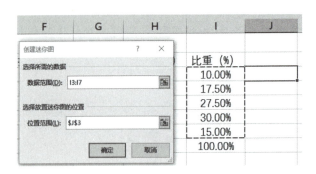

图 3-36 【创建迷你图】对话框

2.创建一组迷你图

创建好单个迷你图后用填充柄进行填充,如图 3-37 所示。

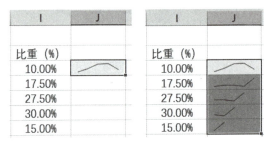

图 3-37 迷你图

同样,可选定迷你图,点击窗口上方【迷你图工具】选项卡下的【设计】选项卡,如图 3-38 所示,单击相应的按钮进行设置。

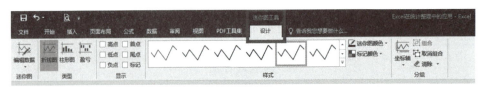

图 3-38 【设计】选项卡

扫码获取▼
本任务数据源

📊 知识归纳

1.统计整理,是指根据统计研究的目的和任务,对统计调查所得的大量原始资料进行系统化的分组、汇总,或对已初步加工的次级资料进行再整理,以反映所研究的现象总体特征的工作过程。

2.统计整理按照以下步骤进行:拟定统计整理方案,审核调查资料,录入数据,统计分组与汇总,绘制统计表和统计图。

3.统计分组是根据统计研究的目的和任务,按照选定的标志将总体划分为若干部分或组别,使组与组之间具有差异性,而同一组内的单位保持相对同质性。通过统计分组可以发现总体的特点与规律,区分社会经济现象的类型,反映现象内部结构,分析现象之间的依存关系。

4.统计分组的关键在于分组标志的选择和确定各组的界限。按分组标志性质不同分组,可以分为按品质标志分组和按数量标志分组;按分组标志的多少,可以分为简单分组、复合分组和分组体系。

5.将总体按某一标志进行分组,并按一定顺序排列出每个组的总体单位数,这种数列称为分配数列,又称为次数分配或次数分布。根据分组标志的不同,分配数列分为品质数列和变量数列两种。变量数列按每一组标志值的多少,分为单项数列和组距数列。

6.在总体各单位标志值从小到大排列,根据最大值和最小值计算全距的基础上,确定组距和组数,然后确定各组组限,最后计算各组的单位数,编制数列。

7.累计频数和累计频率分别表明总体的某一标志值在某一水平以上或以下的总次数和比重。累计方法有向上累计和向下累计两种。

8.统计调查得来的大量原始资料,经过汇总整理之后,按照规定的要求填列在相应的表格内,这种填有统计资料的表格叫作统计表。统计图是利用几何图形或具体形象表现统计资料的一种形式,目前主要利用 Excel 绘制统计图。常用的统计图主要有直方图、折线图、饼图、散点图等。

扫码答题▼
项目三习题

项目四　综合指标

学习目标

知识目标

1.理解总量指标的概念和意义；

2.理解相对指标的概念和意义；

3.理解平均指标的概念和意义，辨析平均指标与强度相对指标的区别；

4.理解变异指标的概念和意义；

5.掌握总量指标的计算方法；

6.掌握相对指标的计算方法；

7.掌握平均指标的计算方法；

8.掌握变异指标的计算方法。

能力目标

1.能够正确运用总量指标理论和方法分析社会经济问题；

2.能够正确运用相对指标理论和方法分析社会经济问题；

3.能够正确运用平均指标理论和方法分析社会经济问题；

4.能够正确运用变异指标理论和方法分析社会经济问题；

5.能够综合运用多种指标进行数据分析；

6.能够熟练运用 Excel 软件进行相关指标的计算。

思政目标

1.分析我国经济社会数据，结合数据与经济社会相关政策，了解时事政治，研究中国问题，认识国情，激发爱国热情；

2.对数据进行统计分析时，充分运用所学方法，不歪曲数据特征，不误导读者，实事求是，培养严谨细致的工作作风和严肃认真的工作态度。

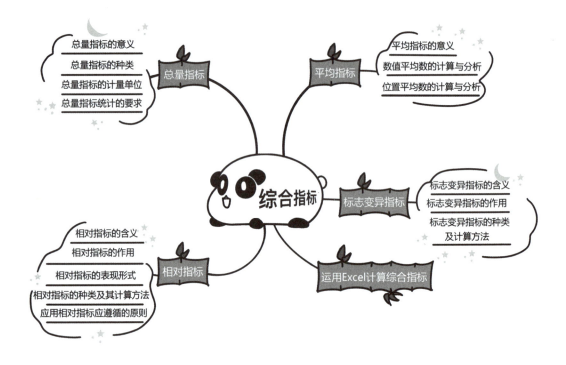

2023年居民收入和消费支出情况

一、居民收入情况

2023年,全国居民人均可支配收入39 218元,比上年名义增长6.3%,扣除价格因素,实际增长6.1%。分城乡看,城镇居民人均可支配收入51 821元,增长(以下如无特别说明,均为同比名义增长)5.1%,扣除价格因素,实际增长4.8%;农村居民人均可支配收入21 691元,增长7.7%,扣除价格因素,实际增长7.6%。如图4-1所示。

按收入来源分,2023年,全国居民人均工资性收入22 053元,增长7.1%,占可支配收入的比重为56.2%;人均经营净收入6 542元,增长6.0%,占可支配收入的比重为16.7%;人均财产净收入3 362元,增长4.2%,占可支配收入的比重为8.6%;人均转移净收入7 261元,增长5.4%,占可支配收入的比重为18.5%。

2023年,全国居民人均可支配收入中位数33 036元,增长5.3%,中位数是平均数的84.2%。其中,城镇居民人均可支配收入中位数47 122元,增长4.4%,中位数是平均数的90.9%;农村居民人均可支配收入中位数18 748元,增长5.7%,中位数是平均数的86.4%。

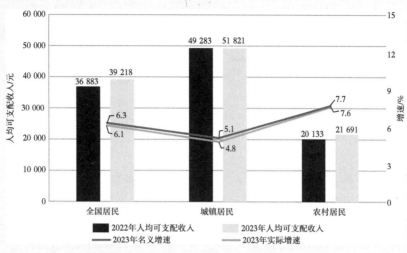

图 4-1　2023 年全国及分城乡居民人均可支配收入与增速

二、居民消费支出情况

2023 年,全国居民人均消费支出 26 796 元,比上年名义增长 9.2％,扣除价格因素影响,实际增长 9.0％。分城乡看,城镇居民人均消费支出 32 994 元,增长 8.6％,扣除价格因素,实际增长 8.3％;农村居民人均消费支出 18 175 元,增长 9.3％,扣除价格因素,实际增长 9.2％。

2023 年,全国居民人均食品烟酒消费支出 7 983 元,增长 6.7％,占人均消费支出的比重为 29.8％;人均衣着消费支出 1 479 元,增长 8.4％,占人均消费支出的比重为 5.5％;人均居住消费支出 6 095 元,增长 3.6％,占人均消费支出的比重为 22.7％;人均生活用品及服务消费支出 1 526 元,增长 6.6％,占人均消费支出的比重为 5.7％;人均交通通信消费支出 3 652 元,增长 14.3％,占人均消费支出的比重为 13.6％;人均教育文化娱乐消费支出 2 904 元,增长 17.6％,占人均消费支出的比重为 10.8％;人均医疗保健消费支出 2 460 元,增长 16.0％,占人均消费支出的比重为 9.2％;人均其他用品及服务消费支出 697 元,增长 17.1％,占人均消费支出的比重为 2.6％。如图 4-2 所示。

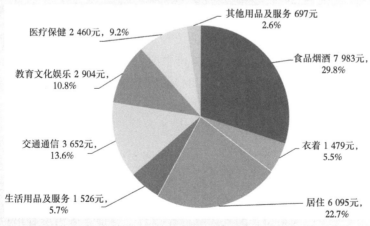

图 4-2　2023 年居民人均消费支出及构成

（资料来源:国家统计局）

任务一　总量指标

一、总量指标的意义

总量指标是用来反映社会经济现象在一定条件下的总规模、总水平或工作总量的统计指标。总量指标用绝对数表示,也就是用一个绝对数来反映特定现象在一定时间上的总量状况,因此总量指标又叫统计绝对数,它是一种最基本的统计指标。例如,2022年国内生产总值210 207亿元、年末全国人口141 175万人、国家外汇储备31 277亿美元、全部工业增加值401 644亿元、社会消费品零售总额439 733亿元、固定资产投资579 556亿元等,都是反映2022年国民经济和社会发展的总规模或总水平的总量指标。

总量指标数值的大小与所研究的总体范围大小有关,总体范围越大,总量指标一般越大,反之则越小。如上述例子中范围由全国缩小为某省份,则指标数值就要变小。有时总量指标也表现为同一总体在不同的时间、空间条件下的差数。例如2022年国内生产总值1 210 207亿元,比2021年国内生产总值增长66 537亿元,增长的国内生产总值也是总量指标。总量指标作为增加量时,其数值表现为正值;作为减少量时,其数值表现为负值。

总量指标在社会经济统计中具有重要的作用。首先,总量指标是我们认识社会经济现象的起点。了解现象的基本情况一般先从总量开始。例如,为了科学地指导国民经济和社会的协调发展,就必须通过总量指标正确地反映社会主义再生产的基本条件和国民经济各部门的工作成果,即反映中国土地面积、人口和劳动资源、自然资源、国民财富、钢产量、工业总产值、粮食产量、农业总产值、国民收入额以及教育文化等方面的发展状况。其次,总量指标是制定方针政策、编制计划、实行科学管理的重要依据。一个国家或地区为更有效地指导经济建设,保持国民经济协调发展,就必须了解和分析各部门之间的经济关系。它虽然可以用相对数、平均数来反映,但归根结底还是需要掌握各部门在各个不同时间的总量指标。最后,总量指标是最基本的统计指标,它是计算其他指标的基础,相对指标和平均指标都是以总量指标为基础计算出来的派生的指标。总量指标计算是否科学、合理、准确,将会直接影响相对指标和平均指标的准确性。

二、总量指标的种类

(一)总体单位总量和总体标志总量

总量指标按照反映的总体内容不同,可分为总体单位总量和总体标志总量。总体单位总量表示的是一个总体内所包含的总体单位数总数。它是总体内所有单位的合计数,主要用来说明总体本身规模的大小。总体标志总量即总体单位某一种数量标志之和,它是由总体各单位的某一数量标志值相加汇总得到的,主要用来说明总体各单位某一标志值总量的大小。比如研究全国工业企业的生产经营状况，全国工业企业数就是总体单位总量，全国工业企业的职工人数、工资总额、工业增加值等都是总体标志总量。

　　一个总量指标是总体单位总量还是总体标志总量，不是固定不变的，而是随着研究目的的不同而变化的。如上述研究全国工业企业的生产经营状况，每一家工业企业是总体单位，工业企业的职工人数是总体标志总量；但如研究的是全国工业企业职工的工资水平，那么工业企业的每个职工为总体单位，工业企业的职工人数则为总体单位总量。

（二）时期指标和时点指标

　　总量指标按反映的时间状况不同，可分为时期指标和时点指标。时期指标是表明社会经济现象在一段时期内发展的总结果，比如人口出生数、商品销售额、产品产量等。时点指标是反映社会经济现象在某一时点（瞬间）上存在的总数量，比如年末人口数、季末设备台数、月末商品库存数等。

表 4-1　时期指标与时点指标的区别

	时期指标	时点指标
从所反映的现象的性质看	反映现象在某一时期内发展的总量	反映现象在某一时点的状况或水平
从指标有无可加性看	各期指标数值可以相加，以反映总量的变动情况	各期指标数值不能相加，加总后的值没有意义
从指标大小与时间关系看	指标值的大小与所属时期长短直接有关，时期越长，指标值越大；反之则越小	指标值大小与间隔时间的长短没有直接联系，间隔时间长，不一定值就大；反之也不一定
从指标数值资料来源看	指标值通过连续统计而得	各个指标值只需在某个时点进行登记即可，不需连续登记

 巩固加深

　　【练习】下列属时期指标的有（　　　　）。

　　1.福建省历年出生的婴儿数

　　2.福建省历年年末人口数

　　3.福建省历年固定资产投资额

　　4.福建省历年固定资产原值

　　5.福建省历年国内生产总值

　　6.某公司历年利润

　　7.某储蓄所各月末存款余额

　　8.某矿务局各季末钢材库存量

　　9.某高校历年在校生人数

　　10.某高校历年招收学生数

三、总量指标的计量单位

总量指标是社会经济现象总量的具体表现,是一个有名数,应有相应的计量单位。根据其反映的社会经济现象的性质和研究任务的不同,总量指标的计量单位一般有实物单位、货币单位和劳动单位三种形式。

(一)实物单位

实物单位是根据事物的自然属性或物理属性而采用的计量单位,用来计量同质的实物总量。以实物单位计量的总量指标又称为实物指标。实物单位可进一步划分为自然单位、度量衡单位、复合单位和标准实物单位。

(1)自然单位。自然单位是按照被研究现象的自然状况来度量其数量的一种计量单位,如人口以"人"为单位,汽车以"辆"为单位,牲畜以"头"为单位等。

(2)度量衡单位。度量衡单位是按照统一的度量衡制度的规定来度量其数量的一种计量单位。如用水量以"吨"为单位、里程以"千米"为单位等。度量衡单位的采用主要是由于有些现象无法采用自然单位来表明其数量,有些实物虽然可以采用自然单位,但不如用度量衡单位来得准确方便。

(3)复合单位。它用两种或两种以上的单位结合在一起表明某事物的数量。如货物周转量以"吨千米"为计量单位,发电量以"千瓦时"为计量单位等。

(4)标准实物单位。它是按照统一折算标准来度量被研究现象数量的一种计量单位。如不同品种的煤按燃烧放热 7 000 千卡/千克折合成标准煤等。

(二)货币单位

货币单位是以货币形式来反映社会物质财富和劳动成果的计量单位。这种以货币为计量单位形成的指标又叫价值指标。例如,国内生产总值、财政收入、生产成本、销售收入等。

价值指标具有广泛的综合性和概括性。它能将不能直接相加的产品数量过渡到能够相加,用以综合说明具有不同使用价值的产品总量或商品销售量等的总规模或总水平。价值指标广泛应用于统计研究、计划管理和经济核算之中。但价值指标也有其局限性,综合的价值量容易掩盖具体的物质内容,比较抽象。因此,在实际工作中,应注意把价值指标与实物指标结合起来使用,以便全面认识客观事物。

(三)劳动单位

劳动单位是用劳动时间表示的计量单位,如工日、工时等。工时是指一个职工做一个小时的工作,工日通常指一个职工做八小时的工作。用劳动单位表示的总量指标又称为工作量指标。劳动单位主要用于编制和检查生产作业计划,核算企业工人工资和劳动生产率。

四、总量指标统计的要求

为保证总量指标的准确性，总量指标统计要做到以下几点：

第一，对总量指标的实质，包括其含义、范围做严格的界定。总量指标的计算，并非单纯的汇总技术问题。例如要计算国内生产总值、工业增加值等总量指标，首先应清楚这些指标的含义、性质，才能据以确定统计范围、统计方法。要解决好这个问题，必须正确理解被研究现象的性质、含义，同时要熟悉党的方针政策和统计制度的有关规定，才能统一计算口径，正确计算出它们的总量。

第二，计算实物总量指标时，要注意现象的同类性。在计算实物指标的总量时，只有同质现象才能计算。同质性是由事物的性质或用途决定的。例如，我们可以把各种煤炭如无烟煤、烟煤、褐煤等看作一类产品来计算它们的总量，但不能把煤炭与钢铁混合起来计算。

第三，要有统一的计量单位。在计算实物指标总量时，不同实物单位代表不同类现象，而同类现象又可能因历史或习惯的原因采用不同的计量单位。计算单位不统一，就容易造成统计上的差错或混乱，因此，具体核算总量指标时究竟采用哪一种计量单位，要根据被研究现象的性质、特点以及统计研究的目的而定，同时要注意与国家统一规定的计量单位一致，以便于汇总并保证统计资料的准确性。

 思政园地

扫码阅读▼
数说经济：高质量发展扎实推进
中国经济开局良好、动能增强

任务二　相对指标

一、相对指标的含义

相对指标亦称"统计相对数"，是两个有联系的现象数值对比得到的比率，反映现象的发展程度、结构、强度、普遍程度或比例关系等。如人口的性别比、年龄结构、人口密度、出

生率、人均可支配收入等。相对指标把两个具体数值抽象化,使人们对现象之间所存在的固有联系有较为深刻的认识。相对指标在社会经济领域广泛存在着,借助于相对指标对现象进行对比分析,是统计分析的基本方法。

二、相对指标的作用

在统计分析中,相对指标的作用主要表现在以下三个方面:

第一,相对指标通过数量之间的对比,可以表明事物相关程度、发展程度等,弥补总量指标的不足,使人们更加清楚地了解现象的相对水平和联系程度。例如,某企业去年实现利润 5 000 万元,今年实现利润 5 500 万元,则利润增长了 10%,这是总量指标不能说明的。

第二,把现象的绝对差异抽象化,使原来无法直接对比的指标变为可比。如不同的企业由于生产规模条件不同,直接用总产值、利润比较与评价意义不大,但如果采用一些相对指标,如资金利润率、资金产值率等进行比较,便可对企业生产经营成果作出合理比较与评价。

第三,说明总体内在的结构特征,为深入分析事物的性质提供依据。例如计算一个地区不同经济类型的结构,可以说明该地区经济的性质;又如计算一个地区的第一、二、三产业的比例,可以说明该地区的社会经济现代化程度等。

三、相对指标的表现形式

相对指标的表现形式分为无名数和有名数两种。

(一)无名数

若对比的两个指标的计量单位相同,则其相对数无计量单位,无计量单位的数值表现为无名数。无名数是一种抽象值,是把对比的分母指标抽象成 1、10、100 或 1 000,用系数、倍数、成数、百分数、千分数表示。

系数是对比基数抽象为 1 而计算出来的相对数,在分子、分母数值差别不大时使用,系数也可以大于 1 或者小于 1,如工资等级系数、恩格尔系数等。倍数是对比基数抽象为 1 而计算出来的相对数,当分子数值比分母数值大很多时使用。如 1998 年香港股市成交额为 9 200 亿港元,2021 年稳步增长到 410 881 亿港元,是 1998 年成交额的近45 倍。

成数是对比基数抽象为 10 而计算出来的相对数。成数常用在农业生产统计上,如粮食产量比上年增长一成,即粮食产量增长了 1/10。

百分数是将对比基数抽象为 100 而计算出来的相对数,它是相对数中最常见的形式,一般用"%"表示。如某企业计划完成程度为 110%、学生出勤率为 99% 等。在统计工作中,有时把两个以百分数表示的相对指标相减,差距为 1%,则称之为相差 1 个百分点。例如,原来银行贷款利率为 5.5%,现在下调了 1 个百分点,则现在的银行贷款利率为 4.5%。

千分数是将对比基数抽象为 1 000 而计算出来的相对数，一般用"‰"表示，当分子数值远远小于分母数值时使用，如 2022 年我国人口的出生率为 6.77‰。

扫码阅读▼
"百分数"与"百分点"

(二)有名数

有名数是一种有具体名称的数值，多表现为复名数。有名数主要用于强度相对指标，通常是把分子和分母的计量单位结合起来使用。例如，人均国内生产总值用"元/人"表示、人口密度用"人/平方公里"表示等。

四、相对指标的种类及其计算方法

相对指标按其作用和计算方法的不同，分为结构相对指标、比例相对指标、比较相对指标、强度相对指标、动态相对指标和计划完成程度相对指标六类。

(一)结构相对指标

结构相对指标是将总体按一定的标志划分为几组，求出各组总量占总体总量的比重，也叫比重指标，用来反映总体内部的构成情况。总体内各组比重之和等于 1 或 100%。结构相对指标的计算公式为：

$$结构相对指标 = \frac{总体中某一部分数值}{总体全部数值}$$

【例 4-1】根据表 4-2 的资料：

表 4-2　我国人口和国土面积资料

单位:万人

	2010 年	2020 年
人口总数	133 281	140 978
其中:男	68 233	72 142
女	65 048	68 836

国土面积:960 万平方公里

上述资料中，$\dfrac{男性人口数}{人口总数}$、$\dfrac{女性人口数}{人口总数}$ 为结构相对指标。

如 2010 年男性占 $\dfrac{68\ 233}{133\ 281} \times 100\% = 51.19\%$，女性占 $\dfrac{65\ 048}{133\ 281} \times 100\% = 48.81\%$；

2020 年男性占 $\dfrac{72\ 142}{140\ 978} \times 100\% = 51.17\%$，女性占 $\dfrac{68\ 836}{140\ 978} \times 100\% = 48.83\%$。

再如，经济学中著名的恩格尔系数（$\dfrac{食物支出}{总支出} \times 100\%$）也属于结构相对指标。

结构相对指标的特点表现为：

1.为无名数；

2.同一总体各组的结构相对指标之和为 1；

3.分子分母不能互换。

阅读资料

　　恩格尔系数是根据恩格尔定律而得出的比例数。19 世纪中期，德国统计学家和经济学家恩斯特·恩格尔对比利时不同收入的家庭的消费情况进行了调查，研究了收入增加对消费需求支出构成的影响，提出了带有规律性的原理，由此被命名为"恩格尔定律"。其主要内容是一个家庭或个人收入越少，用于购买生存性食物的支出在家庭或个人收入中所占的比重就越大。对一个国家而言，一个国家越穷，每个国民的平均支出中用来购买食物的费用所占的比例就越大。恩格尔系数则由食物支出金额在总支出金额中所占的比重来最后决定。恩格尔系数达 59% 以上为贫困，50%～59% 为温饱，40%～50% 为小康，30%～40% 为富裕，低于 30% 为最富裕。

扫码阅读▼
2022 年全国农业及相关产业
增加值占 GDP 比重为 16.24%

（二）比例相对指标

　　比例相对数是反映总体中各个组成部分之间的比例关系和均衡状况的综合指标。它是同一总体中某一部分数值与另一部分数值静态对比的结果，用来反映组与组之间的联系程度或比例关系。计算公式为：

$$比例相对指标 = \frac{总体中某一部分数值}{总体中另一部分数值}$$

如例 4-1 中，$\frac{男性人数}{女性人数}$ 为比例相对指标，2010 年男性人数与女性人数的比例为 $\frac{68\ 233}{65\ 048} = 104.90 : 100$，2020 年男性人数与女性人数的比例为 $\frac{72\ 142}{68\ 836} = 104.80 : 100$。

比例相对指标的特点表现为：

(1)无名数，可用百分数或一比几或几比几表示；

(2)分子分母可互换。

(三)比较相对指标

比较相对指标是将同类指标在同一时间不同空间上的数值做静态对比而得出的综合指标，表明同类事物在不同空间条件下的差异程度或发展的不均衡程度。

计算公式为：

$$比较相对指标 = \frac{甲空间某项指标数值}{乙空间同类指标数值}$$

【例 4-2】2022 年某地区 A、B 两企业的销售额分别为 5.6 亿元和 3.8 亿元，则

$$比较相对指标 = \frac{5.6}{3.8} = 1.47$$

再如，2022 年城镇居民人均可支配收入 49 283 元，农村居民人均可支配收入 20 133 元，则计算得到比较相对指标为 2.45，可以看出城镇居民和农村居民的收入差异。

比较相对指标的特点表现为：

(1)为无名数，可用百分数、倍数、系数表示；

(2)分子分母可互换。

 巩固加深

【练习】两个类型相同的工业企业甲和乙，2022 年，甲企业全员劳动生产率为 32 500 元/人，乙企业全员劳动生产率为 39 800 元/人，试计算 2022 年甲、乙两个企业全员劳动生产率的比较相对指标。

(四)强度相对指标

强度相对指标是两个性质不同但又有密切联系的总量指标对比的结果，用来反映现象的强度、密度和普遍程度。计算公式为：

$$强度相对指标 = \frac{某一总量指标数值}{另一有联系而性质不同的总量指标数值}$$

如例 4-1 中,全国总人口数和国土总面积是两个性质不同但又有密切联系的总量指标,$\frac{总人口数}{国土面积}$ 为强度相对指标。如 2020 年第七次人口普查全国总人口数为 140 978 万人,国土面积为 960 万平方公里,则:

$$人口密度 = \frac{140\ 978}{960} = 146.85\ 人/平方公里$$

【例 4-3】某地区某年总人口为 100 万人,有 5 000 个零售商业机构,则:

$$商业网点密度 = 5\ 000\ 个/100\ 万人 = 50\ 个/万人$$

或　　　　$$商业网点密度 = 100\ 万人/5\ 000\ 个 = 200\ 人/个$$

强度相对指标的特点表现为:

(1)多数用有名数表示,表示为复合单位。强度相对指标为两个性质不同但又有联系的总量指标对比得到的,复合单位即以对比的两个指标数值的单位为计量单位,如上例中的计量单位"人/平方公里"。但也有些强度相对指标用无名数表示,一般用百分数或千分数表示,如流通费用率、人口的出生率等。

(2)大多数强度相对指标的分子分母可互换,从而形成正指标和逆指标。强度相对指标的数值大小与所研究现象的发展程度或密度成正比的,称为正指标;强度相对指标的数值大小与所研究现象的发展程度或密度成反比的,称为逆指标。如例 4-3 中,"50 个/万人"为正指标,"200 人/个"为逆指标。

(3)强度相对数往往带有平均的意思,但它不是平均数。如人均国内生产总值、人均可支配收入、人均粮食产量等都具有平均的意思,但都不是平均数。(详见任务三平均指标的有关内容)

(五)动态相对指标

动态相对指标是将同一现象在不同时期的两个数值进行动态对比而得出的相对数,它可以表明现象在时间上发展变化的程度,也称发展速度,一般用百分数或倍数表示。其计算公式为:

$$动态相对指标 = \frac{某一现象报告期数值}{同一现象基期数值} \times 100\%$$

如例 4-1 中,2020 年的人口数与 2010 年的人口数的对比形成的相对指标,就是动态相对指标。

$$动态相对指标 = \frac{140\ 978}{133\ 281} \times 100\% = 105.78\%$$

【例 4-4】2022 年全国固定资产投资额 579 556 亿元,2021 年全国固定资产投资额 552 884 亿元,则 2022 年全国固定资产投资额与 2021 年全国固定资产投资额对比,得出动态相对指标 104.82%。

动态相对指标的特点表现为：

(1)为无名数；

(2)分子分母不能互换。

(六)计划完成程度相对指标

计划完成程度相对指标是某一时期的实际完成数与计划任务数对比的结果,用来反映计划的完成情况。在实际工作中,按期检查计划的执行情况,对于加强经济管理、促进经济发展有着重要意义。计划完成程度相对指标也是各行各业检查计划执行情况的一个通用指标,通常用百分数表示,因此也叫计划完成百分比。

其基本计算公式为：

$$计划完成程度相对指标 = \frac{实际完成数}{计划任务数} \times 100\%$$

1.计划任务数表现为绝对数

$$计划完成程度相对指标 = \frac{实际完成数}{计划任务数} \times 100\%$$

【例 4-5】某企业 2022 年某产品计划产量 200 万件,实际产量为 260 万件。则：

$$计划完成程度相对指标 = \frac{实际完成数}{计划任务数} \times 100\% = \frac{260}{200} \times 100\% = 130\%$$

绝对效果：

$$实际完成数 - 计划数 = 260 - 200 = 60(万件)$$

2.计划任务数表现为相对数

按提高率规定计划任务时：

$$计划完成程度相对指标 = \frac{1 + 实际提高百分数}{1 + 计划提高百分数} \times 100\%$$

【例 4-6】某厂 2022 年计划规定产品产量要比上年提高 5%,而实际提高了 7%。则：

$$计划完成程度相对指标 = \frac{1 + 7\%}{1 + 5\%} \times 100\% = 101.9\%$$

按降低率规定计划任务时：

$$计划完成程度相对指标 = \frac{1 - 实际降低百分数}{1 - 计划降低百分数} \times 100\%$$

【例 4-7】某企业 2022 年计划规定流通费用要比上年降低 4%,而实际降低了5.5%。则：

$$计划完成程度相对指标 = \frac{1 - 5.5\%}{1 - 4\%} \times 100\% = 98.4\%$$

需要注意的是,在计划完成程度相对指标中,100%是判断是否完成计划的数量界限,但是要根据指标的性质和要求进行具体分析。如表示收入、产量、利润等越高越好的指标,计划完成程度相对指标大于100%表明是超额完成计划;相反,表示成本、费用等越低越好的指标,则计划完成程度相对指标小于100%才表明是超额完成计划。

 巩固加深

【练习】某企业产品单位成本应在上期699元的水平上降低12元,实际上本期单位成本为672元。请计算该企业降低单位成本的计划完成程度。

3.计划执行进度的检查

利用计划完成程度相对指标不仅可以检查计划完成情况,还可以检查计划进度执行情况。它不是在计划期末,而是在计划执行过程中的计算分析,一般用于检查计划执行的均衡性。其计算公式为:

$$计划完成程度相对指标=\frac{累计至本期止实际完成数}{全期计划数}\times100\%$$

【例4-8】某企业2022年计划完成商品销售额1 500万元,1—9月累计实际完成1 125万元。则:

$$计划完成程度相对指标=\frac{1\ 125}{1\ 500}\times100\%=75\%$$

通过计算可以看出,该企业时间过3/4,完成计划任务也刚好3/4。

4.长期计划完成情况的检查

长期计划一般是指五年计划、十年规划等,其中以五年计划为主。长期计划指标数值的规定一般有两种,一种是规定计划期内应该完成的累计总数,一种是规定计划期末应达到的水平,因而应分别采用累计法和水平法进行检查监督。

累计法:

$$计划完成程度=\frac{计划期间累计完成数}{计划规定的累计数}\times100\%$$

水平法:

$$计划完成程度=\frac{计划期末实际达到的水平}{计划规定期末应达到的水平}\times100\%$$

【例4-9】某企业五年计划规定,A产品产量在计划期总额为700万吨,计划期最后一年应达到200万吨,实际执行结果如表4-3所示。

表 4-3 某企业实际执行结果资料

单位:万吨

时间	第一年	第二年	第三年		第四年				第五年				五年合计
			上半年	下半年	一季度	二季度	三季度	四季度	一季度	二季度	三季度	四季度	
产量	110	111	66	74	37	38	42	49	53	58	65	72	775

累计法:

$$计划完成程度 = \frac{计划期间累计完成数}{计划规定的累计数} \times 100\% = \frac{775}{700} \times 100\% = 110.7\%$$

(提前一个季度完成计划)

水平法:

$$计划完成程度 = \frac{计划期末实际达到的水平}{计划规定期末应达到的水平} \times 100\% = \frac{53+58+65+72}{200} = 124\%$$

(提前半年完成计划)

巩固加深

【练习】某企业五年计划规定,A 产品产量在计划期总额为 250 万吨,计划期最后一年应达到 70 万吨,实际执行结果如表 4-4 所示。

表 4-4 某企业实际执行结果资料

单位:万吨

时间	第一年	第二年	第三年		第四年				第五年				五年合计
			上半年	下半年	一季度	二季度	三季度	四季度	一季度	二季度	三季度	四季度	
产量	45	48	25	27	16	16	18	17	18	20	23	25	298

根据上述资料,分别用累计法和水平法计算计划完成程度指标。

扫码阅读▼
撂荒地变"致富田"

五、应用相对指标应遵循的原则

相对指标种类较多,各种相对指标从不同的角度出发,运用不同的对比方法,对指标数值进行比较分析。在计算和应用这些统计指标时,应注意以下原则。

(一)对比指标要具有可比性

可比是指两个指标在经济内容、总体范围、计算方法和计量单位等方面要保持一致,不能将两个不可比的指标硬凑到一起进行对比。

(二)相对指标和总量指标要结合运用

总量指标说明现象总体的绝对数量,但受总体规模大小的影响,不适宜进行不同总体之间的比较。而相对指标虽然反映了现象之间的差异程度,但把现象的绝对水平抽象化了,无法说明现象之间在绝对数量上的差异。因此,应用相对指标进行统计分析时,要把相对指标和总量指标结合运用,既分析现象的变化程度,也看到现象的绝对水平,以全面、正确地认识客观事物。

(三)多种相对指标综合运用

一种相对指标只能说明一个方面的问题,在研究分析复杂现象时,应把多种相对指标综合运用,以便从不同侧面反映现象的情况,从而能较全面客观地反映现象的发展情况及其规律。

 巩固加深

【练习】请计算相应的相对指标,把表4-5填写完整。

表4-5 某公司下属三个部门2020年商品销售额计划和实际完成的资料

部门	2020年				计划完成程度/%	2019年实际销售额/万元	2020年比2019年增长/%
	计划完成		实际完成				
	销售额/万元	比重/%	销售额/万元	比重/%			
A		30			102		
B	400		437				15
C					95	900	
合计	2 000					1 840	

思政园地

2023 年国民经济回升向好,高质量发展扎实推进。初步核算,全年国内生产总值 1 260 582 亿元,按不变价格计算,比上年增长 5.2%。分产业看,第一产业增加值 89 755 亿元,比上年增长 4.1%;第二产业增加值 482 589 亿元,增长 4.7%;第三产业增加值 688 238 亿元,增长 5.8%。分季度看,一季度国内生产总值同比增长 4.5%,二季度增长 6.3%,三季度增长 4.9%,四季度增长 5.2%。从环比看,四季度国内生产总值增长 1.0%。

拓展阅读

扫码阅读▼
我国经济回升向好、长期
向好的基本趋势没有改变

任务三　平均指标

一、平均指标的意义

(一)平均指标的概念

平均指标又称为平均数,是反映现象总体各单位某一数量标志值在一定时间、地点和条件下一般水平的综合指标。平均指标能够反映总体内部的一般分布特征,是社会经济现象中最常用的一种综合指标。

平均指标有两个基本特点:第一,平均指标把总体各单位间的差异抽象化;第二,平均指标是一个代表性指标,代表总体各单位某一数量标志的一般水平。如用班级考试的平均分代表一个班级成绩的一般水平,用平均日产量代表一组工人产量的一般水平等。

(二)平均指标的作用

1.可以说明现象总体的一般水平

平均指标把一个总体内各单位的数量差异抽象化了,用一个指标数值说明总体数量的大小,并为判断事物数量差异提供一种参考。如某地区就业人员月平均收入为 6 000元、某地区商品房售价为平均每平方 13 000 元,这两个平均指标反映了该地区工资收入和商品房价格的一般水平,同时,若该地区某人甲月收入为 10 000 元,我们就能较容易地利用平均指标判断出某人甲月收入水平的高低。

2.可以对同一现象在不同时间或不同空间进行对比

如不同国家、不同地区、不同单位的同类现象,因其总体大小不同,不宜采用总量指标直接对比,但通过计算平均指标就能进行不同空间的对比分析,反映出同一现象在不同空间的差异性,如不同企业间平均工资的对比。

3.可以分析现象之间的依存关系

例如,在对企业按劳动生产率高低进行分组的基础上,可以通过计算各组的平均工资水平和各组的平均劳动生产率,反映劳动生产率与工资水平之间的依存关系。

4.可以进行数量上的推算和估计

在统计抽样中,经常通过计算样本平均数来推断或估计总体平均数。(详见项目七)

(三)平均指标的分类

(1)按照反映的时间状况不同,平均指标分为静态平均数和动态平均数。静态平均数是反映同一时间范围内总体各单位某一数量标志的一般水平的平均数;动态平均数是反映同类经济现象在不同时间的一般水平的平均数。本任务仅阐述静态平均数,动态平均数将在项目五阐述。

(2)按照计算方法的不同,平均指标分为数值平均数和位置平均数。数值平均数是根据总体各单位标志值计算的平均数,主要有算术平均数、调和平均数、几何平均数等;位置平均数是根据标志值在分配数列中的位置确定的平均数,主要有众数和中位数。

二、数值平均数的计算与分析

(一)算术平均数的计算

算术平均数是分析社会经济现象一般水平和典型特征的最基本最常用的一种平均指标。基本的计算形式是总体各单位标志值之和与总体单位数之比,用公式表示为:

$$算术平均数 = \frac{总体标志总量}{总体单位总量}$$

想一想

1.平均指标和强度相对指标的区别是什么？

2.人均粮食产量与人均粮食消费量这两个指标有什么不同？这两个指标分别属于平均指标还是强度相对指标？为什么？

在实际工作中,由于所掌握的统计资料不同,依据基本公式计算算术平均数时,可分为简单算术平均数和加权算术平均数两种。

1.简单算术平均数

简单算术平均数是根据未经分组整理的原始数据计算的均值。根据未分组的资料,把总体各单位的标志值相加,得到总体标志总量,再除以总体单位数,所得的平均数就是简单算术平均数。其计算公式为:

$$\bar{x} = \frac{x_1 + x_2 + \cdots + x_n}{n} = \frac{\sum x}{n}$$

式中:$\bar{x}$ ——算术平均数;

$\sum$ ——总和符号;

x ——各单位标志值;

n ——总体单位数。

【例 4-10】某班级 40 名学生的统计学考试分数如表 4-6 所示,计算 40 名学生统计学考试分数的平均数。

表 4-6　某班 40 名学生的统计学考试分数

单位:分

72	55	66	98	84	78	91	70
92	71	77	86	76	65	66	80
68	77	73	85	75	68	87	88
65	90	96	83	75	78	69	67
72	80	74	60	86	99	80	88

根据表 4-6 的资料,计算该班统计学平均分如下:

$$\bar{x} = \frac{x_1 + x_2 + \cdots + x_n}{n} = \frac{\sum x}{n} = \frac{72 + 55 + 66 + \cdots + 80 + 88}{40} = \frac{3110}{40} = 77.75\,(\text{分})$$

简单算术平均数计算简便,但有应用的前提条件,即总体内没有进行分组或分组中各个标志值出现的次数相同。

2.加权算术平均数

当变量值已经分组,且各个标志值出现的次数不相同时,就需要采用加权法计算平均数。根据已分组的资料,用各组标志值或各组组中值乘各组次数,相加得出总体标志总量,然后除以各组单位数之和,所得的平均数就是加权算术平均数。其计算公式为:

$$\bar{x} = \frac{x_1 f_1 + x_2 f_2 + \cdots + x_n f_n}{f_1 + f_2 + \cdots + f_n} = \frac{\sum xf}{\sum f}$$

式中:f——各组单位数(权数);

x——各组变量值。

从计算公式中可以看出,加权算术平均数的大小,不仅取决于总体各单位的标志值的大小,而且还受到标志值出现的次数多少的影响。在各组标志值保持不变的情况下,哪个组次数越大,则该组标志值对平均数的影响越大,反之,影响就越小。因为次数"f"起着权衡轻重的作用,所以统计学中称其为权数,该平均数的计算方法称为加权算术平均法。

(1)根据单项数列计算加权算术平均数

【例 4-11】某车间 200 名工人,按日产量分组如表 4-7 所示,试根据表中资料计算工人平均日产量。

表 4-7 某车间工人生产某产品资料

日产量/件	工人人数/人
60	16
65	48
70	70
75	56
80	10
合 计	200

根据表 4-7 的资料,列表 4-8。

表 4-8 某车间工人生产某产品资料及计算表

日产量 x/件	工人人数 f/人	xf/件
60	16	960
65	48	3 120
70	70	4 900
75	56	4 200
80	10	800
合 计	200	13 980

工人平均日产量计算如下：

$$\bar{x} = \frac{x_1 f_1 + x_2 f_2 + \cdots + x_n f_n}{f_1 + f_2 + \cdots + f_n} = \frac{\sum xf}{\sum f} = \frac{13\ 980}{200} = 69.9 \approx 70(件)$$

（2）根据组距数列计算加权算术平均数

如果所给的资料是组距数列，应以各组的平均数和次数为依据进行计算，但在实际工作中，往往不计算各组平均数，而是假设各组标志值变化均匀，以各组组中值代表各组平均数。

【例 4-12】沿用例 4-10 的数据资料，对 40 名学生的统计学考试分数进行分组，如表 4-9 所示，根据资料计算 40 名学生统计学考试分数的平均数。

表 4-9　某班 40 名学生的统计学分数分组资料

考试分数/分	人数/人
60 以下	1
60～70	9
70～80	13
80～90	11
90～100	6
合计	40

根据表 4-9 的资料，列表 4-10。

表 4-10　某班 40 名学生的统计学分数分组资料及计算表

考试分数分组/分	组中值 x/分	人数 f/人	xf/分
60 以下	55	1	55
60～70	65	9	585
70～80	75	13	975
80～90	85	11	935
90～100	95	6	570
合计	—	40	3 120

计算该班统计学平均分如下：

$$\bar{x} = \frac{x_1 f_1 + x_2 f_2 + \cdots + x_n f_n}{f_1 + f_2 + \cdots + f_n} = \frac{\sum xf}{\sum f} = \frac{3\ 120}{40} = 78(分)$$

上述公式是在已知各组标志值和各组次数的基础上应用的，如果已知的资料为各组标志值和各组单位数占总体单位数的比重，则上述公式可以变形为：

$$\overline{x} = \frac{x_1 f_1 + x_2 f_2 + \cdots + x_n f_n}{f_1 + f_2 + \cdots + f_n}$$

$$= \frac{x_1 f_1 + x_2 f_2 + \cdots + x_n f_n}{\sum f}$$

$$= x_1 \frac{f_1}{\sum f} + x_2 \frac{f_2}{\sum f} + \cdots + x_n \frac{f_n}{\sum f}$$

$$= \sum \left(x \frac{f}{\sum f} \right)$$

【例 4-13】如表 4-11 所示,已知各组工人数占总工人数的比重,而未知具体各组工人人数,试根据表中资料计算工人平均日产量。

表 4-11 某车间工人生产某产品资料

日产量/件	各组工人数占总工人数的比重/%
60	8
65	24
70	35
75	28
80	5
合计	100

根据表 4-11 的资料,列表 4-12。

表 4-12 某车间工人生产某产品资料及计算表

日产量 x/件	各组工人数占总工人数的比重/%	$x \dfrac{f}{\sum f}$
60	8	4.8
65	24	15.6
70	35	24.5
75	28	21.0
80	5	4.0
合计	100	69.9

工人平均日产量计算如下:

$$\overline{x} = \frac{x_1 f_1 + x_2 f_2 + \cdots + x_n f_n}{\sum f} = \sum \left(x \frac{f}{\sum f} \right) = 69.9 \approx 70 \text{(件)}$$

巩固加深

【练习】某商场100名销售人员,按月工资分组如表4-13所示,试根据表中资料计算该商场销售人员的月平均工资。

表4-13　某车间工人月工资资料

月工资/元	销售员人数/人
2 000~3 000	10
3 000~4 000	35
4 000~5 000	40
5 000以上	15
合计	100

如果如表4-14所示,已知各组销售人员数占总销售人员人数的比重,而未知具体各组销售人员数,试根据表中资料计算该商场销售人员的月平均工资。

表4-14　某车间工人月工资资料

月工资/元	各组销售人员数占总销售人员人数的比重/%
2 000~3 000	10
3 000~4 000	35
4 000~5 000	40
5 000以上	15
合计	100

计算加权算术平均数时需要注意:

(1)权数的引入。简单算术平均数的大小只受标志值本身大小的影响,而加权算术平均数的大小,不仅受总体各单位的标志值的大小的影响,还受到标志值出现的次数多少的影响。

(2)权数的作用与实质。标志值出现的次数即权数对加权算术平均数的大小起着权衡轻重的作用,平均数往往靠近次数最多的那个标志值。但实质上来说,权数对算术平均数的影响不是取决于权数本身数值的大小,而是取决于权数比重的大小。权数比重大的组,其标志值对平均数的影响就大,反之影响就小。

(3)权数的选择。在计算加权算术平均数时,权数的选择须慎重考虑。选择权数的原则是:各组的标志值与其出现次数的乘积等于各组的标志总量,并具有实际经济意义。在分配数列条件下,一般次数就是权数。但也有例外的情况,特别是用相对数或平均数计算加权算术平均数时,要加以注意。

扫码阅读▼
每次公布平均工资数据以后，一些群众反映
自己"被平均""拖后腿"了，是什么原因？

(二)调和平均数的计算

调和平均数是各标志值倒数的算术平均数的倒数,因此又称为倒数平均数。在统计实践中,主要把它作为算术平均数的变形来使用。调和平均数也分为简单调和平均数和加权调和平均数。

1.简单调和平均数

当各标志值相对应的标志总量均为一个单位时,可采用简单调和平均数。其计算公式为:

$$\overline{x_H} = \frac{n}{\dfrac{1}{x_1} + \dfrac{1}{x_2} + \dfrac{1}{x_3} + \cdots + \dfrac{1}{x_n}} = \frac{n}{\sum \dfrac{1}{x}}$$

式中:$\overline{x_H}$——调和平均数;

x——各变量值;

n——项数。

【例4-14】某种蔬菜早市、午市、晚市的价格如表4-15所示,若早市、午市、晚市各买1元这种蔬菜,则买回的这些蔬菜的平均价格是多少？

表4-15 某种蔬菜各时间段价格及购买金额资料

时间段	价格/(元/千克)	采购金额/元
早市	2.2	1
午市	2.6	1
晚市	2.0	1
合计	—	3

根据表4-15的资料,这些蔬菜的平均价格计算如下:

$$\overline{x_H} = \frac{n}{\dfrac{1}{x_1} + \dfrac{1}{x_2} + \dfrac{1}{x_3} + \cdots + \dfrac{1}{x_n}} = \frac{3}{\dfrac{1}{2.2} + \dfrac{1}{2.6} + \dfrac{1}{2.0}} = \frac{3}{1.33} = 2.3(元/千克)$$

2.加权调和平均数

当各标志值对应的标志总量不等时,使用加权调和平均数。其计算公式为:

$$\overline{x_H} = \frac{m_1 + m_2 + m_3 + \cdots + m_n}{\dfrac{m_1}{x_1} + \dfrac{m_2}{x_2} + \dfrac{m_3}{x_3} + \cdots + \dfrac{m_n}{x_n}} = \frac{\sum m}{\sum \dfrac{m}{x}}$$

式中：$\overline{x_H}$——调和平均数；

x——各变量值；

m——各组标志总量。

【例 4-15】某种蔬菜早市、午市、晚市的价格和采购金额如表 4-16 所示，求买回的这些蔬菜的平均价格。

表 4-16　某种蔬菜各时间段价格及购买金额资料

时间段	价格/(元/千克)	采购金额/元
早市	2.2	5
午市	2.6	4
晚市	2.0	6
合计	—	15

根据表 4-16 的资料，这些蔬菜的平均价格计算如下：

$$\overline{x_H} = \frac{m_1 + m_2 + m_3 + \cdots + m_n}{\dfrac{m_1}{x_1} + \dfrac{m_2}{x_2} + \dfrac{m_3}{x_3} + \cdots + \dfrac{m_n}{x_n}} = \frac{5 + 4 + 6}{\dfrac{5}{2.2} + \dfrac{4}{2.6} + \dfrac{6}{2.0}} = \frac{15}{6.81} = 2.2 \text{（元/千克）}$$

由上面计算过程可以看出，算术平均数和调和平均数都是总体标志总量和总体单位总量的对比，调和平均数主要是作为算术平均数的变形形式来使用的。研究同一个问题时，加权调和平均数与加权算术平均数的实际意义是一样的，只是由于所掌握的资料不同，采用的计算方法和计算过程不同而已。当我们掌握了各个变量值和各组的次数或比重（即母项资料），应采用算术平均法计算；当我们掌握了各个变量值和各组的标志总量（即子项资料），应采用调和平均法计算。

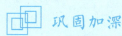 巩固加深

【练习 1】按工人生产熟练程度分组如表 4-17 所示，根据表中各组的人均产量和各组工人人数资料，试计算全部工人的人均产量。

表 4-17　工人的产量资料

按熟练程度分组	人均产量/件	工人数/人
非熟练工	400	2 400
熟练工	700	3 600
合计	—	6 000

如表 4-18 所示,已知各组人均产量和各组总产量,而未知具体各组工人人数,试根据表中资料计算该全部工人的人均产量。

表 4-18　工人的产量资料

按熟练程度分组	人均产量/件	总产量/件
非熟练工	400	960 000
熟练工	700	2 520 000
合计	—	3 480 000

【练习2】如表 4-19 所示,根据表中各个下属企业的计划完成程度和计划产值资料,试计算平均计划完成程度。

表 4-19　某企业各下属企业的计划完成情况资料

下属企业	计划完成程度/%	计划产值/万元
A	95	600
B	105	4 000
C	115	1 500
合计	—	6 100

如表 4-20 所示,已知的是各个下属企业的计划完成程度和实际产值资料,试计算平均计划完成程度。

表 4-20　某企业各下属企业的计划完成情况资料

下属企业	计划完成程度/%	实际产值/万元
A	95	570
B	105	4 200
C	115	1 725
合计	—	6 495

(三)几何平均数的计算

几何平均数也称为几何均值,它是 n 个变量值乘积的 n 次方根,主要用于计算平均比率和平均速度。根据统计资料的不同,几何平均数分为简单几何平均数和加权几何平均数。

1.简单几何平均数

简单几何平均数的计算适用于各个变量值只出现一次的情况,直接将 n 项变量连

乘,然后对其连乘积开 n 次方根所得的平均数即为简单几何平均数。它是几何平均数的常用形式,其计算公式为:

$$G = \sqrt[n]{x_1 \times x_2 \times x_3 \times \cdots \times x_n} = \sqrt[n]{\prod x}$$

式中:G——几何平均数;

$\quad\quad x$ ——各变量值;

$\quad\quad \prod$ ——连乘符号;

$\quad\quad n$——变量值的个数。

【例 4-16】某地区上个五年计划期间,经济发展速度分别为:104.1%、107.7%、110.5%、114.0%、118.0%,求平均发展速度。

把经济发展速度数据代入简单几何平均数的计算公式,得到平均发展速度为:

$$G = \sqrt[n]{x_1 \times x_2 \times x_3 \times \cdots \times x_n}$$
$$= \sqrt[5]{104.1\% \times 107.7\% \times 110.5\% \times 114.0\% \times 118.0\%} = 110.75\%$$

2.加权几何平均数

当资料中的某些变量值重复出现时,用加权几何平均数计算,其计算公式为:

$$G = \sqrt[f_1+f_2+f_3+\cdots+f_n]{x_1^{f_1} \times x_2^{f_2} \times x_3^{f_3} \times \cdots \times x_n^{f_n}} = \sqrt[\Sigma f]{\prod x^f}$$

式中:G——几何平均数;

$\quad\quad x$——各变量值;

$\quad\quad f$——各变量值的次数。

【例 4-17】某地区近 20 年来的经济发展速度情况如表 4-21 所示,求平均发展速度。

表 4-21　某地区近 20 年来的经济发展速度情况

发展速度/%	次数/次
102	1
105	5
107	10
110	4
合计	20

把经济发展速度资料代入加权几何平均数的计算公式,得到平均发展速度为:

$$G = \sqrt[f_1+f_2+f_3+\cdots+f_n]{x_1^{f_1} \times x_2^{f_2} \times x_3^{f_3} \times \cdots \times x_n^{f_n}}$$
$$= \sqrt[20]{102\% \times 105\%^5 \times 107\%^{10} \times 110\%^4}$$
$$= 106.83\%$$

巩固加深

【练习】将一笔钱存入银行,存款期为 10 年,按复利计算利息,利率情况为:有 2 年为 5％,有 3 年为 4.3％,有 4 年为 3.5％,有 1 年为 2.8％,请计算各年的平均年利率。

三、位置平均数的计算与分析

根据标志值在数列中的位置计算出来的平均数叫作位置平均数,位置平均数有众数和中位数两种。

(一)众数

1.众数的概念

众数是指总体中出现次数最多的标志值,用众数可以表明某一社会经济现象的一般水平或集中趋势。

众数适用于在总体单位的变量值分布相当集中,变量值中两极端值差距很大的情况。在实际工作中,众数的运用较为广泛,如投票选举的少数服从多数是众数,商场里服装、鞋帽成交量最大的尺寸也是众数。

2.众数的确定

(1)根据单项数列确定众数

在单项数列情况下,确定众数比较简单,在数列中找出次数最多的组即众数组,众数组中的标志值就是众数。

(2)根据组距数列确定众数

在组距数列情况下,确定众数的方法是:先在数列中找到次数最多的组,然后用公式计算众数的近似值。

下限公式:

$$M_0 = L + \frac{\Delta_1}{\Delta_1 + \Delta_2} \times d$$

上限公式:

$$M_0 = U - \frac{\Delta_2}{\Delta_1 + \Delta_2} \times d$$

式中:M_0——众数;

L——众数组下限;

U——众数组上限;

d——众数组组距；

Δ_1——众数组次数与前一组次数之差；

Δ_2——众数组次数与后一组次数之差。

【例4-18】沿用例4-12的40名学生的统计学考试分数分组后的数据表,计算40名学生统计学考试分数的众数。

计算步骤如下：

(1)确定众数组,众数所在组为13人对应的第三组,标志值为70～80；

(2)根据下限公式或上限公式计算众数的近似值。

$$M_0 = L + \frac{\Delta_1}{\Delta_1 + \Delta_2} \times d = 70 + \frac{13-9}{(13-9)+(13-11)} \times 10 = 76.67(\text{分})$$

或

$$M_0 = U - \frac{\Delta_2}{\Delta_1 + \Delta_2} \times d = 80 - \frac{13-11}{(13-9)+(13-11)} \times 10 = 76.67(\text{分})$$

众数是根据变量值出现的次数确定的,无须根据全部标志值来计算,不受极值和开口组的影响。但众数的运用需要具备一定的条件,如果所有标志值的次数都相同,则不存在众数；如果出现多个标志值一样有最多的次数,则有多个众数；次数分布要具有明显的集中趋势,若数列中各个数值出现的频率都差不多,则众数是缺乏代表性的。

 巩固加深

【练习】某地区2020年调查工业企业工人人均收入情况,共抽查1 000人,取得平均月收入资料如表4-22所示,试计算工业企业工人平均月收入的众数。

表4-22　某地区2020年工业企业工人平均月收入情况

平均月收入/元	人数/人
1 800以下	60
1 800～2 000	110
2 000～2 200	150
2 200～2 400	500
2 400～2 600	130
2 600以上	50
合计	1 000

(二)中位数

1.中位数的概念

中位数是指各单位标志值按大小顺序排列后,处于中间位置的那个标志值。由于它的位置居中,其数值既不会太大也不会太小且不受极端数值的影响,也能表明总体标志值的集中趋势,代表现象的一般水平。

中位数适用于当被研究总体单位的变量值很多,而且明显存在极端数值的情况。如果研究的目的就是反映中间水平,当然也应该用中位数。

2.中位数的确定

(1)根据未分组资料确定中位数

根据未分组资料确定中位数,计算步骤如下:

首先,将标志值按从小到大或从大到小的顺序排列;

其次,按 $\frac{n+1}{2}$(n 为标志值个数)公式确定中位数所在的位置;

最后,根据总体单位项数的奇偶性确定中位数的值。

如果总体单位项数为基数,那么中间位置的那个标志值,就是中位数。

【例 4-19】在统计学测试中,有 7 位同学的成绩分别为 82 分、77 分、56 分、92 分、75 分、88 分、67 分,求这 7 位同学成绩的中位数。

①将标志值按从小到大的顺序排列:56 分、67 分、75 分、77 分、82 分、88 分、92 分;

②按 $\frac{n+1}{2}$ 公式确定中位数所在的位置:$\frac{n+1}{2}=\frac{7+1}{2}=4$;

③位于第 4 位的标志值 77 分就是这 7 位同学成绩的中位数。

如果总体单位项数为偶数,那么处于中间位置左右两边的标志值的算术平均数,就是中位数。

【例 4-20】在统计学测试中,有 8 位同学的成绩分别为 82 分、77 分、56 分、92 分、75 分、88 分、67 分、90 分,求这 8 位同学成绩的中位数。

①将标志值按从小到大的顺序排列:56 分、67 分、75 分、77 分、82 分、88 分、90 分、92 分;

②按 $\frac{n+1}{2}$ 公式确定中位数所在的位置:$\frac{n+1}{2}=\frac{8+1}{2}=4.5$,即中位数位于第 4 位和第 5 位之间,第 4 位的标志值 77 分,第 5 位的标志值 82 分;

③这 8 位同学成绩的中位数为:$M_e=\frac{77+82}{2}=79.5$(分)。

 巩固加深

【练习】沿用例 4-10 某班级 40 名学生的统计学考试分数数据,计算 40 名学生统计学考试分数的中位数。

(2)根据已分组资料确定中位数

分组后形成单项数列和组距数列,下面分别阐述确定中位数的方法。

一是根据单项数列确定中位数。根据单项数列计算中位数时,资料已经进行了整理,可跳过对资料排序的步骤,确定中位数的基本步骤如下:

①根据 $\dfrac{\sum f}{2}$ 确定中位数的位次;

②根据位次确定相应的标志值为中位数。

【例 4-21】沿用例 4-11 某车间 200 名工人的日产量分组资料,试根据表 4-23 中的资料计算工人日产量的中位数。

表 4-23　某车间工人生产某产品资料

日产量/件	工人人数/人	人数累计/人	
		向上累计	向下累计
60	16	16	200
65	48	64	184
70	70	134	136
75	56	190	66
80	10	200	10
合计	200	—	—

①根据 $\dfrac{\sum f}{2}$ 确定中位数的位次: $\dfrac{\sum f}{2}=\dfrac{200}{2}=100$。

②根据位次确定相应的标志值为中位数。按工人数向上累计,中位数位于第 3 组,标志值为日产量 70 件,即中位数是 70 件;按工人数向下累计,中位数也是位于第 3 组,标志值为日产量 70 件,即中位数是 70 件。

二是根据组距数列确定中位数。组距数列确定中位数相对比较复杂,因为各组标志值不是单个数值,而是数值区间,因此需要通过公式计算中位数,确定中位数的基本步骤如下:

①根据 $\dfrac{\sum f}{2}$ 确定中位数的位次;

②根据位次确定中位数所在的组;

③通过公式计算中位数的近似值。

下限公式:

$$M_e = L + \frac{\dfrac{\sum f}{2} - s_{m-1}}{f_m} \times i$$

上限公式:

$$M_e = U - \frac{\dfrac{\sum f}{2} - s_{m+1}}{f_m} \times i$$

式中：M_e——中位数；

　　　L——中位数组下限；

　　　U——中位数组上限；

　　　S_{m-1}——中位数组的前一组的向上累计次数；

　　　S_{m+1}——中位数组的后一组的向下累计次数；

　　　f_m——中位数组的次数；

　　　i——中位数组的组距；

　　　$\sum f$——次数的合计数。

【例 4-22】沿用例 4-12 中 40 名学生的统计学考试分数分组后的数据，如表 4-24 所示，计算 40 名学生统计学考试分数的中位数。

表 4-24　某班 40 名学生的统计学分数分组资料

考试分数/分	人数/人	向上累计/人	向下累计/人
60 以下	1	1	40
60～70	9	10	39
70～80	13	23	30
80～90	11	34	17
90～100	6	40	6
合计	40	—	—

计算步骤如下：

①根据 $\dfrac{\sum f}{2}$ 确定中位数的位次 $\dfrac{\sum f}{2}=\dfrac{40}{2}=20$。

②根据位次确定中位数所在的组，中位数在 70～80 这一组内。

③根据下限公式或上限公式计算中位数的近似值：

$$M_e=L+\frac{\dfrac{\sum f}{2}-s_{m-1}}{f_m}\times i=70+\frac{\dfrac{40}{2}-10}{13}\times 10=77.69（分）$$

或

$$M_e=U-\frac{\dfrac{\sum f}{2}-s_{m+1}}{f_m}\times i=80-\frac{\dfrac{40}{2}-17}{13}\times 10=77.69（分）$$

巩固加深

【练习】某单位职工按月工资额分组情况如表4-25所示。

表 4-25　某单位职工按月工资额分组资料

工资/元	人数/人
2 000以下	70
2 000～2 500	95
2 500～3 000	124
3 000～3 500	91
3 500～4 000	62
4 000以上	33
合计	475

根据上述资料计算该单位职工的月平均工资、工资的中位数和众数。

任务四　标志变异指标

一、标志变异指标的含义

平均指标表明总体各单位标志值的一般水平,说明变量分配数列中变量值的集中趋势。它掩盖了现象之间的差异,但差异还是客观存在的,所以,在研究平均指标的同时,还要研究标志值之间的差异程度,把总体内各单位标志值之间的差异程度反映出来,这就需要用标志变异指标来完成。

标志变异指标是指反映总体中各单位标志值之间差异程度的综合指标,又称标志变动度。标志变异指标和平均指标是一对相互联系的对应指标,它们从两个不同的侧面反映同质总体的特征。平均指标表现为总体各单位标志值的一般水平,反映各单位标志值的集中趋势;标志变异指标则表现为总体各单位标志值的差异程度,反映各单位标志值的离散程度。在统计分析中,计算总体标志值的平均水平的同时,进一步测定变异指标,将两者结合起来才能更加全面、深入地认识所研究现象的总体。

二、标志变异指标的作用

第一,标志变异指标是评价平均数代表性的依据。平均指标是总体各单位标志值一般水平的代表值,其代表性的大小与标志变异指标值的大小成反比。标志变异指标值越大,平均数代表性越低;标志变异指标值越小,则平均数代表性越高。

第二,标志变异指标可以反映社会经济活动过程的稳定性和均衡性。标志变异指标值越小,说明社会经济活动过程越稳定、越均衡;反之,标志变异指标值越大,说明社会经济活动过程越不稳定、越不均衡。

第三,标志变异指标反映总体各单位标志值分布的离中趋势。平均指标反映总体各单位标志值分布的集中趋势,标志变异指标反映总体各单位标志值分布的离中趋势,把二者结合起来才能更加全面地反映现象总体情况。标志变异指标值越大,说明标志值的分布越分散,总体的同质性一般来说也越差。

三、标志变异指标的种类及计算方法

标志变异指标有全距、平均差、标准差、标准差系数等,下面将分别介绍这四种方法。

(一)全距

全距也称极差,是总体各单位标志值中的两个极端数值,即最大值与最小值之差,反映总体标志值的差异范围。用"R"来表示全距,其公式表示为:

1.根据未分组资料或单项数列计算全距

$$R=最大标志值-最小标志值$$

【例4-23】沿用例4-10某班级40名学生的统计学考试分数,将这40名学生的成绩按顺序排列(从小到大或从大到小的顺序),如将成绩按从小到大的顺序排列,可以看出这个班最低分55分,最高分99分。则全距为:

$$R=最大标志值-最小标志值=99-55=44(分)$$

2.根据分组资料计算全距

$$R=最大组的上限-最小组的下限$$

【例4-24】某车间100名工人日产量情况如表4-26所示,试计算工人日产量的全距。

表4-26 某车间工人日产量资料

日产量/件	工人人数/人
60 以下	8
60~70	35
70~80	42
80 以上	15
合计	100

根据表 4-26 资料,计算工人日产量的全距为:

$$R = 最大组的上限 - 最小组的下限 = (80 + 10) - (60 - 10) = 40(件)$$

全距是测定标志变异程度的最简单的指标,可以粗略说明现象的标志变动程度。但是全距说明的只是极端标志值之间的差异,与中间标志值变量分配数列的次数分布无关,不能全面反映总体各单位标志值的差异程度,因此,全距的应用有一定的局限性。

(二)平均差

平均差是总体各单位标志值同其算术平均数的绝对离差的算术平均数,用符号"A.D"表示。计算平均差的目的是测算各单位标志值与其算术平均数离差的大小,综合反映总体各单位标志值的变动程度。离差有正有负也可能为零,为了避免正负离差相互抵消,导致离差之和为零,计算平均差时取离差的绝对值。

根据掌握的资料不同,平均差分为简单平均差和加权平均差。

1.简单平均差

如果掌握的资料是未分组资料,采用简单平均差计算,分两个步骤完成:

第一步:求各单位标志值与其算术平均数离差的绝对值;

第二步:将离差的绝对值之和除以项数。

其计算公式为:

$$A.D = \frac{\sum |x - \bar{x}|}{n}$$

式中:A.D——平均差;

n——离差项数。

【例 4-25】沿用例 4-10 某班级 40 名学生的统计学考试分数数据,计算 40 名学生统计学考试分数的平均差。

根据资料,计算 40 名学生统计学考试分数的平均差:

$$
\begin{aligned}
A.D &= \frac{\sum |x - \bar{x}|}{n} \\
&= \frac{|72 - 77.75| + |55 - 77.75| + |66 - 77.75| + \cdots + |80 - 77.75| + |88 - 77.75|}{40} \\
&= \frac{343.5}{40} \\
&= 8.59(分)
\end{aligned}
$$

2.加权平均差

如果掌握的资料是分组资料时,采用加权平均差。其计算公式为:

$$A.D = \frac{\sum |x - \bar{x}| f}{\sum f}$$

【例 4-26】沿用例 4-12 的 40 名学生的统计学考试分数分组后的数据,如表 4-27 所示,计算 40 名学生统计学考试分数的平均差。

表 4-27 某班 40 名学生的统计学分数分组及计算资料

考试分数/分	组中值 x	人数/人	$\mid x - \bar{x} \mid$	$\mid x - \bar{x} \mid f$
60 以下	55	1	23	23
60~70	65	9	13	117
70~80	75	13	3	39
80~90	85	11	7	77
90~100	95	6	17	102
合计	—	40	—	358

根据表 4-27,40 名学生统计学考试分数的平均差为:

$$A.D = \frac{\sum \mid x - \bar{x} \mid f}{\sum f} = \frac{358}{40} = 8.95 （分）$$

平均差的计算考虑了总体各标志值,它不易受极端数值的影响,能综合反映总体标志值的差异程度。但平均差的计算用绝对值的形式消除各标志值与算术平均数离差的正负值问题,不便于进行数学处理,在应用中受到了很大的限制。

(三)标准差

标准差是总体各单位标志值与其算术平均数离差平方的算术平均数的平方根,标准差用 6 表示。在统计学中,离差平方和的算术平均数称为方差(6^2),方差的平方根就是标准差,也称为均方差。标准差是标志变异指标中最重要、最常用的指标。

标准差的计算分为四个步骤:

第一步:计算各单位标志值与其算术平均数的离差;

第二步:将各离差进行平方;

第三步:将离差平方和除以离差项数,计算出方差;

第四步:计算方差的平方根,即为标准差。

根据掌握的资料不同,标准差分为简单标准差和加权标准差。

1.简单标准差

如果掌握的资料是未分组资料,就采用简单标准差计算。其计算公式为:

$$\sigma = \sqrt{\frac{\sum (x - \bar{x})^2}{n}}$$

式中:σ ——标准差;

$\overline{x}$ ——平均数；

x ——各单位标志值；

n ——项数。

【例 4-27】沿用例 4-10 某班级 40 名学生的统计学考试分数数据，计算 40 名学生统计学考试分数的标准差。

$$\sigma = \sqrt{\frac{\sum (x - \overline{x})^2}{n}}$$

$$= \sqrt{\frac{(72-77.75)^2 + (55-77.75)^2 + \cdots + (88-77.75)^2}{40}}$$

$$= \sqrt{\frac{4333.5}{40}}$$

$$= 10.41(\text{分})$$

2.加权标准差

如果掌握的资料是分组资料，就采用加权标准差。其计算公式为：

$$\sigma = \sqrt{\frac{\sum (x - \overline{x})^2 f}{\sum f}}$$

【例 4-28】沿用例 4-12 的 40 名学生的统计学考试分数分组后的数据，如表 4-28 所示，计算 40 名学生统计学考试分数的标准差。

表 4-28　某班 40 名学生的统计学分数分组及计算资料

考试分数/分	组中值 x	人数/人	$(x-\overline{x})$	$(x-\overline{x})^2$	$(x-\overline{x})^2 f$
60 以下	55	1	−23	529	529
60～70	65	9	−13	169	1 521
70～80	75	13	−3	9	117
80～90	85	11	7	49	539
90～100	95	6	17	289	1 734
合计	—	40	—	—	4 440

根据表 4-28，40 名学生统计学考试分数的标准差为：

$$\sigma = \sqrt{\frac{\sum (x - \overline{x})^2 f}{\sum f}} = \sqrt{\frac{4\,440}{40}} = 10.54(\text{分})$$

标准差一方面具有平均差的优点，即它将总体中各单位标志值的差异全部包括在内，可以准确地反映总体的离散程度；另一方面还能避免求平均差时存在的取绝对值的问题，适用于代数运算等数学处理。由于具有这些优点,标准差成为实际中应用最广泛的离散程度测度值。

(四)标准差系数

全距、平均差和标准差都有与平均指标相同的计算单位,即与各单位标志值的计量单位相同,都是反映总体各单位标志变异的绝对指标。其数值的大小受变量值水平高低的影响,也就是与变量的均值大小有关。我们要对比、分析不同水平的变量数列之间的标志变异程度,就不宜直接通过变异指标来比较其标志变动的大小,还须消除平均水平高低的影响,才能反映出不同水平的变量数列的离散程度。这就需要计算离散系数,离散系数通常是用标准差来计算的,也称为标准差系数。

标准差系数是标准差与平均值的比值,计算公式为:

$$v_\sigma = \frac{\sigma}{\overline{x}} \times 100\%$$

式中:v_σ ——标准差系数;

$\quad \sigma$ ——标准差;

$\quad \overline{x}$ ——平均数。

将标准差与平均数相除,目的是消除或降低平均数的影响,从而使不同总体之间能够对比。标准差系数越大,平均指标的代表性越小;标准差系数越小,平均指标的代表性就越大。

【例 4-29】在例 4-28 中,这个班的平均分为 78 分,标准差为 10.54 分,我们称这个班级为 A 班。如同专业 B 班统计学考试成绩为平均分 84 分,标准差 10.9 分。试计算两个班的标准差系数,判断平均数代表性大小。

$$v_{\sigma A} = \frac{\sigma}{\overline{x}} \times 100\% = \frac{10.54}{78} \times 100\% = 13.51\%$$

$$v_{\sigma B} = \frac{\sigma}{\overline{x}} \times 100\% = \frac{10.9}{84} \times 100\% = 12.98\%$$

因为 B 班标准差系数 12.98% 小于 A 班标准差系数 13.51%,所以 B 班的成绩差异小,平均分的代表性大。

标准差系数不受计量单位和标志值水平的影响,消除了不同总体在计算单位、平均水平方面的不可比因素,因此在统计实践中,通常采用标准差系数比较不同总体标志值的差异程度。

巩固加深

【练习】表4-29是甲、乙两城区房屋按层数分配数列：

表4-29　甲、乙两城区房屋按层数分配数列

房屋层数	房屋数量/株	
	甲城区	乙城区
1	9	3
2	0	7
3	1	14
4	4	28
5	160	73
6	76	46
7	0	25
8	3	11
9	4	2
合计	257	209

请问哪一个城区的平均楼层更有代表性？哪个城区的房屋比较整齐？

扫码观看▼
使用计算器计算平均数与标准差

 巩固拓展

　　请你根据整理好的"关于在校大学生月消费支出情况"数据，计算各种指标，形成分析报告。

任务五　运用 Excel 计算综合指标

一、计算算数平均数

(一)计算简单算术平均数

以例 4-10 中表 4-6 的数据资料为例,具体操作步骤如下:

(1)在 Excel 表格中输入表 4-6 中的数据,如图 4-3 所示。

▲	A	B	C	D	E	F	G	H
1	某班40名学生统计学成绩							
2	72	55	66	98	84	78	91	70
3	92	71	77	86	76	65	66	80
4	68	77	73	85	75	68	87	88
5	65	90	96	83	75	78	69	67
6	72	80	74	60	86	99	80	88
7								
8	平均成绩							

图 4-3　输入数据

(2)单击任意空白单元格,用于放置计算好的算数平均数,此处选择 B8 单元格。

(3)在功能区【公式】选项卡中单击【插入函数】,选择 AVERAGE 函数,在【函数参数】对话框中,在【Number1】中输入单元格 A2:H6,如图 4-4 所示。

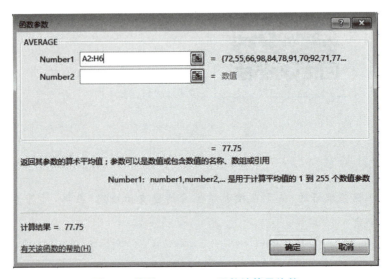

图 4-4　使用 AVERAGE 函数计算平均数

（4）单击【确定】，即得到40名学生统计学平均成绩77.75。

（二）计算加权算数平均数

以例4-12中表4-9的数据资料为例，具体操作步骤如下：

（1）在Excel表格中输入表4-8中的数据（考试分数分组、组中值、人数）。

（2）在D2单元格中输入"xf"，在D3单元格中输入"＝B3＊C3"，按【Enter】键，得到公式的计算结果。然后运用填充柄完成对其他各组的计算，如图4-5所示。

D3		× ✓ fx	=B3*C3	
	A	**B**	**C**	**D**
1	**某班40名学生的统计学分数分组资料**			
2	考试分数分组	组中值x	人数f	xf
3	60以下	55	1	55
4	60~70	65	9	585
5	70~80	75	13	975
6	80~90	85	11	935
7	90~100	95	6	570
8	合计		40	

图4-5　计算各组成绩总和

（3）在D8单元格中输入"＝SUM(D3:D7)"，按【Enter】键，得到全班统计学的成绩总和3 120，或者选择D3至D7区域，单击【公式】下的【自动求和】按钮，也可得出成绩总和。

（4）在C9单元格中输入"＝D8/C8"，按【Enter】键，得到全班统计学平均成绩78，如图4-6所示。

C9		× ✓ fx	=D8/C8	
	A	**B**	**C**	**D**
1	**某班40名学生的统计学分数分组资料**			
2	考试分数分组	组中值x	人数f	xf
3	60以下	55	1	55
4	60~70	65	9	585
5	70~80	75	13	975
6	80~90	85	11	935
7	90~100	95	6	570
8	合计	-	40	3120
9		平均成绩	78	

图4-6　计算平均数

二、计算调和平均数

（一）计算简单调和平均数

以例 4-14 中表 4-15 的数据资料为例，具体操作步骤如下：

（1）在 Excel 表格中输入表 4-15 中的数据。

（2）单击任意空白单元格，用于放置计算好的算数平均数，此处选择 B7 单元格。

（3）在功能区【公式】选项卡中单击【插入函数】，选择 HARMEAN 函数，在【函数参数】对话框中，在【Number1】中输入单元格 B3:B5。

（4）单击【确定】，即得到蔬菜的平均价格，如图 4-7 所示。

B7 =HARMEAN(B3:B5)

某种蔬菜各时间段价格及购买金额资料		
时间段	价格（元/千克）	采购金额（元）
早市	2.2	1
午市	2.6	1
晚市	2	1
合计	-	3
调和平均数	2.240208877	

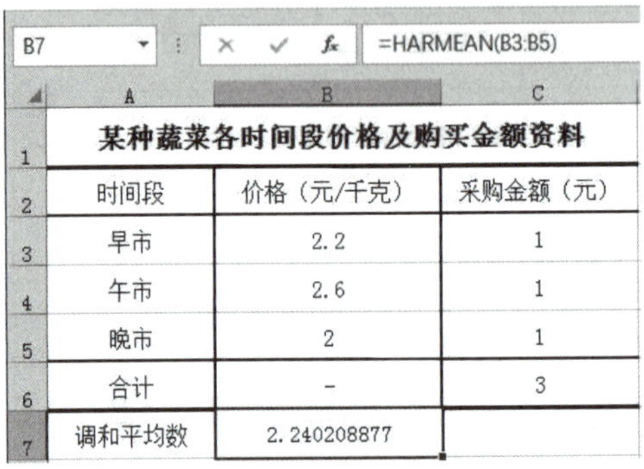

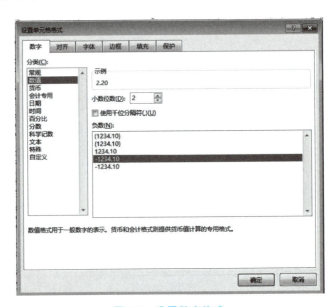

图 4-7　使用 HARMEAN 函数计算平均数

（5）设置数字格式。选中 B7 单元格，右键选择【设置单元格格式】，在出现的对话框中选择【数字】，在【分类】列表框中选择【数值】，将【小数位数】设置为“2”，单击【确定】，如图 4-8 所示。

图 4-8　设置数字格式

(二)计算加权调和平均数

以例 4-15 中表 4-16 的数据资料为例,具体操作步骤如下:

(1)在 Excel 表格中输入表 4-16 中的数据。

(2)在 D2 单元格中输入"采购数量",在 D3 单元格中输入"=C3/B3",按【Enter】键,得到公式的计算结果。然后运用填充柄完成对其他各组的计算,如图 4-9 所示。

	D3	▼	:	×	✓	fx	=C3/B3	

	A	B	C	D
1	某种蔬菜各时间段价格及购买金额资料			
2	时间段	价格(元/千克)	采购金额(元)	采购数量
3	早市	2.2	5	2.272727273
4	午市	2.6	4	1.538461538
5	晚市	2	6	3
6	合计	–	15	

图 4-9　计算采购数量

(3)在 D6 单元格中输入"=SUM(D3:D5)",按【Enter】键,计算采购数量总和,或者选择 D3 至 D5 区域,单击【公式】下的【自动求和】按钮。

(4)在 B7 单元格中输入"=C6/D6",按【Enter】键,得到蔬菜的平均价格,如图 4-10 所示。

	B7	▼	:	×	✓	fx	=C6/D6	

	A	B	C	D
1	某种蔬菜各时间段价格及购买金额资料			
2	时间段	价格(元/千克)	采购金额(元)	采购数量
3	早市	2.2	5	2.272727273
4	午市	2.6	4	1.538461538
5	晚市	2	6	3
6	合计	–	15	6.811188811
7	平均价格	2.202258727		

图 4-10　计算调和平均数

(5)设置数字格式。方法同上。

三、计算几何平均数

(一)计算简单几何平均数

以例 4-16 中的数据资料为例,具体操作步骤如下:

(1)在 Excel 表格中输入例 4-16 中的数据。

（2）单击任意空白单元格，用于放置计算好的算数平均数，此处选择 B7 单元格。

（3）在功能区【公式】选项卡中单击【插入函数】，选择 GEOMEAN 函数，在【函数参数】对话框中，在【Number1】中输入单元格 B2：B6。

（4）单击【确定】，即得到平均发展速度，如图 4-11 所示。

B7 =GEOMEAN(B2:B6)

	A	B	C
1	序号	经济发展速度（%）	
2	1	104.1	
3	2	107.7	
4	3	110.5	
5	4	114.0	
6	5	118.0	
7	平均发展速度	110.754942	

图 4-11 使用 GEOMEAN 函数计算平均数

（5）设置数字格式。方法同上，设置数字格式为百分比。

（二）计算加权几何平均数

以例 4-17 中表 4-21 的数据资料为例，具体操作步骤如下：

（1）在 Excel 表格中输入表 4-21 中的数据。

（2）计算 $x_n^{f_n}$ 。在 D2 单元格中输入“x^f”，在 D3 单元格中输入“= A3^B3”，按【Enter】键，得到公式的计算结果。然后运用填充柄完成对其他各组的计算，如图 4-12 所示。

C3 =A3^B3

	A	B	C
1	某地区近20年来的经济发展速度		
2	发展速度（%）x	次数f	x^f
3	102	1	102
4	105	5	12762815625
5	107	10	1.96715E+20
6	110	4	146410000
7	合计	20	

图 4-12 计算 x^f

（3）计算 $x_1^{f_1}\times x_2^{f_2}\times\cdots\times x_n^{f_n}$ 。选中 C7 单元格，在功能区【公式】选项卡中单击【插入函数】，选择 PRODUCT 函数，在【函数参数】对话框中，在【Number1】中输入单元格 C3：C6，单击【确定】，即得到连乘积，如图 4-13 所示。

图 4-13　计算连乘积

（4）选中 B8 单元格，在功能区【公式】选项卡中单击【插入函数】，选择 POWER 函数，在【函数参数】对话框中，在【数值】中输入 C7，在【幂】中输入 1/20，按【确定】键，得到平均发展速度为 106.83%，如图 4-14 所示。

图 4-14　计算平均发展速度

试一试

　　在此例中，在任一空白单元格中输入公式"＝PRODUCT（A3：A6^B3：B6）^（1/20）"，按【Ctrl＋Shift＋Enter】，也可以计算平均发展速度。

四、计算众数和中位数

　　如果统计资料未分组，计算众数可使用 MODE 函数，计算中位数可使用 MEDIAN 函数，操作方法可参照"计算简单算术平均数""计算简单调和平均数""计算简单几何平均数"。如果统计资料是分组的组距数列，众数、中位数的计算均采用公式输入法，即在 Excel 中，输入众数、中位数的计算公式以及相应的数值进行计算。这里不再赘述。

五、计算方差和标准差

如果统计资料未分组，计算方差可使用 VAR.P 函数，计算标准差可使用 STDEV.P 函数，操作方法可参照"计算简单算术平均数""计算简单调和平均数""计算简单几何平均数"。这里不再赘述。

对于分组资料，这里以例 4-29 中表 4-8 的数据资料为例，具体操作步骤如下：

（1）在 Excel 表格中输入表 4-8 中的数据（考试分数分组、组中值、人数）。

（2）在 D2 单元格中输入"xf"，在 D3 单元格中输入"=B3 * C3"，按【Enter】键，得到公式的计算结果，然后运用填充柄完成对其他各组的计算。

（3）在 D8 单元格中输入"=SUM(D3:D7)"，按【Enter】键，计算 D3:D7 区域的和。

（4）在 B9 单元格中输入"=D8/C8"，按【Enter】键，计算出平均数 78。

（5）在 E2 单元格中输入"x－x"，在 E3 单元格中输入"=B3－$B$9"，按【Enter】键，得到离差值，然后运用填充柄完成对其他各组的计算。

（6）在 F2 单元格中输入在 F3 单元格中输入"=E3^2 * C3"，按【Enter】键，然后运用填充柄完成对其他各组的计算。

（7）在 F8 单元格中输入"=SUM(F3:F7)"，按【Enter】键，计算 F3:F7 区域的和。

（8）在 B10 单元格中输入"=F8/C8"，按【Enter】键，计算得方差为 111。

（9）在 B11 单元格中输入"=SQRT(B10)"，按【Enter】键，计算得标准差为 10.54，如图 4-15 所示。

	B11		$\times$ $\checkmark$ f_x	=SQRT(B10)		
	A	B	C	D	E	F
1	某班40名学生的统计学分数分组资料					
2	考试分数分组	组中值x	人数f	xf	$x-\bar{x}$	$(x-\bar{x})^2 f$
3	60以下	55	1	55	−23	529
4	60~70	65	9	585	−13	1521
5	70~80	75	13	975	−3	117
6	80~90	85	11	935	7	539
7	90~100	95	6	570	17	1734
8	合计	-	40	3120		4440
9	平均数	78				
10	方差	111				
11	标准差	10.53565375				

图 4-15 计算方差和标准差

六、利用数据分析工具进行描述性统计

除了利用上述统计函数完成统计数据分析外，我们还可以利用数据分析工具【描述统计】来计算，其方法更为简单。

以例 4-10 中表 4-6 的数据资料为例，具体操作步骤如下：

(1)在 Excel 表格中输入表 4-6 中的数据，输在同一列。

(2)在【数据】选项卡下，单击【数据分析】选项，打开【数据分析】对话框，选择【描述统计】，如图 4-16 所示。

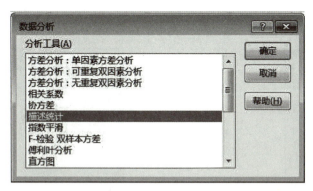

图 4-16　打开【数据分析】对话框

(3)单击【确定】按钮，打开【描述统计】对话框。【输入区域】为待分析数据区域，本例中为 B2 至 B42，单击 B2 单元格，按住鼠标左键，向下拖动鼠标选择至 B42，或在输入框中输入"＄B＄2：＄B＄42"。【分组方式】选"逐列"，勾选"标志位于第一行"，在【输出区域】中任选一空白单元格，作为输出结果的区域，此处选 D2，勾选"汇总统计"，如图 4-17 所示。

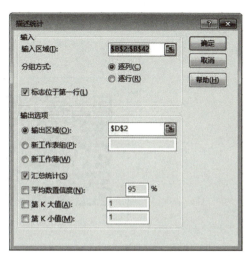

图 4-17　打开【描述统计】对话框

特别提醒

利用数据分析工具进行描述性统计,数据资料应未分组,且要分析的数据在同一行或同一列。在同一行时,【描述统计】对话框中的【分组方式】选"逐行",在同一列时,则选"逐列"。

(4)单击【确定】按钮,得到输出结果,如图 4-18 所示。

序号	成绩		成绩	
			某班40名学生统计学成绩	
1	72			
2	92		平均	77.75
3	68		标准误差	1.666699
4	65		中位数	77
5	72		众数	80
6	55		标准差	10.54113
7	71		方差	111.1154
8	77		峰度	-0.51908
9	90		偏度	0.138832
10	80		区域	44
11	66		最小值	55
12	77		最大值	99
13	73		求和	3110
14	96		观测数	40

图 4-18　计算结果

扫码获取▼
本任务数据源

　　总量指标是用来反映社会经济现象在一定条件下的总规模、总水平或工作总量的统计指标。

　　总量指标在社会经济统计中具有重要的作用。首先,总量指标是我们认识社会经济现象的起点。其次,总量指标是制定方针政策、编制计划、实行科学管理的重要依据。再者,总量指标是最基本的统计指标,它是计算其他指标的基础,相对指标和平均指标都是以总量指标为基础计算出来的派生的指标。

　　总量指标按照反映的总体内容不同,可分为总体单位总量和总体标志总量。

　　总量指标按反映的时间状况不同,可分为时期指标和时点指标。

　　相对指标亦称"统计相对数",是两个有联系的现象数值对比得到的比率,反映现象的发展程度、结构、强度、普遍程度或比例关系。

　　相对指标的表现形式分为无名数和有名数两种。

　　相对指标按其作用和计算方法不同,分为结构相对指标、比例相对指标、比较相对指标、强度相对指标、动态相对指标和计划完成程度相对指标六类。

　　平均指标又称为平均数,是反映现象总体各单位某一数量标志值在一定时间、地点和条件下一般水平的综合指标。

　　按照反映的时间状况不同,平均指标分为静态平均数和动态平均数。

　　按照计算方法的不同,平均指标分为数值平均数和位置平均数。数值平均数是根据总体各单位标志值计算的平均数,主要有算术平均数、调和平均数、几何平均数等;位置平均数是根据标志值在分配数列中的位置确定的平均数,主要有众数和中位数。

　　标志变异指标是指反映总体中各单位标志值之间差异程度的综合指标,又称标志变动度。

　　标志变异指标是评价平均数代表性的依据,标志变异指标可以反映社会经济活动过程的稳定性和均衡性,标志变异指标反映总体各单位标志值分布的离中趋势。

　　标志变异指标有全距、平均差、标准差、标准差系数等。最常用的指标是标准差,标准差是总体各单位标志值与其算术平均数离差平方的算术平均数的平方根,用 σ 表示。要比较不同总体之间标志值的差异程度,还需计算标准差系数,标准差系数是标准差与平均值的比值。

扫码答题▼
项目四习题

项目五　动态数列分析

学习目标

知识目标

1.理解动态数列的含义和作用；

2.了解动态数列的种类,辨析时期数列和时点数列的区别；

3.了解动态数列的编制原则；

4.掌握动态数列水平指标的计算方法；

5.掌握动态数列速度指标的计算方法；

6.掌握长期趋势和季节变动的分析方法。

能力目标

1.能够编制动态数列；

2.能够计算动态数列的序时平均数；

3.能够运用水平指标进行动态数列分析；

4.能够运用速度指标进行动态数列分析；

5.能够运用长期趋势分析方法和季节变动分析方法对现象进行分析预测；

6.能够熟练运用 Excel 软件进行动态数列分析。

思政目标

1.指导学生通过学习动态数列分析在社会经济领域的应用,明晰我国经济社会未来的发展愿景；

2.引导学生运用动态数列进行统计分析时,实事求是,培养严谨细致的工作作风和严肃认真的工作态度。

知识结构图

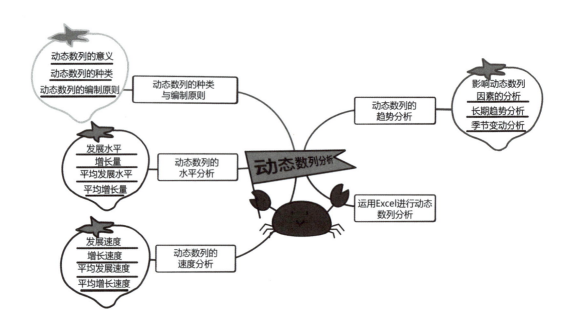

导入阅读

沧桑巨变七十载 民族复兴铸辉煌

2019年,是新中国成立70周年。新中国成立70年来,我国经济规模不断扩大,综合国力与日俱增,对世界经济增长的贡献大幅提升,国际地位和影响力显著增强。

(一)国民经济持续快速增长,经济总量连上新台阶。新中国诞生时,我国经济基础极为薄弱。1952年我国国内生产总值仅为679亿元,人均国内生产总值为119元。经过长期努力,1978年我国国内生产总值增加到3 679亿元,占世界经济的比重为1.8%,居全球第11位。改革开放以来,我国经济快速发展,1986年经济总量突破1万亿元,2000年突破10万亿元大关,超过意大利成为世界第六大经济体,2010年达到412 119亿元,超过日本并连年稳居世界第二。党的十八大以来,我国综合国力持续提升。近三年,我国经济总量连续跨越70万、80万和90万亿元大关,2018年达到900 309亿元,占世界经济的比重接近16%。按不变价计算,2018年国内生产总值比1952年增长175倍,年均增长8.1%;其中,1979—2018年年均增长9.4%,远高于同期世界经济2.9%左右的年均增速,对世界经济增长的年均贡献率为18%左右,仅次于美国居世界第二。2018年我国人均国民总收入达到9 732美元,高于中等收入国家平均水平。

(二)财政实力由弱变强,外汇储备大幅增加。新中国成立初期,我国财政十分困难。

1950 年全国财政收入仅为 62 亿元,1978 年增加到 1 132 亿元。改革开放以来,随着经济快速发展,财政收入大幅增长,1999 年全国财政收入首次突破 10 000 亿元。进入新世纪后,财政收入实现连续跨越,2012 年达到 117 254 亿元。党的十八大以来,财政收入继续保持较快增长,2018 年达到 183 352 亿元。1951—2018 年全国财政收入年均增长 12.5%,其中 1979—2018 年年均增长 13.6%,为促进经济发展、改善人民生活提供了有力的资金保障。20 世纪 50—70 年代,我国外汇储备相当紧张,1952 年末外汇储备只有 1.08 亿美元,1978 年末也仅为 1.67 亿美元,居世界第 38 位。改革开放以来,我国外汇储备稳步增加,2006 年末突破 1 万亿美元,超过日本居世界第一位。2018 年末,外汇储备余额为 30 727 亿美元,连续 13 年稳居世界第一。

(三)国际地位显著提升,影响力日益彰显。新中国成立到改革开放前,受外来封锁等影响,我国与世界其他国家的经济交往较少。20 世纪 50 年代,与苏联东欧国家一度开展交流;70 年代,我国恢复在联合国的合法地位,与其他国家和国际组织交往明显扩大。改革开放以来,我国积极融入国际社会,在国际事务中发挥愈加重要的作用。1980 年 4 月和 5 月,我国先后恢复了在国际货币基金组织和世界银行的合法席位;2001 年加入世界贸易组织,以更加积极的姿态参与国际经济合作。2003 年以来,我国与亚洲、大洋洲、拉美、欧洲等国家和地区先后建设自贸区,目前已与 25 个国家和地区达成了 17 个自贸协定,促进了我国与世界各国的互利共赢。党的十八大以来,我国积极推动共建"一带一路",得到 160 多个国家(地区)和国际组织的积极响应;倡议构建人类命运共同体,积极参与以 WTO 改革为代表的国际经贸规则制定,在全球治理体系变革中贡献了中国智慧,展现了大国担当。

(资料来源:节选自《沧桑巨变七十载 民族复兴铸辉煌——新中国成立 70 周年经济社会发展成就系列报告之一》,https://www.gov.cn/xinwen/2019-07/01/content_5404949.htm)

 # 导入分析

社会经济现象在一定时间跨度中会呈现一定的发展规律,动态地分析和研究社会经济现象的发展过程,以期发现其中的发展规律或趋势,是一种重要的统计分析方法。

对历史发展状况进行概括时,我们需要从以下方面进行描述:

(1)总体在一定时期里某一指标的发展状况是怎样的,是否存在一定的发展轨迹?

(2)如果存在一定的发展轨迹,那么是否可以用统计的方法对其进行定量分析?

(3)对于发展变化的规模和速度能够用哪些恰当的指标进行概括?

而在对总体的历史动态规律进行了分析认识的基础上,我们需要进一步考虑的是:

(1)既然总体在过去的较长时期呈现出一定的发展规律,我们是否可以利用这种规律进行预测?

(2)我们在进行动态预测时可以采用哪些方法?

任务一　动态数列的种类与编制原则

一、动态数列的意义

前面学过的综合指标分析,主要是从静态上对总体的数量特征进行分析。但社会经济现象总是随着时间的推移而不断地发展变化,因此还要进行动态分析。

所谓动态,就是社会经济现象在时间上的发展变化过程。要进行动态分析,首先要编制动态数列。动态数列是指把反映社会经济现象的同一指标在不同时间上的指标数值,按时间先后顺序排列起来形成的数列,又称时间数列。表 5-1 列举了我国 2018—2021 年若干经济指标的动态数列。

表 5-1　我国 2018—2021 年若干经济指标

指标	2018 年	2019 年	2020 年	2021 年
国内生产总值①/亿元	919 281	986 515	1 013 567	1 143 670
移动互联网年底用户数/万户	127 482	131 853	134 852	141 565
人均国内生产总值/元	65 534	70 078	71 828	80 976
城镇非私营单位就业人员平均工资/元	82 413	90 501	97 379	106 837

资料来源:《中国统计年鉴 2022》。

由表 5-1 可以看出,动态数列一般是由两个基本要素构成:一是被研究现象所属的时间,现象所属的时间可以是年份、季度、月份或其他时间形式;二是反映该现象的统计指标数值。

动态数列在实际统计工作实践中有很重要的意义。首先,可以从现象的量变过程中反映其发展变化的方向、程度和趋势,研究其质量变化的规律性。比如,通过 2018—2021 年城镇非私营单位就业人员平均工资的动态数列,可以看到就业人员工资水平随着时间的推移而不断提升的趋势。其次,通过对动态数列资料的研究,可以对某些社会经济现象进行预测。最后,可以利用动态数列在不同地区或国家之间进行对比分析。

二、动态数列的种类

动态数列根据其指标表现形式的不同可分为总量指标动态数列、相对指标动态数列和平均指标动态数列三种类型。其中,总量指标动态数列是基本数列,相对指标动态数列和平均指标动态数列是派生数列。

---

①　2018 年是第四次全国经济普查年份,国家统计局依据经济普查数据和相关部门资料,修订了 1952 年以来的国内生产总值历史数据。《中国统计年鉴 2022》中的数据是修订后的数据。

(一)总量指标动态数列

总量指标动态数列是指将反映现象总规模、总水平的某一总量指标在不同时间上的观察数值按时间先后顺序排列起来所形成的数列,是计算相对指标、平均指标动态数列的基础。

根据其指标所反映时间状况的不同,总量指标动态数列又分为时期数列和时点数列。

时期数列中所排列的指标为时期指标,各时期上的数值分别反映现象在这一段时期内所达到的总规模、总水平,是现象在该时期内发展过程的累积总量。观察值具有可加性及数值大小与所属时期长短有密切联系的特点。如表 5-1 中的国内生产总值动态数列就是时期数列。

时点数列中所排列的指标为时点指标,各时点上的数值分别反映现象在各时点上所达到的总规模、总水平,是现象在某一时点上的数量表现。观察值具有时间上的不可加性及各时点上观察值大小与相邻两时点间隔长短无直接联系的特点。如表 5-1 中的移动互联网年底用户数动态数列就是时点数列。

 巩固加深

【练习】表 5-2 是"十三五"期间我国经济社会发展变化的部分情况,请思考哪些是时期数列,哪些是时点数列。

表 5-2　"十三五"期间我国经济社会发展若干指标

指标	2016 年	2017 年	2018 年	2019 年	2020 年
高速铁路客运量/万人	122 128	175 216	205 430	235 833	155 707
年底城镇非私营单位就业人员数/万人	17 888	17 644	17 258	17 162	17 039
全社会固定资产投资/亿元	434 364	461 284	488 499	513 608	527 270
货物进出口总额/亿元	243 386	278 099	305 010	315 627	322 215

资料来源:《中国统计年鉴 2022》。

(二)相对指标动态数列

把某一相对指标在不同时间上的指标数值按时间先后顺序排列而形成的动态数列,称为相对指标动态数列。它反映所研究现象之间数量对比关系或相互联系的发展变化过程。如表 5-1 中的人均国内生产总值动态数列就是相对指标动态数列。

相对指标是由两个相互联系的总量指标对比而成,而相对指标动态数列则是由两个总量指标动态数列对比计算产生的。因为相对指标动态数列中的相对指标计算基期水平各不相同,所以一般而言,相对指标动态数列中的各项指标值不能直接相加。

(三)平均指标动态数列

将某一平均指标在不同时间上的指标值,按时间的先后顺序排列起来形成的动态数列,称为平均指标动态数列。它反映现象一般水平的发展变化趋势。如表 5-1 中的城镇非私营单位就业人员平均工资动态数列就是平均指标动态数列。

三、动态数列的编制原则

编制动态数列的目的,是通过对数列中的一系列指标数值进行动态分析来研究社会经济现象的发展变化及其规律性。因此,保证动态数列中各指标值的可比性是编制动态数列的总原则,具体而言应注意以下几条原则。

(一)时间长短要相等

对于时期数列,此原则是指各指标值涵盖的时间长度要相同,因为时期的长短直接决定了指标值的大小,时期长短不同指标值就不可比。例如,一个月的销售额和一年的销售额就不能比较。

对于时点数列,此原则是指各指标值对应的时点间隔要相同,虽然时点数列指标值的大小与时点间隔长短没有直接关系,但保持相同的时点间隔才能准确地反映现象的变化状况。

(二)总体范围要一致

无论是时期数列还是时点数列,指标值的大小都与现象总体范围有关系。如果随着时间的推移,现象总体范围发生了变化,例如地区的行政区划或部门隶属关系变更,那么在变化发生前后,指标的计算范围不同,指标值就不能直接对比。只有经过适当调整保持了总体范围的一致性,进行动态比较才有意义。

(三)经济内容要一致

指标的经济内容是由其理论内涵所决定的,随着社会经济条件的变化,同一名称的指标,其经济内容也会发生改变。编制动态数列时不注意这一问题,对经济内容已发生变化的指标值不加区别和调整,就可能导致错误的分析结论。例如,总产值和净产值经济内容不一致,就不能把他们编制在同一个动态数列中。

(四)计算方法要统一

对于指标名称、总体范围和经济内容都相同的指标,计算方法不同也会导致极大的数值差异,例如按生产法、支出法和分配法计算的国内生产总值,结果就有很大差别。因此同一动态数列中,各个时期(时点)指标值的计算方法要统一。

任务二　动态数列的水平分析

为了研究社会经济现象的发展水平和速度,在编制动态数列的基础上,必须进一步进行动态分析。动态分析包括水平分析和速度分析。前者是后者的基础,后者是前者的深入和继续。动态分析的指标分类如图 5-1 所示。

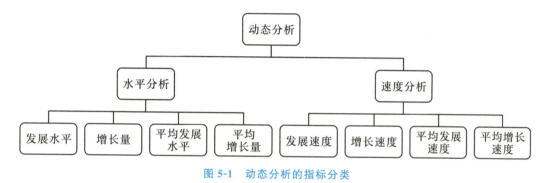

图 5-1　动态分析的指标分类

一、发展水平

发展水平是指动态数列中的各项指标值,它反映现象在一定时期内或时点上所达到的规模或程度,是计算其他动态分析指标的基础。

发展水平可表现为总量指标,如工资总额、销售总额和期末职工人数等;也可表现为相对指标或平均指标,如销售利润率和平均工资等。

设动态数列各项统计指标为:

$$a_0,a_1,a_2,a_3,\cdots,a_{n-1},a_n$$

其中,符号 a 代表发展水平,下标 $0,1,2,3\cdots,n$ 表示时间序号,a_0 为最初水平,a_n 为最末水平,最初和最末水平之间的称为中间水平。

在动态分析中,将我们所要研究的时期的发展水平称为报告期水平,将作为比较基础的时期的发展水平称为基期水平。

发展水平在文字上习惯用"增加到""增加为""降低到""降低为"来表述。如 2016 年我国高速铁路客运量为 122 128 万人,2020 年增加到 155 707 万人。

二、增长量

增长量就是报告期发展水平与基期发展水平的差值,它反映现象从基期到报告期数量变化的绝对水平。其计算公式为:

$$增长量＝报告期水平－基期水平$$

当报告期水平大于基期水平时，增长量为正值，表示现象的水平增加；当报告期水平小于基期水平时，增长量为负值，表示现象的水平减少。

由于采用的基期不同，增长量可分为逐期增长量和累计增长量。

(一)逐期增长量

逐期增长量是报告期水平与其前一期水平之差，表明现象逐期增加或减少的数量。其计算公式用数学符号表示为：

$$逐期增长量＝a_n－a_{n-1}$$

(二)累计增长量

累计增长量是报告期水平与某一固定时期水平之差。固定基期通常是指动态数列的最初水平，表明现象经过较长的时间，报告期水平比最初水平增加（或减少）的绝对量。其计算公式用数字符号表示为：

$$累计增长量＝a_n－a_0$$

(三)逐期增长量与累计增长量的关系

(1)累计增长量等于相应时期逐期增长量之和。即：

$$a_n－a_0＝(a_n－a_{n-1})＋(a_{n-1}－a_{n-2})＋\cdots＋(a_2－a_1)＋(a_1－a_0)$$

(2)相邻两个时期的累计增长量之差等于相应时期的逐期增长量。即：

$$(a_n－a_0)－(a_{n-1}－a_0)＝(a_n－a_{n-1})$$

【例5-1】我国 2016—2020 年第三产业增加值逐期增长量和累计增长量计算结果如表 5-3 所示。

表 5-3　我国 2016—2020 年第三产业增加值的增长量[①]

单位：亿元

指标	2016 年	2017 年	2018 年	2019 年	2020 年
第三产业增加值	378 060	409 325	442 003	473 744	482 969
逐期增长量	—	31 265	32 678	31 741	9 225
累计增长量	—	31 265	63 943	95 684	104 909

资料来源：《中国统计年鉴 2022》。

(四)年距增长量

为了消除季节变动因素的影响，常用本月(季)发展水平与去年同月(季)发展水平比

---

① 根据 2015 年价格计算的不变价第三产业增加值。

较,若以相减的比较方式,则得到的是年距增长量,即:

$$年距增长量 = 本月(季)发展水平 - 去年同月(季)发展水平$$

三、平均发展水平

平均发展水平也称序时平均数或动态平均数,是对动态数列中各时间上的发展水平计算的平均数。序时平均数作为一种平均数,与一般平均数(静态平均数)既有相同点也有区别。它们的相同点就是它们都抽象了现象的个别差异,以反映现象总体的一般水平。例如,2021年某公司员工的年平均工资为125 508元,就是把各员工的收入差异予以抽象化了,反映全体员工工资收入的一般水平;再如,第五次人口普查到第六次人口普查的10年中,我国人口平均每年增加738.999万人,它是把人口增加数在不同年份上的差异予以抽象化了,反映人口增长的一般水平。它们的区别主要表现在:一般平均数(静态平均数)抽象的是总体各单位的某一数量标志值在同一时间上的差异,因此,它是从静态上说明现象总体各单位的一般水平;序时平均数抽象的是现象在不同时间上的数量差异,因而它能够从动态上说明现象在一定时期内发展变化的一般趋势。由于发展水平可以是绝对数,也可以是相对数或平均数,而绝对数又有时期数和时点数,因此,它们计算序时平均数时方法各不相同。

(一)由总量指标动态数列计算序时平均数

总量指标时间数列分为时期数列和时点数列,两者计算序时平均数的方法不一样,现分别加以阐述。

1.由时期数列计算序时平均数

根据时期数列的特点,可以直接采用简单算术平均法计算,将时期数列中各个指标值之和除以时期项数。其计算公式为

$$\bar{a} = \frac{a_1 + a_2 + a_3 + \cdots + a_n}{n} = \frac{\sum a_i}{n}$$

式中:$\bar{a}$ ——序时平均数;

$a_i (i = 1, 2, 3, \cdots, n)$ ——各期发展水平;

n ——时期项数。

【例 5-2】根据表 5-2 中的资料计算我国"十三五"期间高速铁路年平均客运量。

解:

$$\bar{a} = \frac{\sum a_i}{n} = \frac{122\ 128 + 175\ 216 + 205\ 430 + 235\ 833 + 155\ 707}{5} \approx 178\ 863(万人)$$

计算结果表明,我国"十三五"期间高速铁路年平均客运量约为 178 863 万人。

思政园地

扫码阅读▼
数读中国这十年 | 超 600 万公里
综合立体交通网加速成型

2.由时点数列计算序时平均数

要精确计算时点数列的序时平均数,就应掌握每一时点的资料,而实际上这是不可能的。在社会经济统计中,一般是把一天看作一个时点,即以"天"作为最小时间单位,这样便有连续时点数列和间断时点数列的区别。资料逐日登记且逐日排列的是连续时点数列;资料不是逐日登记,而是间隔较长一段时间(月、季或年)后再登记一次,然后依序排列的是间断时点数列。这两种数列的类型不同,计算序时平均数的方法也不同。

(1)由连续时点数列计算序时平均数

在连续时点数列条件下计算序时平均数有两种情况。

第一种情况,时点数列是逐日登记和逐日排列的,可用简单算术平均法计算,即以时点指标值之和除以时点项数,其计算公式为:

$$\bar{a} = \frac{\sum a_i}{n}$$

式中:$\bar{a}$ ——序时平均数;

$a_i(i=1,2,3,\cdots,n)$ ——各时点的发展水平;

n ——时点项数。

【例 5-3】某企业某产品 2022 年 9 月上旬库存额资料如表 5-4 所示,计算该产品 2022 年 9 月上旬的平均库存额。

表 5-4　某企业某产品 2022 年 9 月上旬库存额资料

项目	1 日	2 日	3 日	4 日	5 日	6 日	7 日	8 日	9 日	10 日
库存额/万元	61	55	52	63	47	53	57	48	66	58

解:该产品 2022 年 9 月上旬的平均库存额为:

$$\bar{a} = \frac{\sum a_i}{n} = \frac{61+55+52+63+47+53+57+48+66+58}{10} = 56(\text{万元})$$

第二种情况,时点数列资料登记的时间单位仍然是一天,但只在指标值发生变动时才加以登记,此时就要用每次资料持续不变的时间长度为权数进行加权平均,其计算公式为:

$$\bar{a} = \frac{\sum a_i f_i}{\sum f_i}$$

式中:$\bar{a}$ ——序时平均数;

a_i ——各时点的发展水平;

f_i ——各时点指标值持续的时间长度。

【例 5-4】某企业某产品 2022 年 10 月份库存额变动情况如下:1 日库存额是 58 万元,7 日库存额是 67 万元,15 日库存额是 60 万元,31 日库存额是 57 万元。

解:该企业某产品 2022 年 10 月份的平均库存额为:

$$\bar{a} = \frac{\sum a_i f_i}{\sum f_i} = \frac{58 \times 6 + 67 \times 8 + 60 \times 16 + 57 \times 1}{31} \approx 61 (万元)$$

(2)由间断时点数列计算序时平均数

在间断时点数列条件下计算序时平均数也有两种情况。

第一种情况,时点数列间隔相等。计算时,假定指标值在两个时点之间的变动是均匀的,先求两时点指标值的平均数,再根据这些平均数进行简单平均,计算公式为:

$$\bar{a} = \frac{\dfrac{a_1 + a_2}{2} + \dfrac{a_2 + a_3}{2} + \cdots + \dfrac{a_{n-1} + a_n}{2}}{n-1}$$

$$= \frac{\dfrac{a_1}{2} + a_2 + \cdots + a_{n-1} + \dfrac{a_n}{2}}{n-1}$$

式中:$\bar{a}$ ——序时平均数;

$a_i(i = 1,2,3,\cdots,n)$ ——各时点的发展水平;

n ——时间数列的项数。

该方法称为"首末折半法"。

【例 5-5】某企业某产品 2022 年第一季度库存额资料如表 5-5 所示,计算该产品 2022 年第一季度的平均库存额。

表 5-5　某企业某产品 2022 年第一季度库存额资料

项目	1 月 1 日	2 月 1 日	3 月 1 日	4 月 1 日
库存额/万元	51	60	66	57

解:

$$\bar{a} = \frac{\dfrac{51}{2} + 60 + 66 + \dfrac{57}{2}}{4-1} = 60 (万元)$$

计算结果表明,该产品 2022 年第一季度的平均库存额为 60 万元。

第二种情况,时点数列间隔不相等。计算时,假定指标值在两个时点之间的变动是均匀的,先求两时点指标值的平均数,然后以间隔时间为权数进行加权平均,计算公式为:

$$\bar{a} = \frac{\sum \overline{a_i} f_i}{\sum f_i} = \frac{\dfrac{a_1 + a_2}{2} f_1 + \dfrac{a_2 + a_3}{2} f_2 + \cdots + \dfrac{a_{n-1} + a_n}{2} f_{n-1}}{f_1 + f_2 + \cdots + f_{n-1}}$$

式中:$\bar{a}$ ——序时平均数;

a_i ——各时点的发展水平;

f_i ——时间间隔长度。

【例 5-6】某企业某产品 2022 年库存额资料如表 5-6 所示,计算该产品 2022 年度的平均库存额。

表 5-6 某企业某产品 2022 年库存额资料

项目	1月1日	3月1日	7月1日	8月1日	10月1日	12月31日
库存额/万元	51	66	47	53	58	62

解:

$$\bar{a} = \frac{\dfrac{51+66}{2} \times 2 + \dfrac{66+47}{2} \times 4 + \dfrac{47+53}{2} \times 1 + \dfrac{53+58}{2} \times 2 + \dfrac{58+62}{2} \times 3}{2+4+1+2+3} = 57(\text{万元})$$

计算结果表明,该产品 2022 年度的平均库存额为 57 万元。

(二)由相对指标动态数列或平均指标动态数列计算序时平均数

由于相对指标动态数列和平均指标动态数列是由两个具有相互联系的总量指标动态数列对比构成的,因此相对指标或平均指标动态数列不能像总量指标动态数列那样直接计算平均水平,而是要先分别计算出分子、分母两个总量指标动态数列的序时平均数,然后再进行对比,求出相对指标或平均指标动态数列的序时平均数。其计算公式为:

$$\bar{c} = \frac{\bar{a}}{\bar{b}}$$

式中:$\bar{c}$ ——相对数或平均数动态数列的序时平均数;

$\bar{a}$ ——分子的总量指标动态数列的序时平均数;

$\bar{b}$ ——分母的总量指标动态数列的序时平均数。

【例 5-7】某企业 2022 年第四季度职工人数资料如表 5-7 所示,计算该企业工人占职工人数的平均比重。

表 5-7 某企业 2022 年第四季度职工人数资料

项目	9 月末	10 月末	11 月末	12 月末
工人人数/人	352	351	359	366
职工人数/人	459	457	466	472
工人占职工比重/%	76.69	76.81	77.04	77.54

解：

$$\bar{c} = \frac{\bar{a}}{\bar{b}} = \frac{\dfrac{\dfrac{352}{2}+351+359+\dfrac{366}{2}}{3}}{\dfrac{\dfrac{459}{2}+457+466+\dfrac{472}{2}}{3}} \approx 76.99\%$$

计算结果表明，该企业工人占职工人数的平均比重约为 76.99%。

【例 5-8】某企业 2022 年下半年各月劳动生产率资料如表 5-8 所示，该企业 12 月末工人数为 910 人。计算该企业 2022 年下半年的月平均劳动生产率。

表 5-8 某企业 2022 年下半年各月劳动生产率资料

项目	7 月	8 月	9 月	10 月	11 月	12 月	平均
总产值 a/万元	706	737	761	838	901	1 082	838
月初工人数 b/人	790	810	810	825	850	880	838
劳动生产率 c/(元/人)	8 825	9 099	9 309	10 006	10 416	12 089	10 000

解：

劳动生产率动态数列是由总产值时期数列和工人数时点数列相应指标对比计算形成的。计算月平均劳动生产率须先用相应的方法计算出分子、分母的平均数，然后相除，即：

$$\bar{c} = \frac{\bar{a}}{\bar{b}} = \frac{\dfrac{706+737+761+838+901+1\,082}{6}}{\dfrac{\dfrac{790}{2}+810+810+825+850+880+\dfrac{910}{2}}{6}} \times 10\,000$$

$$= 10\,000(元/人)$$

计算结果表明，该企业 2022 年下半年的月平均劳动生产率为 10 000 元/人。

巩固加深

【练习】某企业 2022 年产值和销售率资料如表 5-9 所示。

表 5-9 某企业 2022 产值和销售率资料

项目	7 月	8 月	9 月
工业销售产值/万元	645	695	684
工业总产值/万元	680	725	700
工业产品销售率/%	95	96	98

要求:计算该企业 2022 年第三季度工业产品平均销售率。

四、平均增长量

平均增长量是指动态数列的各个逐期增长量的序时平均数,是用来反映在某一时间内各期增长量的一般水平。其计算公式为:

$$平均增长量 = \frac{逐期增长量之和}{逐期增长量的项数} = \frac{\sum_{i=1}^{n}(a_i - a_{i-1})}{n}$$

$$= \frac{累计增长量}{动态数列的项数 - 1} = \frac{a_n - a_0}{n}$$

【例 5-9】以表 5-3 中的资料为基础,计算我国第三产业增加值年平均增长量。

解:

$$我国第三产业增加值年平均增长量 = \frac{31\ 265 + 32\ 678 + 31\ 741 + 9\ 225}{4} = \frac{104\ 909}{4}$$

$$\approx 26\ 227(亿元)$$

任务三 动态数列的速度分析

动态数列的速度分析指标主要有发展速度、增长速度、平均发展速度和平均增长速度等。

一、发展速度

发展速度是以相对数形式表现的速度分析指标,它是两个不同时期发展水平指标对比的结果。发展速度用来说明报告期的水平是基期水平的百分之几或若干倍。其计算公式为:

$$发展速度＝\frac{报告期水平}{基期水平}\times100\%$$

发展速度除了能说明现象发展程度之外,还能表明现象的发展方向。当发展速度大于100%时,说明现象发展呈上升趋势;当发展速度小于100%时,表明现象发展呈下降趋势。

根据对比基期的不同,发展速度又可分为定基发展速度和环比发展速度。

(一)定基发展速度

定基发展速度是指报告期水平与某一固定基期水平(通常是最初水平)之比,表明现象在较长时期内总的发展变化程度,又称总速度。其计算公式为:

$$定基发展速度＝\frac{报告期水平}{固定基期水平}\times100\%$$

用符号表示：$\dfrac{a_1}{a_0},\dfrac{a_2}{a_0},\dfrac{a_3}{a_0},\cdots,\dfrac{a_n}{a_0}$。

(二)环比发展速度

环比发展速度是指报告期水平与报告期前一期水平之比,其计算公式为:

$$环比发展速度＝\frac{报告期水平}{报告期前一期水平}\times100\%$$

用符号表示：$\dfrac{a_1}{a_0},\dfrac{a_2}{a_1},\dfrac{a_3}{a_2},\cdots,\dfrac{a_n}{a_{n-1}}$。

(三)定基发展速度和环比发展速度之间的关系

在同一动态数列下计算的定基发展速度与环比发展速度之间存在着密切的关系。

(1)定基发展速度等于相应时期内的各个环比发展速度的连乘积,即:

$$\frac{a_n}{a_0}=\frac{a_1}{a_0}\times\frac{a_2}{a_1}\times\frac{a_3}{a_2}\times\cdots\times\frac{a_n}{a_{n-1}}$$

(2)相邻两个定基发展速度之比等于相应时期的环比发展速度,即:

$$\frac{a_n}{a_0}\div\frac{a_{n-1}}{a_0}=\frac{a_n}{a_{n-1}}$$

(四)年距发展速度

类似于年距发展水平指标,对于具有季节变化的一些社会经济现象,为了消除季节变动的影响,可以计算年距发展速度,用来说明本期发展水平相对于去年同期发展水平变化的方向与程度,它是实际统计分析中经常应用的指标。其计算公式为:

$$年距发展速度＝\frac{本期发展水平}{去年同期发展水平}\times100\%$$

二、增长速度

增长速度是反映现象数量增长方向和程度的速度分析指标,由增长量对比基期水平而得,其计算公式为:

$$增长速度 = \frac{报告期水平 - 基期水平}{基期水平} = \frac{增长量}{基期水平}$$

从上式可以看出,增长速度与发展速度之间存在着密切的关系,用公式表示为:

$$增长速度 = \frac{报告期水平 - 基期水平}{基期水平} = \frac{报告期水平}{基期水平} - 1 = 发展速度 - 1$$

增长速度有正、负值之分。当发展速度大于 1 时,增长速度为正值,表明现象的增长程度;当发展速度小于 1 时,增长速度为负值,表明现象的降低程度。

增长速度与发展速度相似,由于采用的基期不同,增长速度分为定基增长速度与环比增长速度。

(一)定基增长速度

定基增长速度是累计增长量与某一固定时期发展水平之比,表示现象在较长时期内总的增长程度。其计算公式为:

$$定基增长速度 = \frac{累计增长量}{固定基期水平} = 定基发展速度 - 1$$

用符号表示:$\frac{a_1}{a_0} - 1, \frac{a_2}{a_0} - 1, \frac{a_3}{a_0} - 1, \cdots, \frac{a_n}{a_0} - 1$。

(二)环比增长速度

环比增长速度是逐期增长量与前一期发展水平之比,表示现象逐期增长的程度。其计算公式为:

$$环比增长速度 = \frac{逐期增长量}{前一期水平} = 环比发展速度 - 1$$

定基增长速度和环比增长速度都是发展速度的派生指标,它们只反映增长部分的相对程度。所以,定基增长速度和环比增长速度之间没有直接的换算关系。如果要由环比增长速度求定基增长速度,必须将环比增长速度加 1 换算为环比发展速度,将环比发展速度连乘换算为定基发展速度,然后由定基发展速度减 1 后换算为定基增长速度。

另外,为了反映增长速度的实际效果,有时需要计算每增长 1% 所代表的绝对值。增长 1% 的绝对值是逐期增长量与环比增长速度之比。其计算公式为:

$$增长 1\% 的绝对值 = \frac{逐期增长量}{环比增长速度 \times 100} = \frac{a_n - a_{n-1}}{\dfrac{a_n - a_{n-1}}{a_{n-1}} \times 100} = \frac{a_{n-1}}{100}$$

因而,增长 1% 的绝对值等于前期水平除以 100,计算见表 5-10。

【例 5-10】根据表 5-3 所示的我国 2016—2020 年第三产业增加值数据(根据 2015 年价格计算的不变价第三产业增加值),计算各期发展速度和增长速度。计算结果如表 5-10 所示。

表 5-10 我国 2016—2020 年第三产业增加值发展速度和增长速度

项目		2016 年	2017 年	2018 年	2019 年	2020 年
发展水平/亿元		378 060	409 325	442 003	473 744	482 969
增长量/亿元	逐期	—	31 265	32 678	31 741	9 225
	累计	—	31 265	63 943	95 684	104 909
发展速度/%	环比	—	108.3	108.0	107.2	101.9
	定基	100.0	108.3	116.9	125.3	127.7
增长速度/%	环比	—	8.3	8.0	7.2	1.9
	定基	—	8.3	16.9	25.3	27.7
增长 1% 的绝对值/亿元		—	3 780.6	4 093.3	4 420.0	4 737.4

 思政园地

扫码阅读▼
产业结构不断优化
转型升级成效显著

扫码阅读▼
服务业经济稳中向好
现代服务业势头强劲

(三)年距增长速度

为了消除季节变动的影响,需要计算年距增长速度。其计算公式为:

$$年距增长速度=\frac{年距增长量}{去年同月(季)发展水平}=年距发展速度-1$$

 知识拓展

在实际统计工作中,常常计算年距增长量、年距发展速度和年距增长速度等同比指标,它们是本期发展水平与去年同期发展水平对比的结果。同比指标把现象受季节变动的影响消除掉了,能使现象发展变动程度和趋势明显地表现出来。

此外,在财经报道中还经常见到"翻番"一词,它也是速度指标数值的表示方式。具体而言,翻一番,指标数值为原来的 2 倍,即增长 1 倍,称为 1 个倍增(增长速度 100%)。但是,翻两番并非比原来增加 2 倍,而是在原来增加 1 倍的基础上再增加 1 倍,即为原来的 4 倍,实则比原来增加 3 倍。对于翻更多番的情况,可以想象其增长量很大。

三、平均发展速度与平均增长速度

平均发展速度是动态数列中的各个环比发展速度的平均数。它说明现象在一个较长时期内,平均每期发展变化的程度。

平均增长速度是各个环比增长速度的平均数,但它不是根据各环比增长速度计算的,而是根据平均发展速度计算的。它说明现象在一个较长时期内平均每期增长变化的程度。

平均发展速度与平均增长速度的关系是:

$$平均增长速度=平均发展速度-1$$

平均发展速度和平均增长速度在实际工作中起着重要的作用。这两个指标是编制国民经济计划、进行国民经济宏观调控的重要指标;也经常用来对比不同阶段、不同时期、不同国家或地区同类现象发展变化的情况;它们还可作为各种推算和预测的依据。例如,"按不变价计算,2018 年国内生产总值比 1952 年增长 175 倍,年均增长 8.1%;其中,1979—2018年年均增长 9.4%,远高于同期世界经济 2.9% 左右的年均增速"。从这段文字描述中,我们可以清晰地了解我国国内生产总值在 1952 年至 2018 年之间的动态变化关系。

由于社会经济现象总发展速度不等于各期环比发展速度之和,而等于环比发展速度的连乘积,所以当计算各环比发展速度的平均数时,不能采用算术平均数的方法,而应采用几何平均数的方法。其计算公式为:

$$\bar{x}=\sqrt[n]{x_1 \cdot x_2 \cdot x_3 \cdot \cdots \cdot x_n}=\sqrt[n]{\prod x}$$

式中:$\bar{x}$ ——平均发展速度;

x ——各年的环比发展速度;

Ⅱ——连乘符号。

由于环比发展速度的连乘积等于相应的定基发展速度,因此计算平均发展速度的公式还可表示为:

$$\bar{x} = \sqrt[n]{\frac{a_1}{a_0} \cdot \frac{a_2}{a_1} \cdot \frac{a_3}{a_2} \cdot \cdots \cdot \frac{a_n}{a_{n-1}}} = \sqrt[n]{\frac{a_n}{a_0}}$$

一段时期的定基发展速度即现象的总速度。用 R 表示总速度,则平均发展速度的计算公式还可写成:

$$\bar{x} = \sqrt[n]{R}$$

由上面的公式可知,计算平均发展速度时,可根据各时期的环比发展速度来计算,也可根据最初水平和最末水平计算,还可根据总的发展速度来计算。

平均发展速度和平均增长速度一般用百分数表示,但像人口平均出生率、死亡率、平均自然增长率等指标的分子明显小于分母,可采用千分数表示。

根据表 5-10 的资料,分别用三个公式来计算我国第三产业增加值的平均发展速度如下:

$$\bar{x} = \sqrt[n]{x_1 \cdot x_2 \cdot x_3 \cdot \cdots \cdot x_n} = \sqrt[n]{\Pi x}$$
$$= \sqrt[4]{108.3\% \cdot 108.0\% \cdot 107.2\% \cdot 101.9\%}$$
$$= 106.3\%$$

$$\bar{x} = \sqrt[n]{\frac{a_n}{a_0}} = \sqrt[4]{\frac{482\,969}{378\,060}} = 106.3\%$$

$$\bar{x} = \sqrt[n]{R} = \sqrt[4]{127.7\%} = 106.3\%$$

也就是,我国第三产业增加值的平均发展速度为 106.3%,而

$$平均增长速度 = 106.3\% - 100\% = 6.3\%$$

即第三产业增加值平均每年递增了 6.3%。

视野拓展

    2022 年全年我国社会消费品零售总额 439 733 亿元,比上年下降 0.2%。按经营地统计,城镇消费品零售额 380 448 亿元,下降 0.3%;乡村消费品零售额 59 285 亿元,与上年基本持平。按消费类型统计,商品零售额 395 792 亿元,增长 0.5%;餐饮收入额 43 941 亿元,下降 6.3%。

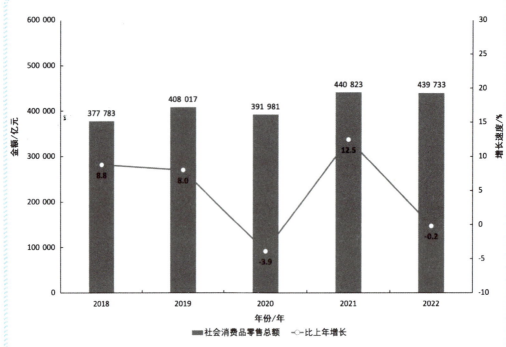

图 5-2　2018—2022 年社会消费品零售总额及其增长速度

全年限额以上单位商品零售额中,粮油、食品类零售额比上年增长 8.7%,饮料类增长 5.3%,烟酒类增长 2.3%,服装、鞋帽、针纺织品类下降 6.5%,化妆品类下降 4.5%,金银珠宝类下降 1.1%,日用品类下降 0.7%,家用电器和音像器材类下降 3.9%,中西药品类增长 12.4%,文化办公用品类增长 4.4%,家具类下降 7.5%,通信器材类下降 3.4%,石油及制品类增长 9.7%,汽车类增长 0.7%,建筑及装潢材料类下降 6.2%。

全年实物商品网上零售额 119 642 亿元,按可比口径计算,比上年增长 6.2%,占社会消费品零售总额的比重为 27.2%。

(资料来源:《中华人民共和国 2022 年国民经济和社会发展统计公报》,中华人民共和国国家统计局)

请根据上述案例资料分析:上述资料哪些属于动态指标的研究,哪些属于静态指标的研究?

此外,从这些数据中,你可以得出哪些有用的信息?

思政园地

　　改革开放 40 多年来，在中国共产党的坚强领导下，中国人民艰苦奋斗、顽强拼搏，用双手书写了国家和民族发展的壮丽史诗，中华大地发生了感天动地的伟大变革。小到个人收入，大到国家经济，我们生活在当下，时刻都领略着中国经济社会的飞速发展。请你上网查阅家乡的统计局网站，收集家乡改革开放 40 多年来的社会经济发展变化的有关数据资料，用数据图表展示家乡的巨大变化。

扫码阅读▼
数说改革开放 40 年
——40 年 GDP 翻五番 综合国力提升快

扫码阅读▼
数说改革开放 40 年
——生态文明建设成效显著

任务四　动态数列的趋势分析

一、影响动态数列因素的分析

　　编制动态数列的目的，就是要通过对动态数列的分析研究，认识现象发展变化的趋势及其规律。

　　一个社会经济变量随着时间推移发生变化，原因是多种多样的，有社会、政治、经济、自然等方面的原因，即事物的发展变化是许多因素共同作用的结果。有些因素属于基本因素，对事物的发展起决定作用，使事物的发展呈现出一定的规律性；有些因素属于偶然的非基本因素，对事物的发展只起局部的非决定性的作用，使事物的发展表现出不规则的波动。为了研究经济现象发展变化的规律和趋势并据此预测未来,就要将这些影响动态数列的因素加以分解并分别进行测定,在具体分析中可按影响因素的性质不同加以分类。一般将经济现象动态数列的总变动分解为长期趋势、季节变动、循环变动和不规则变动四种主要因素。

(一)长期趋势

长期趋势是指客观现象在一个相当长的时期内,受普遍的、持续的、决定性的基本因素影响所呈现的上升或下降趋势,也可以表现为只围绕某一常数值而无明显增减变化的水平趋势。例如,由于种植方法的不断改良、日益发达的农田水利等根本因素的影响,从较长时期看,粮食生产总趋势是持续增加的、向上发展的。认识和掌握事物的长期趋势,可以把握事物发展变化的基本特点。

(二)季节变动

季节变动是指客观现象受季节更换的影响,在一年或更短的时间内,随时间的变动而呈现的周期性波动。引起季节性变动的原因既有自然因素,也有人为因素,如气候条件、节假日及风俗习惯等。季节变动的影响有以一年为周期的,也有以一日、一周、一月为周期的。认识和掌握季节变动,对于近期行动决策有重要的作用。

(三)循环变动

循环变动是指客观现象以若干年为周期的涨落起伏相间的变动。循环变动不同于长期趋势,它所表现的不是单一方向(上升或下降)的持续运动,而是涨落相间的波浪式发展。循环变动也不同于季节变动,季节变动一般是以一年、一季或一月等为一个周期,它们都在一年以内可以预见;而循环变动没有固定的循环周期,其变动的周期较长,一般在数年以上,且各循环周期和幅度的规律性较低。测定循环变动,掌握变动规律对于人们认识事物、控制和克服其产生的影响具有重要的意义。我国统计工作中近年新开展的宏观经济监测、预警系统的研究,是为这一目的而建立的,通过研究可对我国的经济发展进行监测,及时发现经济波动的趋势,以便采取反波动的措施。

(四)不规则变动

不规则变动是指客观现象由于突发事件或偶然因素引起的无周期性的变动,也称为随机变动,包括由突发的自然灾害、意外事故或重大政治事件引起的剧烈变动,也包括大量不可名状的随机因素干扰造成的起伏波动。这种变动是无法预知的,它们是动态数列中无法由上述三个因素解释的部分。

这四种因素的变化构成了事物在一定时期内的变动。在对动态数列进行分析时,首先要明确的是这四种类型因素变动的构成形式,即它们是如何结合及相互作用的。把这些构成因素和动态数列的关系用一定的数学关系表示,就构成了动态数列影响因素分解模型,一般常用的数学模型有加法模型和乘法模型。

加法模型是假定四种变动因素是互相独立的,则动态数列各期发展水平是各个影响因素相加的总和。其结构为：

$$Y = T + S + C + I$$

式中：T—— 长期趋势；

S—— 季节变动；

C—— 循环变动；

I——不规则变动。

乘法模型是假定四种因素存在着某种相互影响关系，互不独立。因此，动态数列各期发展水平是各个影响因素相乘之积，其结构为：

$$Y = T \cdot S \cdot C \cdot I$$

由于乘法模型在两边取对数后，也成为加法模型的形式，因此可以理解为这两种假设在原则上没有区别，都是假设动态数列各因素是可加的。

在实际工作中，要对研究现象进行具体分析，根据现象变动的内在原因和实际变动表现测定现象的变动趋势。在这里我们仅介绍通常使用的两种分析预测类型，即长期趋势分析和季节变动分析。

二、长期趋势分析

任何现象的发展变化都受多种因素的影响，这些因素有的是基本因素，有的是偶然因素，由于这些因素综合影响的结果，使现象在不同时间上的发展水平时高时低，因而有时不易看出现象的变化趋势。但运用科学的分析方法，消除那些偶然因素的影响，被研究现象的发展趋势就比较明显地表现出来。在统计上，把原来不易看出现象变化趋势的动态数列，通过加工后，使现象的变化趋势更明显，就是长期趋势分析法，也叫动态数列修匀法。

长期趋势分析的方法很多，常用的有时距扩大法、移动平均法、数学模型法等。

（一）时距扩大法

时距扩大法是测定长期趋势最原始、最简便的方法。它是把原来动态数列中所包括的各个时期资料加以合并，得出较长时距的新动态数列，以消除由于时距较短受偶然因素影响所引起的不均匀状况。经过对原始动态数列扩大时距修匀，可以整理出新的能明显表示现象发展趋势的动态数列。

【例 5-11】表 5-11 为我国 1991—2020 年花生产量资料，采用时距扩大法对我国花生产量进行长期趋势的分析。

表 5-11　我国 1991—2020 年花生产量资料

年份	我国花生产量/万吨	年份	我国花生产量/万吨	年份	我国花生产量/万吨
1991	630.3	2001	1 441.6	2011	1 530.2
1992	595.3	2002	1 481.8	2012	1 579.2
1993	842.1	2003	1 342.0	2013	1 610.9
1994	968.2	2004	1 434.2	2014	1 590.1
1995	1 023.5	2005	1 434.2	2015	1 596.1
1996	1 013.8	2006	1 288.7	2016	1 636.1
1997	964.8	2007	1 381.5	2017	1 709.2
1998	1 188.6	2008	1 463.5	2018	1 733.2
1999	1 263.9	2009	1 460.4	2019	1 752.0
2000	1 443.7	2010	1 513.6	2020	1 799.3

资料来源:《中国统计年鉴 2021》《中国统计年鉴 2014》。

从表 5-11 中可看出,我国花生产量总体呈不断增长的趋势,但发展过程中有过多次波动。我们把时距扩大到 5 年,可消除短时间受偶然因素影响所带来的波动,如表 5-12 所示。

表 5-12　我国"八五"至"十三五"花生年产量资料

五年计划期间	总产量/万吨	平均年产量/万吨
"八五" (1991—1995 年)	4 059.4	811.9
"九五" (1996—2000 年)	5 874.8	1 175.0
"十五" (2001—2005 年)	7 133.7	1 426.7
"十一五" (2006—2010 年)	7 107.7	1 421.5
"十二五" (2011—2015 年)	7 906.5	1 581.3
"十三五" (2016—2020 年)	8 629.8	1 726.0

应用时距扩大法时需要注意以下几个问题:

第一,扩大的时距多大为宜取决于现象自身的特点。对于呈现周期波动的动态数列,扩大的时距应与波动的周期相吻合;对于一般的动态数列,则要逐步扩大时距,以能够显示趋势变动的方向为宜。时距扩大不宜太大,否则将造成信息的损失。

第二,扩大的时距要一致,相应的发展水平才具有可比性。

(二)移动平均法

移动平均法实质上是时距扩大法的改良。它在动态数列中按一定项数逐项移动计算平均数,达到对原始数列进行修匀的目的。修匀的原理与时距扩大法一样,即从较长时期看,短期数据由于偶然因素影响而形成的差异,在加总过程中会相互抵消,故移动平均动态数列能够反映原动态数列的总趋势。

移动平均法所采用的扩大时距,也应由动态数列的具体特点来决定,要注意数列水平波动的周期性。一般要求扩大的时距与周期变动的时距相吻合,或为它的整数倍。例如,对于反映季度水平的时期数列,如果存在季节性的涨落变动,必须消除季节变动因素,以运用 4 项或 8 项移动平均为宜。

移动平均法的具体做法是,从动态数列第一项数值开始,按一定项数求序时平均数,逐项移动,得出一个由序时平均数构成的新的动态数列,这个派生数列把受某些偶然因素影响而出现的波动修匀了,使得整个数列的总趋势更加明显。

移动平均法根据资料的特点及研究的具体任务,可能进行 3 项、4 项、5 项乃至更多项移动平均。奇数项移动平均所得的数值放在中间一项的位置上;偶数项移动平均所得的数值放在中间两项的位置中间,如进行 4 项移动平均时,即第一个移动平均数对应中点在第二项和第三项之间,第二个移动平均数对应中点在第三项和第四项之间。由于每个指标数值都和原动态数列差半期,它还需要进行移正平均,即再进行一次两项移动平均。被移动平均的项数越多,对原数列修匀的作用就越大,但得到的新动态数列的项数会相应减少。

下面以我国 1991—2020 年花生产量资料为例,说明移动平均法的计算方法。

【例 5-12】以表 5-11 所示的我国 1991—2020 年花生产量资料,采用移动平均法对我国花生产量进行长期趋势的分析,结果如表 5-13 所示。

这 30 年的花生产量,总的看来呈现不断增长的趋势,但中间有过几次小波动,属于短期的偶然因素引起的不规则变动。我们做 3 项和 4 项移动平均。表 5-13 包括奇数项、偶数项两种移动平均。

3 项移动平均的第一个平均数为 $\frac{630.3+595.3+842.1}{3} \approx 689.2$(万吨),将 3 项移动平均的第一个平均数对着第二年的原值,依此类推移动平均,得出 3 项移动平均数列共 28 项。

4 项移动平均的第一个平均数为 $\frac{630.3+595.3+842.1+968.2}{4} \approx 759.0$(万吨),对着第 2、3 项的中间;第二个平均数为 $\frac{595.3+842.1+968.2+1023.5}{4} \approx 857.3$(万吨),对着第 3、4 项的中间。依此类推,得出 4 项移动平均数列。它的每个指标值都相差半期,无法直接比较,因此还需进行一次移正平均,即再进行一次两项移动平均,这样各平均数都对准各期,形成新的 4 项移正平均数列,如表 5-13 所示。

表 5-13　我国 1991—2020 年花生产量移动平均趋势值

年份	顺序号	我国花生产量/万吨	趋势值/万吨		
			3 项移动平均	4 项移动平均	4 项移正平均
1991	1	630.3	—	—	—
1992	2	595.3	689.2	—	—
				759.0	
1993	3	842.1	801.9		808.1
				857.3	
1994	4	968.2	944.6		909.6
				961.9	
1995	5	1 023.5	1 001.8		977.2
				992.6	
1996	6	1 013.8	1 000.7		1 020.1
				1 047.7	
1997	7	964.8	1 055.8		1 077.7
				1 107.8	
1998	8	1 188.6	1 139.1		1 161.5
				1 215.3	
1999	9	1 263.9	1 298.7		1 274.9
				1 334.5	
2000	10	1 443.7	1 383.0		1 371.1
				1 407.8	
2001	11	1 441.6	1 455.7		1 417.5
				1 427.3	
2002	12	1 481.8	1 421.8		1 426.1
				1 424.9	
2003	13	1 342.0	1 419.3		1 424.0
				1 423.0	
2004	14	1 434.2	1 403.5		1 398.9
				1 374.8	
2005	15	1 434.2	1 385.7		1 379.7
				1 384.6	
2006	16	1 288.7	1 368.1		1 388.3
				1 392.0	

年份	顺序号	我国花生产量/万吨	趋势值/万吨		
			3 项移动平均	4 项移动平均	4 项移正平均
2007	17	1 381.5	1 377.9		1 395.3
				1 398.5	
2008	18	1 463.5	1 435.1		1 426.6
				1 454.8	
2009	19	1 460.4	1 479.2		1 473.3
				1 491.9	
2010	20	1 513.6	1 501.4		1 506.4
				1 520.9	
2011	21	1 530.2	1 541.0		1 539.7
				1 558.5	
2012	22	1 579.2	1 573.4		1 568.0
				1 577.6	
2013	23	1 610.9	1 593.4		1 585.8
				1 594.1	
2014	24	1 590.1	1 599.0		1 601.2
				1 608.3	
2015	25	1 596.1	1 607.4		1 620.6
				1 632.9	
2016	26	1 636.1	1 647.1		1 650.8
				1 668.7	
2017	27	1 709.2	1 692.8		1 688.1
				1 707.6	
2018	28	1 733.2	1 731.5		1 728.0
				1 748.4	
2019	29	1 752.0	1 761.5		—
				—	
2020	30	1 799.3	—		—

从表 5-13 可看出,移动平均的结果使短期的偶然因素引起的波动被削弱,整个动态数列被修匀得更加平滑,波动趋于平稳。

可见,移动平均法方法简单,拥有足够的灵活性,能够看到趋势变动的特点。但是,按移动平均法对动态数列修匀后趋势值的个数比原数列实际水平的个数减少了。可以想象,把移动项数记为 N,按奇数项移动平均时,首尾各有 $\dfrac{N-1}{2}$ 时期得不到趋势值;按偶数项移动平均时,首尾各有 $\dfrac{N}{2}$ 时期得不到趋势值。这无疑在一定程度上降低了研究最初和最末发展阶段趋势特点的可能性,且移动平均法不能对趋势进行内在关系分析,即无法得到可供预测的方程。

 视野拓展

　　在证券分析中,均线理论是当今应用最普遍的技术指标之一。所谓的分时均线、5 日均线、10 日均线、半年线等都是移动平均法做出的。

扫码阅读▼
移动平均线

(三)数学模型法

　　数学模型法是用适当的数学模型对动态数列配合一个方程式,据以计算各期的趋势值。测定长期趋势广泛使用这种方法,以下介绍直线趋势的测定。

　　如果动态数列逐期增长量相对稳定,即现象发展水平按相对固定的绝对速度变化,则采用直线(线形函数)作为趋势线来描述趋势变化、预测前景。现构建数学模型,如以时间因素作为自变量(t),把动态数列趋势值作为因变量(y_c),拟合的直线趋势方程为:

$$y_c = a + bt$$

式中:y_c——动态数列的趋势值;

　　　t——动态数列的时间单位;

　　　a——直线的截距;

　　　b——直线的斜率。

求参数 a,b 可用最小二乘法。

　　最小二乘法,是分析和预测现象长期趋势常用的方法之一。它的基本原理是:通过对原始数列的数字处理,拟合一条比较理想的趋势直线或趋势曲线,使原数列各数据点与趋势线垂直距离的离差平方和为最小,即 $\sum(y - y_c)^2$ 为最小值。能够满足 $\sum(y - y_c)^2$ 为最小值的直线趋势方程 $y_c = a + bt$,其参数 a、b 可以通过求解下面的联立方程求得

$$\begin{cases} \sum y = na + b\sum t \\ \sum ty = a\sum t + b\sum t^2 \end{cases}$$

解得：

$$a = \frac{\sum y}{n} - \frac{b\sum t}{n} = \bar{y} - b\bar{t}$$

$$b = \frac{\sum ty - \frac{1}{n}(\sum t)(\sum y)}{\sum t^2 - \frac{1}{n}(\sum t)^2}$$

【例 5-13】某公司历年营业总收入资料如表 5-14 所示，请构建数学模型，用最小二乘法进行长期趋势分析。

表 5-14　某公司历年总营业收入

年份	时间 t	总营业收入 y/ 亿元	t^2	ty	y_c
2016	1	100	1	100	99.07
2017	2	112	4	224	112.72
2018	3	125	9	375	126.36
2019	4	140	16	560	140.00
2020	5	155	25	775	153.64
2021	6	168	36	1 008	167.29
2022	7	180	49	1 260	180.93
合计	28	980	140	4 302	980.01

解：由表 5-14 得，$\sum t = 28$，$\sum y = 980$，$\sum t^2 = 140$，$\sum ty = 4\,302$，代入公式得：

$$\begin{cases} b \approx 13.643 \\ a \approx 85.429 \end{cases}$$

从而求得直线趋势方程：

$$y_c = 85.429 + 13.643t$$

把各 t 值代入上式，便求得相对应的趋势值。这里需要指出的是，对表 5-14 的历年总营业收入用直线趋势拟合，是因为各年的逐期增长量大体相当，具备了直线型动态数列的特征。

最小二乘法在对原数列进行长期趋势的分析时，通过趋势值 y_c 来修匀原数列，得到比较接近原值的趋势值。利用所求的直线趋势方程还能对近期的数列做出预测。

如果预测该公司 2023 年的营业收入（此时 $t = 8$），可以估算如下：

$$y_c = 85.429 + 13.643 \times 8 = 194.57(亿元)$$

在对动态数列按最小二乘法进行趋势分析时,为了简化计算,可以把时间变量 t 的原点移动若干期。其中最简便的方法是把原数列中间项作为原点。其具体方法是:当动态数列的项数为奇数时,可取中间一项的时间序号等于零,中间以前的时间序号为负值,中间以后的时间序号为正值(见表 5-15);当动态数列的项数为偶数时,中间以前的时间序号为负值,中间以后的时间序号为正值(见表 5-16)。

表 5-15 时间变量取值(动态数列的项数为奇数)

时间	t
1	-2
2	-1
3	0
4	1
5	2
合计	0

表 5-16 时间变量取值(动态数列的项数为偶数)

时间	t
1	-5
2	-3
3	-1
4	1
5	3
6	5
合计	0

根据以上两表方法取值后,$\sum t = 0$,这样求解公式可简化为:

$$\begin{cases} a = \dfrac{\sum y}{n} \\ b = \dfrac{\sum ty}{\sum t^2} \end{cases}$$

表 5-17 是同一资料按简化公式的计算。

表 5-17　某公司历年总营业收入(按简化公式计算)

年份	时间 t	总营业收入 y/亿元	t^2	ty	y_c
2016	−3	100	9	−300	99.07
2017	−2	112	4	−224	112.72
2018	−1	125	1	−125	126.36
2019	0	140	0	0	140.00
2020	1	155	1	155	153.64
2021	2	168	4	336	167.29
2022	3	180	9	540	180.93
合计	0	980	28	382	980.01

由简化公式得:

$$\begin{cases} a = \dfrac{980}{7} = 140 \\ b = \dfrac{382}{28} = 13.643 \end{cases}$$

从而求得直线趋势方程:

$$y_c = 140 + 13.643t$$

将各 t 值代入上式,便求得各年的趋势值 y_c(见表 5-17)。

如果预测该公司 2023 年的营业收入(此时 $t=4$),可以估算如下:

$$y_c = 140 + 13.643 \times 4 = 194.57(亿元)$$

可见,用两种方法计算的各种趋势值结果相同,以此预测 2023 年总营业收入的结果也相同。

三、季节变动分析

在现实生活中,季节变动是一种极为普遍的现象。例如,许多农副产品的产量都因季节更替而有淡季、旺季之分;商业部门的许多商品的销售量也随着气候变化的影响而形成有规律的周期性变动。季节变动具有三个特点:一是季节变动每年重复进行;二是季节变动按照一定的周期进行;三是每个周期变化强度大体相同。

测定季节变动的目的在于掌握季节变动的周期、数量界限及其规律,以便预测未来,及时采取措施,克服季节变动对人们经济生活所导致的不良影响,更好地组织生产和销售,提高经济效益。

分析和测定季节变动最常用、最简便的方法是按月(季)平均法。该方法是通过若干年资料的数据,求出同月份的平均水平与全数列总平均月份水平,然后对比得出各月份的季节指数。季节指数是进行季节变动分析的重要指标,可用来说明季节变动的程度。其计算公式为：

$$季节指数(100\%)=\frac{各年同月(季)平均水平}{全期月(季)平均水平}\times100\%$$

通过季节指数的计算，可以观察和分析某种社会经济现象季节变动的规律性。季节指数高说明处于"旺季"，反之说明处于"淡季"。现举例说明季节指数的计算和分析。

【例 5-14】某商场最近四年各月份空调销售量的资料如表 5-18 所示。

表 5-18　某商场近四年空调销售量

数量单位：台

月份	2019 年	2020 年	2021 年	2022 年	四年合计	同月平均	季节指数/%
1 月	100	90	120	90	400	100	33.7
2 月	190	150	120	100	560	140	47.2
3 月	200	240	200	360	1 000	250	84.3
4 月	240	240	180	140	800	200	67.4
5 月	320	360	360	320	1 360	340	114.6
6 月	420	450	460	430	1 760	440	148.3
7 月	410	480	570	300	1 760	440	148.3
8 月	880	820	880	860	3 440	860	289.9
9 月	300	280	260	280	1 120	280	94.4
10 月	220	190	220	210	840	210	70.8
11 月	160	170	170	180	680	170	57.3
12 月	80	130	160	150	520	130	43.8
月合计	3 520	3 600	3 700	3 420	14 240	3 560	1 200.0
月平均	293.3	300.0	308.3	285.0	1 186.7	296.7	100.0

具体计算过程如下：

第一步，计算同月份平均水平。

$$1月份平均数=\frac{100+90+120+90}{4}=100(台)$$

其余如表 5-18 中的第 7 列所示。

第二步，计算全期月平均水平。

$$全期月平均水平=\frac{3\ 560}{12}=296.7(台)$$

第三步，计算季节指数。

$$例如1月份季节指数=\frac{100}{296.7}=33.7\%$$

其余如表 5-18 中第 8 列所示。

第四步,用季节指数进行预测。为了预测以后各年不同月(或季)的发展趋势和状况,通常假定按过去资料测定的季节变动模型能够适用于未来。根据未来年度的全年趋势预测值,求出各月或各季度的平均趋势预测值,然后乘以相应季节指数,就得到未来年度内各月和各季度包括季节变动的预测值。

例如预计该商场 2023 年全年空调销售量为 3 720 台,对 2023 年各月空调销售量进行预测:

$$2023 年各月空调销售量平均预测值 = 3\ 720 \div 12 = 310(台)$$
$$2023 年 1 月份空调销售量的预测值 = 310 \times 33.7\% \approx 104(台)$$
$$2023 年 8 月份空调销售量的预测值 = 310 \times 289.9\% \approx 899(台)$$

通过上面计算的由各月份季节指数组成的数列,可以看出空调销售量的季节变动趋势,自 1 月份起季节指数逐月增长,8 月份达到最高峰,9 月份开始下降,到 12 月份降到最低点。按月平均法计算简便,容易掌握。但季节指数的计算不够精确,一方面,它不考虑长期趋势的影响;另一方面,季节指数的高低受各年数值大小的影响。数值大的年份,对季节指数影响较大;数值小的年份,对季节指数的影响较小。

 巩固加深

【练习】按月份计算季节比率,那么季节比率之和等于多少?按季度计算季节比率,那么季节比率之和又等于多少?你能说明上述例题中 12 月份季节比率为 43.8% 的经济含义吗?

任务五　运用 Excel 进行动态数列分析

运用 Excel 可以方便、快捷地计算动态数列各项分析指标。由于动态数列的水平分析和速度分析的 Excel 操作相对比较简单,本部分只介绍运用 Excel 进行动态数列的趋势分析。

一、移动平均法

在 Excel 中,可以使用 AVERAGE 函数结合填充柄功能计算移动平均趋势值,也可以使用数据分析工具进行移动平均分析。这里以例 5-12 中表 5-11 所示的我国 1991—2020 年花生产量资料为例说明操作方法。

(一)使用 AVERAGE 函数

(1)在 C2:E2 分别输入"3 项移动平均""4 项移动平均""4 项移正平均"。

(2)计算"3 项移动平均"。选中单元格 C4,输入"＝AVERAGE(B3:B5)",回车得到"3 项移动平均"的第一个平均数,然后运用填充柄完成对其他移动平均数的计算。点击【开始】选项卡下的【数字】右下角小按钮,打开【设置单元格格式】对话框,设置数字的格式为"数值",小数位数为"1",单击【确定】按钮,结果如图 5-3 所示。

C4		× √ fx	=AVERAGE(B3:B5)		
	A	B	C	D	E
1	我国1991年至2020年花生产量资料				
2	年份	我国花生产量（万吨）	3项移动平均	4项移动平均	4项移正平均
3	1991	630.3			
4	1992	595.3	689.3		
5	1993	842.1	801.9		
6	1994	968.2	944.6		
7	1995	1023.5	1001.8		
8	1996	1013.8	1000.7		
9	1997	964.8	1055.8		
10	1998	1188.6	1139.1		
11	1999	1263.9	1298.7		
12	2000	1443.7	1383.0		
13	2001	1441.6	1455.7		
14	2002	1481.8	1421.8		
15	2003	1342.0	1419.3		

图 5-3　3 项移动平均

(3)计算"4 项移动平均"。方法同上。

(4)计算 4 项移正平均。选中单元格 E5,输入"＝AVERAGE(D5:D6)",回车得到"4 项移正平均"的第一个平均数,其他操作同上。结果如图 5-4 所示。

(二)使用数据分析工具

(1)在【数据】选项卡下,单击【数据分析】选项,打开【数据分析】对话框。

(2)在【分析工具】在列表中选择【移动平均】,单击【确定】,打开【移动平均】对话框。

(3)【输入区域】为"我国花生产量"所在的区域,为 B3 至 B32。单击 B3 单元格,向下拖动鼠标选择至 B32。

(4)【间隔】文本框,如果要进行 3 项移动平均,就输入"3",如果要进行 4 项移动平均,

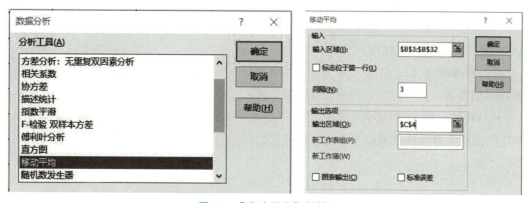

E5		× ✓ f_x	=AVERAGE(D5:D6)	
	A	B	C	D	E

	A	B	C	D	E
1	我国1991年至2020年花生产量资料				
2	年份	我国花生产量（万吨）	3项移动平均	4项移动平均	4项移正平均
3	1991	630.3			
4	1992	595.3	689.3		
5	1993	842.1	801.9	759.0	808.1
6	1994	968.2	944.6	857.3	909.6
7	1995	1023.5	1001.8	961.9	977.2
8	1996	1013.8	1000.7	992.6	1020.1
9	1997	964.8	1055.8	1047.7	1077.7
10	1998	1188.6	1139.1	1107.8	1161.5
11	1999	1263.9	1298.7	1215.2	1274.8
12	2000	1443.7	1383.0	1334.4	1371.1
13	2001	1441.6	1455.7	1407.7	1417.5
14	2002	1481.8	1421.8	1427.2	1426.1
15	2003	1342.0	1419.3	1424.9	1424.0

图 5-4　4 项移动平均与 4 项移正平均

就输入"4"。

　　(5)在【输出区域】中,移动平均数值显示区域,如本例计算"3 项移动平均",选中 C4。

　　(6)如果需要在给出移动平均值的同时还要计算标准差,则勾选【标准误差】复选框,如果需要输出移动平均图表,则勾选【图表输出】复选框。如图 5-5 所示。

图 5-5　【移动平均】对话框

　　(7)单击【确定】按钮,得到输出结果。

二、数学模型法

以例 5-13 中的表 5-14 某公司历年总营业收入资料为例。

（一）使用公式

（1）将表 5-14 的数据输入 Excel 表格中。在单元格 D2、E2、F2 中分别输入"t^2""ty""y_e"。

（2）在单元格 D3 中，输入"=B3^2"，回车得到第一个 t^2 值，单击单元格 D3，鼠标左键点住单元格右下角的填充柄，并向下拉至 D9 松开，得到各年的 t^2 值。

（3）在单元格 E3 中，输入"=B3 * C3"，回车得到第一个 ty 值，单击单元格 E3，鼠标左键点住单元格右下角的填充柄，并向下拉至 E9 松开，得到 ty 各年的值。

（4）选择单元格 B3:E9，单击自动求和"$\sum$"按钮，分别得到各组总和 $\sum t$、$\sum y$、$\sum t^2$、$\sum ty$，如图 5-6 所示。

	A	B	C	D	E	F
1			某公司历年总营业收入			
2	年份	时间t	总营业收入（亿元）y	t^2	ty	y_e
3	2016	1	100	1	100	
4	2017	2	112	4	224	
5	2018	3	125	9	375	
6	2019	4	140	16	560	
7	2020	5	155	25	775	
8	2021	6	168	36	1008	
9	2022	7	180	49	1260	
10	合计	28	980	140	4302	

图 5-6 各组计算结果

（5）在单元格 B12 中输入"b"，在单元格 C12 中输入"=（7 * E10－B10 * C10)/(7 * D10－B10^2)"，按回车键得到参数 b 值 13.643。

（6）在单元格 B13 中输入"a"，在单元格 C13 中输入"=C10/7－C12 * B10/7"，按回车键得到参数 a 值 85.429。得到直线趋势方程：$y_e=85.429+13.643t$ 。

（7）在单元格 F3 中输入"=85.429+13.643 * B3"，回车得到第一个 y_e 值，单击单元格 F3，鼠标左键点住单元格右下角的填充柄，并向下拉至 F9 松开，得到各年的 y_e 值。如图 5-7 所示。

（二）使用图表

（1）选定要绘制统计图的区域 B2:C9。

（2）在【插入】选项卡下的【图表】功能组中，单击所需要的【折线图】图表按钮，生成折线图。

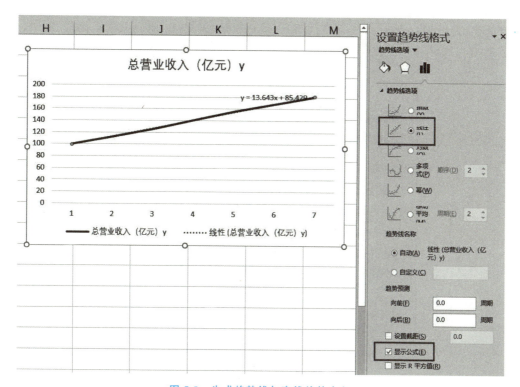

	A	B	C	D	E	F
	C12		=(7*E10-B10*C10)/(7*D10-B10^2)			
1	某公司历年总营业收入					
2	年份	时间t	总营业收入（亿元）y	t^2	ty	y_e
3	2016	1	100	1	100	99.07
4	2017	2	112	4	224	112.72
5	2018	3	125	9	375	126.36
6	2019	4	140	16	560	140.00
7	2020	5	155	25	775	153.64
8	2021	6	168	36	1008	167.29
9	2022	7	180	49	1260	180.93
10	合计	28	980	140	4302	980.007
11						
12		b	13.64285714			
13		a	85.42857143			

图 5-7　计算结果

（3）单击折线图，单击右键，在弹开的菜单中，选择【添加趋势线】，在【趋势线选项】中勾选需要的类型，默认是【线性】，勾选【显示公式】，在生成的趋势线旁列出数据关系式，即直线趋势方程。如图 5-8 所示。

图 5-8　生成趋势线与直线趋势方程

(三)使用数据分析工具

(1)在功能区【数据】选项卡下单击【数据分析】,在列表中选择【回归】,单击【确定】,打开【回归】对话框。如图 5-9 所示。

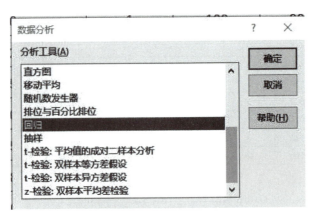

图 5-9　打开【回归】对话框

(2)在【Y 值输入区域】中输入总营业收入 y 值所在的数值区域"＄C＄3：＄C＄9",在【X 值输入区域】中输入时间 t 值所在的数值区域"＄B＄3：＄B＄9",在【输出区域】中输入回归分析结果放置的单元格"＄A＄14",如图 5-10 所示。

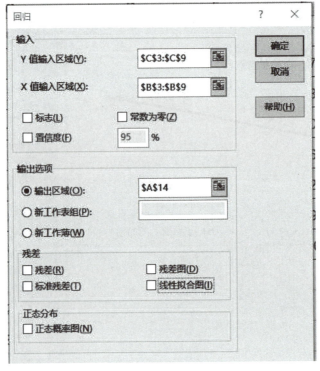

图 5-10　【回归】对话框

（3）单击【确定】按钮，得到分析结果，如图 5-11 所示。Intercept 就是方程的截距，即参数 a，X Variable 1 就是 x 的斜率，即参数 b。

14	SUMMARY OUTPUT					
15						
16	回归统计					
17	Multiple R	0.99938381				
18	R Square	0.998768				
19	Adjusted R S	0.9985216				
20	标准误差	1.13389342				
21	观测值	7				
22						
23	方差分析					
24		df	SS	MS	F	Significance F
25	回归分析	1	5211.571429	5211.57143	4053.44444	1.8097E-08
26	残差	5	6.428571429	1.28571429		
27	总计	6	5218			
28						
29		Coefficients	标准误差	t Stat	P-value	Lower 95%	Upper 95%	下限 95.0%	上限 95.0%
30	Intercept	85.4285714	0.958314847	89.1445767	3.367E-09	82.9651447	87.891998	82.965145	87.891998
31	X Variable 1	13.6428571	0.214285714	63.6666667	1.8097E-08	13.0920182	14.193696	13.092018	14.193696

图 5-15　分析结果

扫码获取▼
本任务数据源

 知识归纳

社会经济现象在时间上的发展变化过程称为动态。应用统计方法研究社会经济现象数量方面的发展变化过程并预测其发展趋势的方法，称为动态分析法。绝对指标动态数列是指将反映现象总规模、总水平的某一总量指标在不同时间上的观察数值按时间先后顺序排列起来所形成的数列，是计算相对指标和平均指标、进行各种动态数列分析的基础。

发展水平是指动态数列中每个时间上对应的指标数值，又称动态数列水平，它反映社会经济现象在各个时间上所达到的规模、水平和发展程度,同时也是计算其他动态数列分析指标的基础。平均发展水平是指将动态数列中各项发展水平加以平均而求得的平均数,又称序时平均数或动态平均数,它表明现象在某段时期内发展变化的一般水平。增长量是报告其水平与基础水平之差,用于说明现象在一定时期内增长的绝对数量,由于所选择基期的不同,增长量可分为逐期增长量和累积增长量。平均增长量是观察期各逐期增长量的平均发展水平,用于描述现象在观察期内平均每期增减的数量,它既可以根据逐期增长量求得,也可以根据累积增长量求得。

发展速度是报告期发展水平与基期发展水平之比,用于描述现象在观察期内相对的发展变化程度。增长速度是增长量与基期水平之比,用于说明报告期水平较基期水平的相对增减程度。平均发展速度是各个时期环比发展速度的几何平均数,用于描述现象在整个观察期内平均发展变化的程度。平均增长速度说明现象逐期增减的平均程度。

移动平均法是对原动态数列按事先选择的时期长度,采用逐项递移的办法,计算出一系列移动平均数,从而形成一个新的动态数列,作为原动态数列对应时期的趋势值。最小二乘法是根据回归分析中的最小二乘原理,对动态数列配合一条趋势线,使之满足动态数列的实际观测值与趋势值的离差平方和达到最小值。将各年内同月(季)平均水平与全期月(季)平均水平对比,即求得用百分数表示的季节比率,用以观察和分析某种社会经济现象季节变动的规律性。

扫码答题▼
项目五习题

项目六　统计指数分析

学习目标

1.理解指数的概念、作用和种类；

2.理解综合指数的编制原理；

3.掌握数量指标指数、质量指标指数的计算；

4.理解平均数指数的编制原理；

5.掌握加权算术平均数指数、加权调和平均数指数的计算；

6.了解平均数指数与综合指数的关系，以及平均数指数在实际工作中的应用；

7.理解指数体系的概念和作用。

1.能够根据给定资料编制总指数、数量指标指数、质量指标指数并进行分析；

2.能够根据给定资料编制平均数指数并进行分析；

3.能够熟练运用指数体系进行因素分析；

4.能够熟练运用 Excel 软件进行统计指数分析。

1.介绍统计指数发展史和应用，培养学生发现问题的能力；

2.通过统计指数计算，培养学生的整体观和数量分析思维。

知识结构图

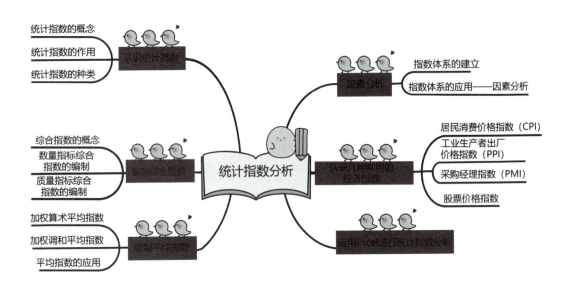

导入阅读

小赵家附近有一家超市,小赵平时所需的日常生活用品都在这家超市购买。细心的小赵发现这个月有些商品的价格和上个月相比有些变化。比如大米上个月是每千克 5 元,这个月涨到了 5.8 元,猪肉从每斤 13 元涨到了 15 元等;也有一些东西降价了,比如绿豆从每斤 6 元降到了 5.7 元,某品牌电磁炉从一台 350 元降到了 270 元等。小赵想,就单个商品而言,一看就知道涨价了还是降价了,大米这个月比上个月涨了 16%,绿豆降了 5%,都不难算。但是各种商品总的来看,到底是涨价了还是降价了呢? 要是还买和上个月同样多的东西,会不会多花钱呢? 小赵考虑的问题,你能帮她解决吗?

导入分析

如果我们所分析的是单一经济现象的变化,如某产品销售量的变化,可以计算动态相对指标,或者使用更全面的动态分析方法来描述和分析现象的发展变化趋势。但如果我们需要概括分析复杂经济现象的变化,如大型超市的商品销售量,就难以使用针对单一经济现象变化的动态方法。

在本项目的学习中,我们将学习通过编制指数对复杂经济现象的动态变化进行概括的方法,还可以根据复杂经济现象之间的内在关系,使用指数体系和因素分析方法对复杂经济现象变化的内在联系进行定量分析。

指数分析是一项复杂且准确度要求较高的工作,我们需要思考解决以下问题:

(1)用什么指数来表示复杂现象的变动情况?

(2)编制这些指数的方法是什么?

(3)哪些因素造成了现象的变动?

(4)各个因素在变动中所起的作用是什么,影响程度如何?

任务一 认识统计指数

一、统计指数的概念

指数是社会经济统计中历史最悠久、应用最广泛、同社会经济生活关系最密切的一个组成部分。18 世纪,经济学家为了测定物价的变动,开始尝试编制物价指数。此后,指数逐步扩展到工业生产、工资、成本、生活费用、股票等各方面。其中,消费品价格指数、生活费用价格指数同人们的日常生活休戚相关;生产资料价格指数、股票价格指数等则直接影响人们的投资活动,成为社会经济的晴雨表。目前人们对于指数概念的认识,一般有以下两种理解,即广义指数和狭义指数。

为了阐明指数的概念,我们把所要研究的现象总体区分为简单现象总体和复杂现象总体。简单现象总体中的单位数或标志值可以直接加总。如某一种产品的产量、成本、产值、利润等。复杂现象总体中构成总体的单位数及标志值不能直接相加。如,具有不同使用价值的机床、汽车、煤炭,其产量、价格、单位成本等都不能直接相加。从广义上讲,反映简单现象总体和复杂现象总体数量变动的相对数,都叫指数。但通常所说的指数,是狭义的指数,主要反映复杂现象总体数量综合变动。

二、统计指数的作用

统计指数在社会经济现象分析中发挥着重要作用,具体而言包括以下四个方面:

(一)综合反映社会经济现象总变动方向及变动程度

在统计实践中,经常要研究多种商品或产品的价格综合变动、多种商品的销售量或产品产量的总变动、多种产品的成本总变动、多种股票价格综合变动等。而对于这类问题,由于各种商品或产品的使用价值不同、各种股票价格涨跌幅度和成交量不同等,所研究总体中的各个个体不能直接相加。指数法的首要任务,就是要把不能直接相加和对比的现象过渡到可以相加和对比的现象,从而反映复杂社会经济现象的总变动方向及变动程度。这是统计指数最主要的作用。

(二)分析现象总变动中各因素变动的影响方向及影响程度

利用指数体系理论可以测定复杂社会经济现象总变动中,各构成因素的变动对现象总变动的影响情况,并对社会经济现象进行综合评价。任何一个复杂现象都是由多个因素构成的,如:销售额=价格×销售量。运用指数法编制产品价格指数、产品销售量指数,并分别对它们进行测定,可以分析这两个因素的变动对销售额总变动的影响。

(三)研究现象长期变动趋势

编制反映同类现象变动情况的指数数列,有利于分析现象发展变化的程度和趋势,特别便于分析相互联系而性质不同的动态数列之间的变动关系。

(四)对经济现象进行评价和测定

随着指数法在实际运用中的不断发展,许多经济现象都可以运用指数进行综合评价和测定,从而对其水平做出综合的判断,如利用指数法原理建立对国民经济发展变动的综合评价和预警系统等。

三、统计指数的种类

统计指数可以从不同的角度进行分类。

(一)按研究对象范围不同可分为个体指数和总指数

个体指数是指反映单一事物变动情况的相对数,如个体产量指数、个体销售量指数、个体价格指数等。这类指数也可统称为物量指数,其计算公式为:

$$个体指数 = \frac{报告期指标数值}{基期指标数值}$$

总指数是综合反映不能同度量的多种事物构成的复杂现象总体变动情况的相对数,如反映全部零售商品价格变动程度的零售物价指数、反映全部工业产品产值总变动程度的工业总产值指数等。总指数是对每种事物数量变动程度的综合平均。如 2021 年我国居民消费价格指数比 2020 年上涨 0.9%[①],反映出我国所有居民消费品总体中各种消费品价格的平均变动水平。

(二)按指标性质不同可分为数量指标指数和质量指标指数

数量指标指数是依据数量指标编制的指数,反映数量指标数值的变动情况,也就是现象总的规模和水平变动情况。例如,产量指数、销售量指数等都是数量指标指数。

质量指标指数是根据质量指标编制的指数,反映质量指标数值的变动情况,也就是现

---

① 数据来源:《中国统计年鉴 2022 年》。

象相对水平和工作质量的变动情况。例如,价格指数、单位成本指数等都是质量指标指数。

(三)按采用基期不同可分为定基指数、环比指数

定基指数是现象报告期数量与某一固定基期数量相比而得到的指数。编制定基指数数列可以反映某种现象的长期动态变化情况及发展过程。

环比指数是用报告期数量与其前一期数量相比所得到的指数。编制环比指数数列可以反映现象的逐期变动程度。

【例 6-1】根据我国 2015—2020 年国内生产总值的资料,计算各年的环比指数和定基指数,如表 6-1 所示。

表 6-1　2015—2020 年国内生产总值资料[①]

项目	2015 年	2016 年	2017 年	2018 年	2019 年	2020 年
国内生产总值/亿元	688 858.2	736 036.5	787 170.4	840 302.6	890 304.8	910 235.6
环比指数/%	—	106.8	106.9	106.7	106.0	102.2
定基指数(以 2015 年为固定基期)/%	100.0	106.8	114.3	122.0	129.2	132.1

资料来源:《中国统计年鉴 2022 年》。

巩固加深

【练习】你能区分表 6-2 中各指数的种类吗?

表 6-2　各种指数

指数	个体指数	总指数	数量指标指数	质量指标指数
某一产品单位成本指数				
三种产品的价格指数				
居民消费价格指数				
企业产量指数				
企业工人劳动生产率指数				
某种商品销售量指数				

---

① 根据 2015 年价格计算的不变价国内生产总值。

任务二　编制综合指数

一、综合指数的概念

通常所说的指数实际上就是总指数。编制总指数的任务,在于综合测定由不同度量单位的许多商品或产品所组成的复杂现象总体数量方面的总动态。总指数主要有两种编制形式——综合指数和平均指数。

综合指数是编制总指数的基本形式,是两个总量指标对比形成的指数。综合指数的编制方法是"先综合,后对比"。也就是说,编制综合指数首先要解决不同度量单位的问题,使不能直接加总的、具有不同使用价值的各种商品或产品的总体,改变成为能够进行对比的两个时期的现象的总量。进行这种改变是可能的。马克思说过,作为使用价值,商品首先有质的差别;作为交换价值,商品只能有量的差别,因而不包含任何一个使用价值的原子。由此可见,为了使具有不同度量单位的现象改变为可以加总的总体,我们需要将各种产品或商品由使用价值形态还原为价值形态。

综合指数编制的第一个特点,就是从现象联系关系分析中,来确定与我们所要研究的现象(指数化指标)相联系的因素,从而加入这个因素(同度量因素),使各种商品或产品的不同使用价值量改变为价值量。如在分析各种产品产量总动态时,我们可把各种产品产量分别乘上出厂价格或单位成本来计算生产总产值和总成本;在分析各种股票交易量总变动时,我们把各种股票交易量乘上价格,得到总市值。这样,我们就可以从两个时期的生产总值或总成本或总市值的对比中进行分析。指数编制的这一个特点表明,指数化指标不是孤立的,而是在同其他指标的相互联系中被观察研究的。而指数化指标乘上同它有关的指标,即所谓同度量因素,使得不同度量单位的现象总体转化为数量上可以加总的现象总体,并客观上体现为其在实际经济现象或过程中的份额或比重。

综合指数编制的另一个特点,是把复杂现象总体所包括的两个因素中的一个因素,即同度量因素或权数加以固定,以便消除其变化,来测定我们所要研究的另一个因素,即指数化指标的变动。这就是说,我们采用同一时期的价格或单位成本作为同度量因素来计算两个时期的生产总值或总成本,进行对比,以测定各种产品的产量动态;采用同一时期的产量作为同度量因素,来计算两个时期的生产总值成总成本,进行对比,以反映各种产品价格、单位成本的综合变动。这样,我们分析各种产品产量和单位成本等指标动态的目的也就达到了。

二、数量指标综合指数的编制

【例 6-2】根据表 6-3 的三种商品销售资料,计算商品销售量综合指数。

表 6-3　某商场三种商品销售资料

商品名称	计量单位	销售量		价格/元		销售额/元		
		q_0	q_1	p_0	p_1	q_0p_0	q_1p_1	q_1p_0
手套	副	200	140	68	70	13 600	9 800	9 520
上衣	件	460	500	300	320	138 000	160 000	150 000
长裤	条	120	180	240	200	28 800	36 000	43 200
合计	—	—	—	—	—	180 400	205 800	202 720

销售量个体指数的计算公式为:

$$k_q = \frac{q_1}{q_0}$$

式中,k_q——销售量个体指数;

q_1——报告期销售量;

q_0——基期销售量。

根据表 6-3 中的资料,我们分别计算出该商场三种商品销售量个体指数为:

$$手套销售量个体指数 = \frac{140}{200} \times 100\% \approx 70\%$$

$$上衣销售量个体指数 = \frac{500}{460} \times 100\% \approx 108.70\%$$

$$长裤销售量个体指数 = \frac{180}{120} \times 100\% \approx 150\%$$

计算结果表明,三种商品销售量的变动幅度不同。其中,手套销售量下降了 30%,上衣销售量增长了 8.70%,长裤销售量增长了 50%。但是编制销售量个体指数只能分别说明每一种商品销售量的变动情况,无法说明三种商品销售量的综合变动情况。

因为三种商品的计量单位不同、使用价值不同,三种商品的销售量无法直接加总,要反映三种商品销售量的综合变动情况,需要编制销售量综合指数。具体步骤如下:

(一)确定同度量因素,解决复杂现象总体在研究指标上不能直接综合的问题

三种商品的销售量虽不能直接加总,但由于"销售量×价格=销售额",通过此经济关系式中的"价格",可以将不能加总的销售量过渡为可以加总的销售额,那么价格就是销售量的同度量因素,即将不能直接加总的总体过渡为可以相加的总体的那个因素。

同理,三种商品的价格也不能直接加总,但通过"销售量",可以将不能加总的价格过渡为可以加总的销售额,那么销售量也可以叫作价格的同度量因素。

在同一个经济关系式中,数量指标和质量指标互为同度量因素,即数量指标的同度量因素是质量指标,质量指标的同度量因素是数量指标。

(二)将同度量因素固定在同一时期,消除同度量因素变动的影响

报告期的销售额与基期的销售额的比值不但受销售量变动的影响,也受价格变动的影响。而我们要求指数能用来反映销售量的变动,必须把同度量因素价格的变动影响消除掉,所以把同度量因素价格的时期固定,即假定两个时期的价格相同,来测定销售量的变动情况,借以消除价格变动的影响。

同度量因素所属时期的选择是非常重要的,应根据编制指数的具体任务以及实际经济内容来确定。在我国的统计实践工作中,编制数量指标综合指数一般采用的原则是:将质量指标作为同度量因素,并将其固定在基期。销售量综合指数的计算公式如下:

$$\overline{k_q} = \frac{\sum q_1 p_0}{\sum q_0 p_0}$$

式中, $\overline{k_q}$ ——销售量综合指数;

    $\sum q_1 p_0$ ——按报告期销售量和基期价格计算的销售额;

    $\sum q_0 p_0$ ——按基期销售量和基期价格计算的销售额,即基期销售额。

(三)将两个时期的指标数值进行对比,测定指标的综合变动情况

根据以上资料,3种商品销售量综合指数为:

$$\overline{k_q} = \frac{\sum q_1 p_0}{\sum q_0 p_0} = \frac{202\ 720}{180\ 400} \approx 112.37\%$$

计算结果表明,将同度量因素(价格)固定在基期时,三种商品销售量综合增长了约12.37%。

由于销售量的增长而增加的销售额为:

$$\sum q_1 p_0 - \sum q_0 p_0 = 202\ 720 - 180\ 400 = 22\ 320(元)$$

三、质量指标综合指数的编制

质量指标综合指数的编制原理和数量指标综合指数的编制原理基本相同,只是同度量因素的选择和固定时期不同。

【例 6-3】现在以表 6-3 的资料计算三种商品销售价格综合指数。

销售价格个体指数的计算公式为:

$$k_p = \frac{p_1}{p_0}$$

式中, k_p ——销售价格个体指数;

    p_1 ——报告期销售价格;

p_0——基期销售价格。

根据表 6-3 中的资料,我们分别计算出该商场三种商品销售价格个体指数为:

$$手套销售价格个体指数 = \frac{70}{68} \times 100\% \approx 102.94\%$$

$$上衣销售价格个体指数 = \frac{320}{300} \times 100\% \approx 106.67\%$$

$$长裤销售价格个体指数 = \frac{200}{240} \times 100\% \approx 83.33\%$$

计算结果表明,三种商品销售价格的变动幅度不同。其中手套销售价格上涨了 2.94%,上衣销售价格上涨了 6.67%,长裤销售价格下降了 16.67%。但是编制销售价格个体指数只能分别说明每一种商品销售价格的变动情况,无法说明三种商品销售价格的综合变动情况。

要反映三种商品销售价格的综合变动情况,需要编制销售价格综合指数。具体步骤如下:

(一)确定同度量因素,解决复杂现象总体在研究指标上不能直接综合的问题

因为三种商品的计量单位不同、使用价值不同,将销售价格直接相加后进行综合对比没有经济意义,从而无法求出销售量的总变动。为了解决这一问题,在编制销售价格综合指数时,需要引入同度量因素,使总体内不能同度量的指标同度量化。我们知道,销售额=销售量×价格,通过此经济关系式中的销售量,可以将不能汇总的价格过渡为能汇总的销售额,那么销售量就是价格的同度量因素。

(二)将同度量因素固定在同一时期,消除同度量因素变动的影响

我们需要将销售量固定在某一时期,借以消除销售量变动的影响。在我国统计实践工作中,编制质量指标综合指数时,一般采用的原则是:将数量指标作为同度量因素,并将其固定在报告期。销售价格综合指数的计算公式如下:

$$\overline{k_p} = \frac{\sum q_1 p_1}{\sum q_1 p_0}$$

式中,$\overline{k_p}$——销售价格综合指数;

$\sum q_1 p_1$——报告期销售额;

$\sum q_1 p_0$——按报告期销售量和基期价格计算的销售额。

(三)将两个时期的指标数值进行对比,测定指标的综合变动情况

根据表 6-3 中的销售资料,三种商品销售价格综合指数计算得:

$$\overline{k_p} = \frac{\sum q_1 p_1}{\sum q_1 p_0} = \frac{205\ 800}{202\ 720} \approx 101.52\%$$

计算结果表明,将同度量因素(销售量)固定在报告期时,三种商品销售价格综合增长了约 1.52%。

由于销售价格的增长而增加的销售额为:

$$\sum q_1 p_1 - \sum q_1 p_0 = 205\ 800 - 202\ 720 = 3\ 080(元)$$

综上所述,在统计工作实践中,编制综合指数的一般原则是:编制数量指标综合指数时,将作为同度量因素的质量指标固定在基期;编制质量指标综合指数时,将作为同度量因素的数量指标固定在报告期。但该原则也不是固定不变的,应根据研究现象的不同情况分析确定。

| 任务三　编制平均指数 |

在计算和编制综合指数时,需要有全面的统计资料,但在统计实践中,有时由于受资料的限制,利用综合指数计算总指数可能遇到困难。比如就物价指数而言,计算它不仅要有全部商品的价格和销售量资料,还要有不同时期的系统记录,而在统计工作中,要收集到全部商品不同时期的价格和销售量资料,显然存在一定困难。如果基期或报告期的资料不全面,不能用综合指数计算总指数,则可以考虑采用平均指数进行计算。

平均指数是以被研究对象总体中的个体指数为基础,对若干个体指数进行加权平均而编制的总指数。它的编制过程是"先对比,后平均",即先计算出数量指标或质量指标的个体指数,然后对个体指数进行加权平均计算,据以测定现象总的变动方向和程度。

平均指数的计算形式基本分两种:一种是加权算术平均指数,另一种是加权调和平均指数。在具体计算中应该使用哪一种方法计算平均指数,应根据掌握的资料情况来确定。

一、加权算术平均指数

加权算术平均指数是对个体指数按加权算术平均方式平均,即以个体指数为变量值,以基期总值 $q_0 p_0$ 为权数,对个体指数进行加权算术平均而得到的总指数,反映现象总体数量方面的变动程度,主要用于编制数量指标指数。

接下来仍以某商场销售三种商品资料为例,用加权算术平均指数方法计算销售量总指数。若用 $\overline{k_q}$ 代表商品销售量总指数,用 k_q 代表各种商品销售量个体指数,用 $q_0 p_0$ 作权数,则商品销售量总指数的加权算术平均指数计算公式为:

$$\overline{k_q} = \frac{\sum k_q q_0 p_0}{\sum q_0 p_0}$$

【例 6-4】某商场三种商品销售资料如表 6-4 所示,请根据资料计算销售量总指数。

表 6-4 某商场三种商品销售资料

商品名称	计量单位	销售量		基期销售额/元
		基期 q_0	报告期 q_1	$q_0 p_0$
手套	副	200	140	13 600
上衣	件	460	500	138 000
长裤	条	120	180	28 800
合计	—	—	—	180 400

已知不能直接运用综合指数的计算公式来计算总指数,而要用加权算术平均指数计算。根据表 6-4 中的资料,我们可以整理得到该商场三种商品销售量的个体指数计算数据,如表 6-5 所示。

表 6-5 某商场三种商品销售量指数计算表

商品名称	计量单位	销售量		基期销售额/元	销售量个体指数/%	个体指数乘以基期销售额/元
		基期 q_0	报告期 q_1	$q_0 p_0$	$k_q = q_1/q_0$	$k_q q_0 p_0$
手套	副	200	140	13 600	70.0	9 520
上衣	件	460	500	138 000	108.7	150 000
长裤	条	120	180	28 800	150.0	43 200
合计	—	—	—	180 400	—	202 720

则:

三种商品的销售量总指数为:

$$\overline{k_q} = \frac{\sum k_q q_0 p_0}{\sum q_0 p_0} = \frac{202\ 720}{180\ 400} \approx 112.37\%$$

计算结果表明,三种商品销售量平均增长了 12.37%。由于销售量的增长而增加的销售额为:

$$\sum k_q q_0 p_0 - \sum q_0 p_0 = 202\ 720 - 180\ 400 = 22\ 320(元)$$

二、加权调和平均指数

加权调和平均指数是对个体指数按加权调和平均方式平均,即以个体指数为变量值,以报告期总值 $q_1 p_1$ 为权数,对个体指数进行调和平均而得到的总指数,反映现象总体质量方面的变动程度,主要用于编制质量指标指数。

现以商品价格总指数为例进行介绍。若用 $\overline{k_p}$ 代表商品价格总指数,用 k_p 代表各种

商品价格个体指数,用 $q_1 p_1$ 作权数,则商品价格总指数的加权调和平均指数计算公式为:

$$\overline{k_p} = \frac{\sum p_1 q_1}{\sum \dfrac{p_1 q_1}{k_p}}$$

【例 6-5】某商场三种商品销售资料如表 6-6 所示,要求根据资料,计算商品销售价格总指数。

表 6-6　某商场三种商品销售资料

商品名称	计量单位	价格/元		报告期销售额/元
		基期 p_0	报告期 p_1	$q_1 p_1$
手套	副	68	70	9 800
上衣	件	300	320	160 000
长裤	条	240	200	36 000
合计	—	—	—	205 800

已知不能直接运用综合指数的计算公式来计算总指数,而要用加权调和平均指数计算。根据表 6-6 中的资料,我们可以整理得到该商场三种商品销售价格个体指数计算数据,如表 6-7 所示。

表 6-7　某商场三种商品销售价格指数计算表

商品名称	计量单位	价格		报告期销售额/元	价格个体指数/%	报告期销售额除以个体指数/元
		基期 p_0	报告期 p_1	$p_1 q_1$	$k_p = p_1/p_0$	$p_1 q_1/k_q$
手套	副	68	70	9 800	102.9	9 524
上衣	件	300	320	160 000	106.7	149 953
长裤	条	240	200	36 000	83.3	43 217
合计	—	—	—	205 800	—	202 694

三种商品销售价格总指数为:

$$\overline{k_p} = \frac{\sum p_1 q_1}{\sum \dfrac{p_1 q_1}{k_p}} = \frac{205\ 800}{202\ 694} \approx 101.5\%$$

计算结果表明,三种商品销售价格平均增长了 1.5%。

由于销售价格的增长而增加的销售额为:

$$\sum p_1 q_1 - \sum \frac{p_1 q_1}{k_p} = 205\ 800 - 202\ 694 = 3\ 106(元)$$

想一想

$$\frac{\sum k_q q_0 p_0}{\sum q_0 p_0} \text{ 与 } \frac{\sum q_1 p_0}{\sum q_0 p_0}, \frac{\sum q_1 p_1}{\sum \frac{p_1 q_1}{k_p}} \text{ 与 } \frac{\sum q_1 p_1}{\sum q_1 p_0} \text{ 有什么关系?}$$

三、平均指数的应用

平均指数是综合指数的变形。编制数量指标平均指数时,一般以基期总量指标为权数,对数量指标个体指数计算加权算术平均数;编制质量指标平均指数时,一般以报告期总量指标为权数,对质量指标个体指数计算加权调和平均数。

与综合指数比较,平均指数形式及其权数在应用上有两个重要特点:

其一,综合指数主要根据全面资料编制,而平均指数既可以依据全面资料编制,也可以依据非全面资料编制。以社会商品零售物价指数为例,市场上有成千上万种零售商品,我们不可能取得这些商品的全部资料来编制物价指数,以反映零售商品价格的变动。采用平均指数,除了选用代表规格品计算个体物价指数外,可以采用商品集团零售额为权数进行平均计算,这就可以比较完整地反映出市场上的零售物价动态了。

其二,综合指数一般采用实际资料作为权数来编制。仍用上述社会零售物价指数为例来说明,计算综合指数要用200种代表规格品价格相对应的实际零售量资料,既有困难,也不恰当。用平均数指数编制,除了可用实际零售额为权数外,也可以在实际零售资料的基础上推算确定零售比重进行加权平均计算。因此,编制质量指标指数,可以节省不少调查工作量,又能够保证指数计算结论的准确性,是经济指数编制工作中值得引起重视的实际问题。

任务四　因素分析

一、指数体系的建立

(一)指数体系的概念

社会经济现象所存在的普遍联系,在统计中可通过相应的指标体系表现出来。有许多指标体系能表达为经济方程式。例如:

$$\text{总成本} = \text{产量} \times \text{单位成本}$$

$$销售额＝销售量×销售价格$$
$$原材料消耗总额＝产量×单位产品原材料消耗量×单位原材料价格$$

上述指标体系按指数形式表现时,乘积关系依然成立:

$$总成本指数＝产量指数×单位成本指数$$
$$销售额指数＝销售量指数×销售价格指数$$

$$原材料消耗总额指数＝产量×\genfrac{}{}{0pt}{}{单位产品原材料}{消\ 耗\ 量\ 指\ 数}×\genfrac{}{}{0pt}{}{单位原材料}{价\ 格\ 指\ 数}$$

我们把等式左边的指数称为总变动指数,等式右边的指数称为因素指数。这种由总变动指数及其若干个因素指数构成的数量关系称为指数体系。

(二)指数体系的基本形式

1.相对数形式

总变动指数等于因素指数的连乘积,即:

$$\frac{\sum q_1 p_1}{\sum q_0 p_0}=\frac{\sum q_1 p_0}{\sum q_0 p_0}×\frac{\sum q_1 p_1}{\sum q_1 p_0}$$

2.绝对数形式

总量的增减额等于各因素指数影响的增减额之和,即:

$$\sum q_1 p_1-\sum q_0 p_0=(\sum q_1 p_0-\sum q_0 p_0)+(\sum q_1 p_1-\sum q_1 p_0)$$

(三)指数体系的作用

1.对现象进行因素分析

利用指数体系从相对数和绝对数两个方面分析现象受各个因素的变动影响。例如:销售额指数＝销售量指数×销售价格指数,在这个指数体系中,就可以将销售额的变动分解为销售量和销售价格变动两个因素影响的结果。

2.用于各指数间的互相推算

例如三个指数形成的指数体系中,已知其中任意两个指数,就可依据指数体系,推算出未知的第三个指数。

 想一想

　　已知某地区商品销售量比基期增加了 15%,销售额比基期增加了 20%,那么商品销售价格怎么变化?

二、指数体系的应用——因素分析

(一)因素分析的意义

因素分析法是指在统计分析中,利用指数体系分析社会经济现象总变动中各个因素变动对其影响的方向和程度的方法。

因素分析主要分析如下两方面的问题:

(1)分析社会经济现象总体总量指标的变动受各种因素变动的影响程度。它是利用综合指数体系,从数量指标指数和质量指标指数的相互联系中,分析这种现象因素的变动影响关系。例如,编制多种产品的产量指数和成本指数,分析产量和成本的变动对总成本变动所产生的影响;编制商品销售量指数和销售价格指数,分析销售量的增减和物价的升降对商品流转规模的影响程度等。

(2)分析社会经济现象总体平均指标变动受各种因素变动的影响程度。这种分析,是利用综合指数编制的方法原理,通过平均指标指数体系来进行分析。例如,全厂工人平均工资的变动,不仅取决于各技术级别工人工资水平的变动,而且受工资水平不同的各级别工人数比重变化的影响。因此,分析平均工资变动时,要分析工资变动有多高程度取决于各级别工人工资的平均水平变动,有多高程度受各级别工人数比重变化的影响;又如,公司集团产品平均成本的变动,不仅取决于生产同种产品的各企业产品成本的变动,而且随着成本水平不同的各企业产量比重的变动而变动。这样,就要分析各企业产品成本的平均变动和产量结构变化在成本总平均变动中所引起的影响程度。

(二)因素分析的内容与步骤

因素分析包括相对数分析和绝对数分析。相对数分析,就是上文述及的把互相联系的指数组成乘积关系的体系,从指数计算结果本身分析现象总体总量指标或平均指标的变动是哪些因素变动作用的结果。绝对数分析,是由指数体系中各个指数分子与分母指标之差所形成绝对值上的因果关系,即原因指标指数中分子与分母之差的总和等于结果指标指数分子和分母之差。

因素分析的步骤:

(1)构造有实际经济意义的指标体系;

(2)将指标体系转换为指数体系;

(3)计算所研究对象的总变动指数与总变动的绝对值;

(4)计算各因素指标的指数与绝对值;

(5)用指数体系的两种表现形式检验上述结果;

(6)分析结论。

下面我们将学习总量指标和平均指标变动的因素分析方法。

(三)总量指标变动的因素分析

1.总量指标变动的两因素分析

总量指标变动的两因素分析,是将现象总量分解为两个构成因素,对其总量变动进行因素分析。

以销售额的因素分析为例,销售额是总量指标,它包含销售量和价格两个因素。对销售额的变动进行因素分析,就是要测定销售量、价格这两个因素各自对销售额变动的影响程度和影响的绝对量。依据综合指数的编制原则,数量指标综合指数采用基期的质量指标作为同度量因素,质量指标综合指数采用报告期的数量指标作为同度量因素,形成如下指数体系:

$$销售额指数 = 销售量指数 \times 价格指数$$

即:

$$\frac{\sum q_1 p_1}{\sum q_0 p_0} = \frac{\sum q_1 p_0}{\sum q_0 p_0} \times \frac{\sum q_1 p_1}{\sum q_1 p_0}$$

销售量和价格对销售量影响的关系式为:

$$\sum q_1 p_1 - \sum q_0 p_0 = \left(\sum q_1 p_0 - \sum q_0 p_0\right) + \left(\sum q_1 p_1 - \sum q_1 p_0\right)$$

【例6-6】根据表6-8中所示三种商品资料,从相对数和绝对数两方面分析销售额变动的原因。

表6-8 某商场三种商品销售资料

商品名称	计量单位	销售量		价格/元		销售额/元		
		q_0	q_1	p_0	p_1	$q_0 p_0$	$q_1 p_1$	$q_1 p_0$
手套	副	200	140	68	70	13 600	9 800	9 520
上衣	件	460	500	300	320	138 000	160 000	150 000
长裤	条	120	180	240	200	28 800	36 000	43 200
合计	—	—	—	—	—	180 400	205 800	202 720

三种商品销售额的变动:

$$销售额指数:\overline{k_{qp}} = \frac{\sum q_1 p_1}{\sum q_0 p_0} = \frac{205\ 800}{180\ 400} \approx 114.08\%$$

增加的销售额:

$$\sum q_1 p_1 - \sum q_0 p_0 = 205\ 800 - 180\ 400 = 25\ 400(元)$$

销售额的变动,是销售额和价格两个因素变动作用的结果。

(1)销售量变动的影响

销售量指数:

$$\overline{k_q} = \frac{\sum q_1 p_0}{\sum q_0 p_0} = \frac{202\ 720}{180\ 400} \approx 112.37\%$$

由于销售量增长而增加的销售额为：

$$\sum q_1 p_0 - \sum q_0 p_0 = 202\ 720 - 180\ 400 = 22\ 320(元)$$

（2）价格变动影响

价格指数：

$$\overline{k_p} = \frac{\sum q_1 p_1}{\sum q_1 p_0} = \frac{205\ 800}{202\ 720} \approx 101.52\%$$

由于价格提高而增加的销售额为：

$$\sum q_1 p_1 - \sum q_1 p_0 = 205\ 800 - 202\ 720 = 3\ 080(元)$$

把以上指数联系起来，组成如下指数体系：

$$\frac{\sum q_1 p_1}{\sum q_0 p_0} = \frac{\sum q_1 p_0}{\sum q_0 p_0} \times \frac{\sum q_1 p_1}{\sum q_1 p_0}$$

$$114.08\% = 112.37\% \times 101.52\%$$

销售量和价格因素变动对销售额变动影响的绝对额，关系如下：

$$\sum q_1 p_1 - \sum q_0 p_0 = (\sum q_1 p_0 - \sum q_0 p_0) + (\sum q_1 p_1 - \sum q_1 p_0)$$

$$25\ 400\ 元 = 22\ 320\ 元 + 3\ 080\ 元$$

以上指数体系说明该商场三种商品销售额在报告期比基期增加了14.08%，是销售量提高12.37%和销售价格提高1.52%两个因素共同影响的结果。由于销售量的增加而增加的销售额为22 320元，由于价格提高而增加的销售额为3 080元，两个因素共同作用使销售额总共增加了25 400元。

2.总量指标变动的多因素分析

社会经济现象总体总量变动，可以分解为两个因素变动分析，有时也可以分解为两个以上因素变动分析。比如，下列指数体系就是三个因素的变动分析：

$$原材料费用总额指数 = 产品产量指数 \times \frac{单位产品原材料}{消\ 耗\ 量\ 指\ 数} \times \frac{单位原材料}{价\ 格\ 指\ 数}$$

进行多因素指数体系分析的主要步骤是：

第一，多因素一般应按照先数量指标、后质量指标的顺序排列。由于多因素指标体系是在两因素指标体系基础上分解得到的，多因素间的排列顺序完全取决于两因素的排列顺序。因此，在确定多因素排列顺序时，应将数量指标排列在前，质量指标排列在后，且排列之后相邻两因素的乘积具有独立意义。现就原材料费用额的组成因素顺序来具体说明它们之间的关系。从下列分析中可以看到相邻的两个因素的乘积一定要有经济意义。"产品产量×单位产品原材料消耗量"表示总消耗量，"单位产品原材料消耗量×单位原材料价格"表示单位原材料消耗额。

原材料费用额＝产品产量×单位产品原材料消耗量×单位原材料价格

第二,合理排列顺序后,为了测定某一因素指标的变动影响,其余因素指标一律视为同度量因素,均要确定固定时期。这里的原理与综合指数编制原理相同。但这时各因素指标被确定为数量指标或质量指标是相对的。比如,产品产量、单位产品原材料消耗量、单位原材料价格这三个指标中,单耗相对于产品产量是质量指标,而相对于单位原材料价格却是数量指标。

【例 6-7】以表 6-9 为例,来说明总量指标变动的多因素分析的编制方法。该企业使用不同的原材料生产两种产品,原材料计量单位与相应产品的计量单位相同,要求分析原材料费用总额的变动受产量、单位产品原材料消耗量和单位原材料价格变动的影响。

表 6-9　三因素分析计算表

产品	计量单位	产品产量		单位产品原材料消耗量		单位原材料价格/元		原材料费用总额/万元			
		基期 q_0	报告期 q_1	基期 m_0	报告期 m_1	基期 p_0	报告期 p_1	$q_1 m_1 p_1$	$q_0 m_0 p_0$	$q_1 m_0 p_0$	$q_1 m_1 p_0$
甲	千克	200	320	13	12	70	80	30.72	18.20	29.12	26.88
乙	台	800	1 000	7	6	20	31	18.60	11.20	14	12
合计	—	—	—	—	—	—	—	49.32	29.40	43.12	38.88

根据资料,经分析确定数量指标和质量指标,按照数量指标在前、质量指标在后的顺序排列。依据"数量指标指数化,将质量指标作为同度量因素,并且固定在基期的水平上;质量指标指数化,将数量指标作为同度量因素,并且固定在报告期的水平上"的指数编制原理,对三个因素进行合理排序后,所列指数体系及绝对量的关系如下:

$$\frac{\sum q_1 m_1 p_1}{\sum q_0 m_0 p_0} = \frac{\sum q_1 m_0 p_0}{\sum q_0 m_0 p_0} \times \frac{\sum q_1 m_1 p_0}{\sum q_1 m_0 p_0} \times \frac{\sum q_1 m_1 p_1}{\sum q_1 m_1 p_0}$$

$$\sum q_1 m_1 p_1 - \sum q_0 m_0 p_0 = \left(\sum q_1 m_0 p_0 - \sum q_0 m_0 p_0\right) + \left(\sum q_1 m_1 p_0 - \sum q_1 m_0 p_0\right) + \left(\sum q_1 m_1 p_1 - \sum q_1 m_1 p_0\right)$$

原材料费用总额指数为:

$$\frac{\sum q_1 m_1 p_1}{\sum q_0 m_0 p_0} = \frac{49.32}{29.40} \times 100\% = 167.76\%$$

原材料费用增加额为:

$$\sum q_1 m_1 p_1 - \sum q_0 m_0 p_0 = 49.32 - 29.40 = 19.92(万元)$$

(1)产品产量变动影响

产品产量指数为:

$$\frac{\sum q_1 m_0 p_0}{\sum q_0 m_0 p_0} = \frac{43.12}{29.40} \times 100\% = 146.67\%$$

产量变动而增加的原材料费用为：

$$\sum q_1 m_0 p_0 - \sum q_0 m_0 p_0 = 43.12 - 29.40 = 13.72(万元)$$

(2)单位产品原材料消耗量变动影响

单位产品原材料消耗量指数为：

$$\frac{\sum q_1 m_1 p_0}{\sum q_1 m_0 p_0} = \frac{38.88}{43.12} \times 100\% = 90.17\%$$

单位产品原材料消耗量下降而节约的原材料费用为：

$$\sum q_1 m_1 p_0 - \sum q_1 m_0 p_0 = 38.88 - 43.12 = -4.24(万元)$$

(3)原材料价格变动影响

原材料价格指数为：

$$\frac{\sum q_1 m_1 p_1}{\sum q_1 m_1 p_0} = \frac{49.32}{38.88} \times 100\% = 126.85\%$$

原材料价格提高而增加的费用为：

$$\sum q_1 m_1 p_1 - \sum q_1 m_1 p_0 = 49.32 - 38.88 = 10.44(万元)$$

(4)综合分析

$$167.76\% \approx 146.67\% \times 90.17\% \times 126.85\%$$
$$19.92 \ 万元 = 13.72 \ 万元 + (-4.24) 万元 + 10.44 \ 万元$$

由于产品产量增加 46.67%，原材料费用增加 13.72 万元；由于单位产品原材料消耗量降低 9.83% 而节约的原材料费用 4.24 万元；由于单位原材料价格提高 26.85% 使原材料费用增加 10.44 万元。在以上三种因素的共同作用下，该企业生产两种产品的原材料费用总额增加 67.76%，即 19.92 万元。

(四)平均指标变动的因素分析

平均指标变动的因素分析的对象是总体平均水平的变动，分析的目的是测定总体结构内两个因素的变动对总体水平数的影响方向、影响程度和影响的增减值。平均指标的大小受变量值 x 和权数 f 两个因素的影响，那么将两个时期的加权算术平均数进行对比时，仍存在着这两个因素的影响。按照综合指数编制原理建立平均指数体系，就可以进行因素分析，其与总量指标变动的因素分析不同之处在于，这里的指数都是将两个总平均水平对比得到的，其指数体系为：

$$可变构成指数＝固定构成指数 \times 结构影响指数$$

将报告期总体平均数与基期总体平均数对比得到的相对数,称为可变构成指数,用 $\bar{k}_{可变}$ 表示。它反映的是总体平均水平的总变动程度。其计算公式为:

$$\bar{k}_{可变} = \frac{\sum x_1 f_1}{\sum f_1} \div \frac{\sum x_0 f_0}{\sum f_0}$$

将总体结构固定在报告期,以消除结构因素变动的影响,单纯测定各组变量值的变动对总体平均水平的影响程度的指数,称为固定构成指数,用 $\bar{k}_{固定}$ 表示。其计算公式为:

$$\bar{k}_{固定} = \frac{\sum x_1 f_1}{\sum f_1} \div \frac{\sum x_0 f_1}{\sum f_1}$$

将各组变量值固定在基期,以消除变量值变动的影响,单纯地测定总体结构变动对总体平均水平的影响程度的指数,称为结构影响指数,用 $\bar{k}_{结构}$ 表示。其计算公式为:

$$\bar{k}_{结构} = \frac{\sum x_0 f_1}{\sum f_1} \div \frac{\sum x_0 f_0}{\sum f_0}$$

【例 6-8】现在以表 6-10 某企业两类工人的工资水平和人数资料为例,来说明如何进行平均指标变动的因素分析。

表 6-10　某企业两类工人的工资水平和人数资料

工人类别	工人数/人		平均工资/元		工资总额/元		
	基期 f_0	报告期 f_1	基期 x_0	报告期 x_1	$x_0 f_0$	$x_1 f_1$	$x_0 f_1$
技工	850	810	9 000	9 500	7 650 000	7 695 000	7 290 000
徒工	500	719	5 120	5 670	2 560 000	4 076 730	3 681 280
合计	1 350	1 529	—	—	10 210 000	11 771 730	10 971 280

将表中资料代入上述公式中,计算三种平均指数如下:

$$\bar{k}_{可变} = \frac{\sum x_1 f_1}{\sum f_1} \div \frac{\sum x_0 f_0}{\sum f_0} = \frac{11\ 771\ 730}{1\ 529} \div \frac{10\ 210\ 000}{1\ 350} \approx 101.80\%$$

$$\frac{\sum x_1 f_1}{\sum f_1} - \frac{\sum x_0 f_0}{\sum f_0} = \frac{11\ 771\ 730}{1\ 529} - \frac{10\ 210\ 000}{1\ 350} = 136.01(元)$$

$$\bar{k}_{固定} = \frac{\sum x_1 f_1}{\sum f_1} \div \frac{\sum x_0 f_1}{\sum f_1} = \frac{11\ 771\ 730}{1\ 529} \div \frac{10\ 971\ 280}{1\ 529} = 107.30\%$$

$$\frac{\sum x_1 f_1}{\sum f_1} - \frac{\sum x_0 f_1}{\sum f_1} = \frac{11\ 771\ 730}{1\ 529} - \frac{10\ 971\ 280}{1\ 529} = 523.51(元)$$

$$\bar{k}_{\text{结构}} = \frac{\sum x_0 f_1}{\sum f_1} \div \frac{\sum x_0 f_0}{\sum f_0} = \frac{10\ 971\ 280}{1\ 529} \div \frac{10\ 210\ 000}{1\ 350} = 94.88\%$$

$$\frac{\sum x_0 f_1}{\sum f_1} - \frac{\sum x_0 f_0}{\sum f_0} = \frac{10\ 971\ 280}{1\ 529} - \frac{10\ 210\ 000}{1\ 350} = -387.50(元)$$

以上计算结果表明,由于各组工人的工资水平提高了,总平均工资提高了7.30%,提高的数额为平均每人523.51元;由于工人内部结构的变化,总平均工资降低了5.12%,降低的数额为平均每人387.50元。以上两个因素共同作用,使该企业全部工人的总平均工资提高了1.80%,平均每人增加了136.01元。

想一想

为什么各组平均工资水平提高了7.30%,实际平均每人增加了523.51元,而该企业总平均工资却只提高了1.80%,平均每人只增加了136.01元?

任务五 认识几种常用的经济指数

一、居民消费价格指数(CPI)

(一)CPI的概念

居民消费价格指数(consumer pricein dex,简称CPI),是度量一组代表性消费品及服务项目价格水平变动程度的相对数,用来反映城乡居民所消费商品及服务价格水平变动情况的宏观经济指标。CPI报告期为月度。

(二)CPI的作用

CPI的编制过程主要采用大家所熟知的拉氏公式。消费价格指数是月月编制、月月公布的,是环比指数。权数固定在基期上,给指数的计算带来了很大的方便。CPI是宏观经济分析和决策、价格总水平监测和调控以及国民经济核算的重要指标,在经济社会生活中有以下主要作用:

1.反映通货膨胀(紧缩)的程度

通货膨胀是指流通中的货币数量超过经济实际需要而引起的货币贬值和物价水平全面而持续的上涨。一般将1%~3%的年度CPI上涨率称为爬行的通货膨胀,将3%~6%的年度CPI上涨率称为温和的通货膨胀,超过10%的物价上涨率应引起重视。通货紧缩是指流通中的货币数量减少,居民的货币所得减少,购买力下降,影响物价下跌,通货紧缩是通货膨胀的反现象。在经济实践中,观察消费者价格指数(CPI)是否由正转变为负,且物价是否全面持续下降,可以判断某个时期的物价下跌是不是通货紧缩。

2.用于国民经济核算

在 GDP 核算中,通常使用居民消费价格总指数及分类指数,对相关现价总量指标进行缩减,剔除价格变动因素的影响,实现不同时期经济指标之间的可比,从而计算不变价增长速度。

3.用于计算货币购买力

CPI 的倒数通常被视为货币购买力指数,即货币购买力的变化与 CPI 的变化成反比关系。

(三)CPI 的编制

1.CPI 调查目录

编制 CPI,首先确定将要调查的商品和服务项目。与国际上做法一样,我国统计部门抽选一组居民经常消费的、对居民生活影响较大的、有代表性的、固定数量的商品和服务,这一组固定数量的商品和服务统称为“商品篮子”。目前,CPI 价格调查食品烟酒、衣着、居住、生活用品及服务、交通和通信、教育文化和娱乐、医疗保健、其他用品和服务共 8 个大类、262 个基本分类的商品与服务价格。

2.CPI 调查范围

CPI 价格调查在 31 个省(区、市)中抽取 500 个市县开展,在这些市县采用抽样调查方法抽选确定价格调查网点。

3.CPI 价格指数对比基期

从 2000 年开始,CPI 计算由每月变动对比基期改为固定对比基期,居民消费价格首轮对比基期定为 2000 年,即以 2000 年平均价格为基期价格。考虑到消费市场的发展变化、居民消费的升级换代,为更准确地反映居民消费结构的新变化和物价的实际变动,规定每 5 年进行一次基期轮换。CPI 基期轮换包括调查商品“篮子”、调查网点、代表规格品和权数等的调整。从 2016 年开始到 2020 年的 5 年,使用 2015 年作为对比基期,调查商品和权数以 2015 年的城乡居民消费支出结构来确定。

4.CPI 计算

实践中,各国统计部门认为拉氏价格指数是一种较好的指数编制计算方法,并广泛使用该公式编制重要价格指数。拉氏公式是将同度量因素(权数)固定在基期,来衡量报告期价格综合变动水平,我国 CPI 也采用拉氏价格指数进行编制。

 巩固加深

请思考:房屋价格是否纳入 CPI 的计算？原因是什么？

视野拓展

2023 年 1 月份居民消费价格同比上涨 2.1%环比上涨 0.8%

2023 年 1 月份,全国居民消费价格同比上涨 2.1%。其中,城市上涨 2.1%,农村上涨 2.1%;食品价格上涨 6.2%,非食品价格上涨 1.2%;消费品价格上涨 2.8%,服务价格上涨 1.0%。

1 月份,如图 6-1 所示,全国居民消费价格环比上涨 0.8%。其中,城市上涨 0.8%,农村上涨 0.5%;食品价格上涨 2.8%,非食品价格上涨 0.3%;消费品价格上涨 0.7%,服务价格上涨 0.8%。

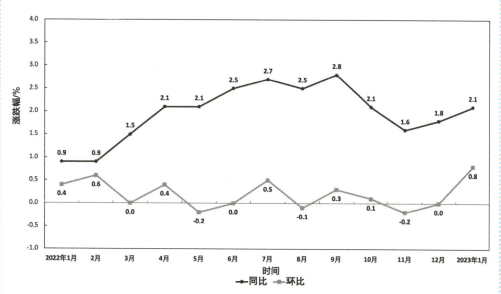

图 6-1　全国居民消费价格涨跌幅

1.各类商品及服务价格同比变动情况

1 月份,食品烟酒类价格同比上涨 4.7%,影响 CPI(居民消费价格指数)上涨约 1.33 个百分点。食品中,鲜果价格上涨 13.1%,影响 CPI 上涨约 0.27 个百分点;蛋类价格上涨 8.4%,影响 CPI 上涨约 0.06 个百分点;鲜菜价格上涨 6.7%,影响 CPI 上涨约 0.16 个百分点;畜肉类价格上涨 6.6%,影响 CPI 上涨约 0.21 个百分点,其中猪肉价格上涨 11.8%,影响 CPI 上涨约 0.16 个百分点;水产品价格上涨 4.8%,影响 CPI 上涨约 0.09 个百分点;粮食价格上涨 2.7%,影响 CPI 上涨约 0.05 个百分点。

其他七大类价格同比六涨一降。其中,其他用品及服务、教育文化娱乐、交通通信价格分别上涨 3.1%、2.4%和 2.0%,生活用品及服务、医疗保健、衣着价格分别上涨 1.6%、0.8%和 0.5%;居住价格下降 0.1%。如图 6-2 所示。

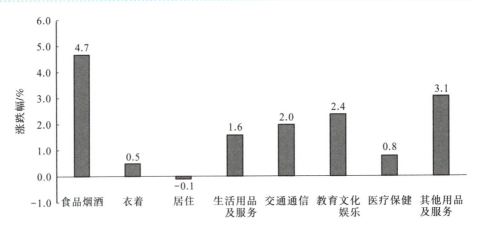

图 6-2　1月份居民消费价格分类别同比涨跌幅

2.各类商品及服务价格环比变动情况

1月份,食品烟酒类价格环比上涨 2.0％,影响 CPI 上涨约 0.57 个百分点。食品中,鲜菜价格上涨 19.6％,影响 CPI 上涨约 0.41 个百分点;鲜果价格上涨 9.2％,影响 CPI 上涨约 0.19 个百分点;水产品价格上涨 5.5％,影响 CPI 上涨约 0.10 个百分点;畜肉类价格下降 5.3％,影响 CPI 下降约 0.19 个百分点,其中猪肉价格下降 10.8％,影响 CPI 下降约 0.18 个百分点;蛋类价格下降 2.1％,影响 CPI 下降约 0.02 个百分点。

其他七大类价格环比四涨两平一降。其中,教育文化娱乐、其他用品及服务价格分别上涨 1.3％和 1.1％,医疗保健、交通通信价格分别上涨 0.3％和 0.2％;居住、生活用品及服务价格均持平;衣着价格下降 0.5％。如图 6-3 所示。

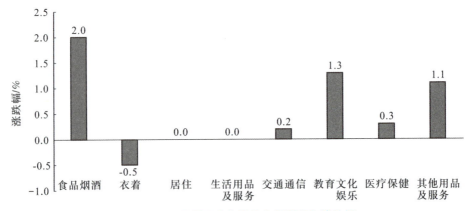

图 6-3　1月份居民消费价格分类别环比涨跌幅

(数据来源:国家统计局,http://www.stats.gov.cn/sj/zxfb/202302/t20230220_1913661.html)

思政园地

扫码阅读▼
如何看待 CPI 走势?

扫码阅读▼
国家统计局:我国核心
CPI 仍然保持稳定

二、工业生产者出厂价格指数(PPI)

(一)PPI 的概念

根据国际货币基金组织(IMF)《生产者价格指数手册》,生产者价格指数(producer price index,简称 PPI),理论上应涵盖所有产业的生产者价格指数,即包括农业生产者价格指数、工业生产者价格指数和服务业生产者价格指数。工业生产者价格指数是其中的重要组成部分,由于历史及技术原因,目前许多国家编制和发布的 PPI 仅指工业生产者出厂价格指数。工业生产者出厂价格指数,是反映工业生产企业产品出厂价格水平变动程度的相对数,PPI 报告期为月度。

(二)PPI 的作用

1.监测工业产品价格变动情况

PPI 反映了国民经济活动处于生产环节和上游领域的产品价格情况,对监测宏观经济运行情况、分析预测下游产品价格变化趋势具有重要作用。

2.用于国民经济核算

国民经济核算需要各种价格指数,如 CPI、PPI 以及 GDP 平减指数等,从而剔除价格因素的影响。从 2004 年 1 月起,国家统计局开始在全国范围内采用价格指数缩减法计算

工业发展速度,工业生产者价格指数的高低直接影响工业发展速度。

3.度量通货膨胀(紧缩)

与 CPI 一样,PPI 也是度量通货膨胀(紧缩)的重要指标。国家经济管理部门通过监测 PPI 研判通货膨胀(紧缩)的趋势,进行宏观经济分析和预测。

4.用于企业谈判和企业经济效益分析

在企业商业谈判中,双方可以约定依据 PPI 的涨跌对供销合同结算额进行调整,以避免通货膨胀(紧缩)给合同执行带来风险。PPI 的变化会对工业企业的经济效益产生重要影响,在企业经济效益分析中,利用 PPI 可以分析企业经济效益变动情况。

(三)PPI 的编制

1.PPI 调查目录

PPI 调查目录五年修订一次,2015 年确定了新基期的调查目录。PPI 调查目录包含了 41 个工业行业大类、207 个工业行业中类、666 个工业行业小类、1 638 个基本分类、2 万多种代表产品。价格调查实行月报,调查日期为调查月的 5 日和 20 日。

2.代表产品的选择

编制 PPI,是以代表产品的价格变动来反映全部产品的价格变化。代表产品首先应当有充分的代表性,代表产品价格变动水平能够代表该类产品的价格变动,代表产品价格变动的总体平均水平能够基本反映全部产品价格变动的平均水平。

3.代表企业的选择

代表企业,即填报产品价格的调查企业,是工业生产者价格资料的基层填报单位,准确选择填报企业是保证价格指数代表性和准确性的重要前提。

4.PPI 计算

首先计算在不同企业调查的相同规格品的报告月价格和上月价格变动相对数;将上一步计算的各规格品价格相对数,几何平均计算得出代表产品的月环比价格指数;再根据各个代表产品的月环比价格指数,采用几何平均法计算得出基本分类的月环比价格指数;然后通过链式拉氏公式,将基本分类的环比价格指数汇总为更高级别的环比指数和定基指数,并推算同比、累计比等其他指数。

 视野拓展

2023 年 1 月份工业生产者出厂价格同比下降 0.8% 环比下降 0.4%

2023 年 1 月份,全国工业生产者出厂价格同比下降 0.8%,环比下降 0.4%,如图 6-4 所示。

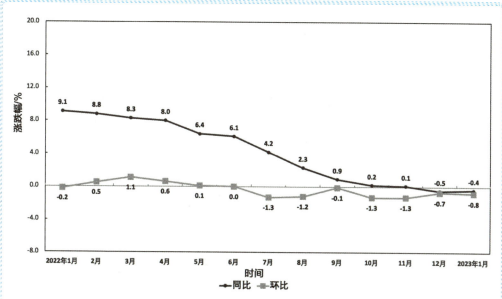

图 6-4　工业生产者出厂价格涨跌幅

1.1 月份工业生产者价格同比变动情况

工业生产者出厂价格中,如图 6-5 所示,生产资料价格下降 1.4%,影响工业生产者出厂价格总水平下降约 1.10 个百分点。其中,采掘工业价格上涨 2.0%,原材料工业价格下降 0.1%,加工工业价格下降 2.3%。如图 6-6 所示,生活资料价格上涨 1.5%,影响工业生产者出厂价格总水平上涨约 0.35 个百分点。其中,食品价格上涨 2.8%,衣着价格上涨 1.9%,一般日用品价格上涨 1.2%,耐用消费品价格上涨 0.3%。

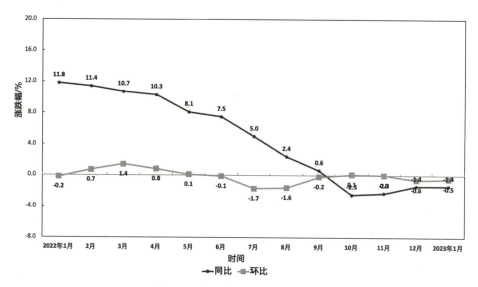

图 6-5　生产资料出厂价格涨跌幅

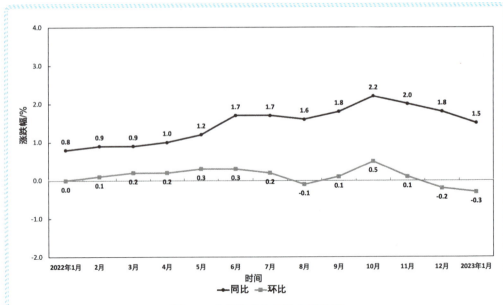

图 6-6　生活资料出厂价格涨跌幅

2.1 月份工业生产者价格环比变动情况

　　工业生产者出厂价格中,生产资料价格下降 0.5%,影响工业生产者出厂价格总水平下降约 0.38 个百分点。其中,采掘工业价格下降 1.0%,原材料工业价格下降 0.7%,加工工业价格下降 0.4%。生活资料价格下降 0.3%,影响工业生产者出厂价格总水平下降约 0.06 个百分点。其中,食品价格下降 0.5%,衣着价格下降 0.3%,一般日用品价格持平,耐用消费品价格下降 0.2%。

　　(资料来源:国家统计局,https://www.stats.gov.cn/sj/zxfb/202302/t20230220_1913662.html)

三、采购经理指数(PMI)

(一)PMI 的概念

　　采购经理指数(purchasing managers' index,简称 PMI)是通过对企业采购经理的调查结果统计汇总、编制而成的月度综合性指数,涵盖企业采购、生产、流通等各个环节,是国际上通行的宏观经济监测指标之一。由于采购经理调查简单易行、科学合理,目前国际上有 50 多个国家和地区编制并发布 PMI 指数。

　　PMI 是宏观经济变化的晴雨表,对国家经济活动的监测、预测和预警具有重要作用。PMI 指标体系包括制造业和非制造业领域,分别反映制造业和非制造业经济总体变化趋势,及企业经营活动多个侧面的运行情况。PMI 具有先行指数的特性,可以方便、及时地显示经济变化的趋势和范围,预测经济拐点。PMI 取值范围为 0~100%,50% 为扩张与收缩的临界点;高于 50%,表示经济活动比上月有所扩张;低于 50%,表示经济活动比上月有所收缩。PMI与临界点的距离,表示扩张和收缩的程度。

(二)PMI 的作用

PMI用于监测经济周期性波动以及预测未来经济走势,为宏观经济政策制定、行业发展状况分析、企业生产经营以及金融投资活动等方面提供参考依据。主要体现在以下三个方面:

一是预测未来经济走势,分析研判经济拐点。PMI是一个先行指数,通过对当前和历史数据的比较,为研判宏观经济运行的方向提供重要的参考信息。

二是监测经济内部结构变化。PMI的细分指标可以从行业、规模和生产经营环节等不同侧面反映经济变化情况。

三是辅助企业经营决策。企业可以通过PMI了解整体经济和行业发展的运行态势,及时调整生产计划,制定符合企业长期发展要求的战略。

(三)PMI 的编制

采购经理指数的编制方法,采用国际通行做法,即分类指数采用扩散指数法,综合指数采用加权合成指数法。PMI编制大致分为三个流程:计算分类指数、合成PMI综合指数、季节调整。

1.分类指数计算

制造业和非制造业PMI指数体系中的各分类指数均采用扩散指数方法计算,即正向回答的企业个数百分比加上回答不变的百分比的一半。计算公式如下:

$$DI = \text{"增加"选项的百分比} \times 1 + \text{"持平"选项的百分比} \times 0.5$$

2.综合指数计算

(1)制造业 PMI 计算

制造业PMI是一个综合指数,由新订单、生产、从业人员、供应商配送时间、原材料库存五个分类指数加权计算而成。其中供应商配送时间指数为逆指数,在合成制造业PMI综合指数时进行逆向运算。计算公式如下:

$$PMI = \text{新订单} \times 30\% + \text{生产} \times 25\% + \text{从业人员} \times 20\% +$$
$$(100 - \text{供应商配送时间}) \times 15\% + \text{原材料库存} \times 10\%$$

(2)综合 PMI 产出指数计算

综合PMI产出指数由制造业生产指数和非制造业商务活动指数加权求和而成,权数分别为制造业和非制造业占两者增加值之和的比重。计算公式如下:

$$\text{综合 PMI 产出指数} = \text{制造业生产指数} \times \text{制造业权重} + \text{非制造业商务活动指数} \times \text{非制造业权重}$$

由于非制造业采购经理调查开展时间较短,目前尚没有国际通行的非制造业PMI综合指数编制方法,世界上包括我国在内的大多数国家均使用商务活动指数反映非制造业经济发展的总体变化情况。

3.季节调整

采购经理调查是一项月度调查,受季节因素影响,数据波动较大。为了消除季节因素的影响,保证月度数据之间的可比性,国家统计局按照国际通行方法对所有指数进行了季节调整。

 视野拓展

2023年1月中国制造业采购经理指数运行情况

2023年1月份,如图6-7所示,PMI为50.1%,比上月上升3.1个百分点,升至临界点以上,制造业景气水平明显回升。

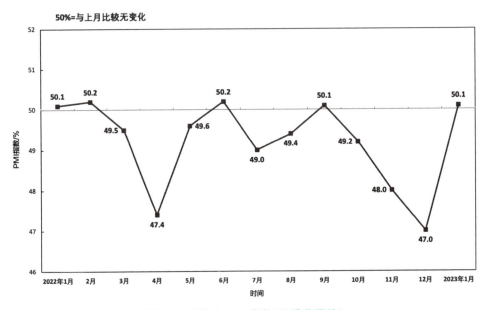

图 6-7 制造业 PMI 指数(经季节调整)

(数据来源:国家统计局,http://www.stats.gov.cn/sj/zxfb/202302/t20230203_1901737.html)

从企业规模看,大型企业PMI为52.3%,比上月上升4.0个百分点,高于临界点;中、小型企业PMI分别为48.6%和47.2%,比上月上升2.2和2.5个百分点,均低于临界点。

从分类指数看,在构成制造业PMI的五个分类指数中,新订单指数高于临界点,生产指数、原材料库存指数、从业人员指数和供应商配送时间指数均低于临界点,如表6-11所示。

表 6-11　中国制造业采购经理指数各指标情况(经季节调整)

单位:%

	PMI	生产	新订单	原材料库存	从业人员	供应商配送时间	新出口订单	进口	采购量	主要原材料购进价格	出厂价格	产成品库存	在手订单	生产经营活动预期
2022年1月	50.1	50.9	49.3	49.1	48.9	47.6	48.4	47.2	50.2	56.4	50.9	48.0	45.8	57.5
2022年2月	50.2	50.4	50.7	48.1	49.2	48.2	49.0	48.6	50.9	60.0	54.1	47.3	45.2	58.7
2022年3月	49.5	49.5	48.8	47.3	48.6	46.5	47.2	46.9	48.7	66.1	56.7	48.9	46.1	55.7
2022年4月	47.4	44.4	42.6	46.5	47.2	37.2	41.6	42.9	43.5	64.2	54.4	50.3	46.0	53.3
2022年5月	49.6	49.7	48.2	47.9	47.6	44.1	46.2	45.1	48.4	55.8	49.5	49.3	45.0	53.9
2022年6月	50.2	52.8	50.4	48.1	48.7	51.3	49.5	49.2	51.1	52.0	46.3	48.6	44.2	55.2
2022年7月	49.0	49.8	48.5	47.9	48.6	50.1	47.4	46.9	48.9	40.4	40.1	48.0	42.6	52.0
2022年8月	49.4	49.8	49.2	48.0	48.9	49.5	48.1	47.8	49.2	44.3	44.5	45.2	43.1	52.3
2022年9月	50.1	51.5	49.8	47.6	49.0	48.7	47.0	48.1	50.2	51.3	47.1	47.3	44.1	53.4
2022年10月	49.2	49.6	48.1	47.7	48.3	47.1	47.6	47.9	49.3	53.3	48.7	48.0	43.9	52.6
2022年11月	48.0	47.8	46.4	46.7	47.4	46.7	46.7	47.1	47.1	50.7	47.4	48.1	43.4	48.9
2022年12月	47.0	44.6	43.9	47.1	44.8	40.1	44.2	43.7	44.9	51.6	49.0	46.6	43.1	51.9
2023年1月	50.1	49.8	50.9	49.6	47.7	47.6	46.1	46.7	50.4	52.2	48.7	47.2	44.5	55.6

生产指数为 49.8%,比上月上升 5.2 个百分点,表明制造业生产景气水平较快回暖。

新订单指数为 50.9%,比上月上升 7.0 个百分点,表明制造业市场需求有所回升。

原材料库存指数为 49.6％，比上月上升 2.5 个百分点，表明制造业主要原材料库存量降幅明显收窄。

从业人员指数为 47.7％，比上月上升 2.9 个百分点，表明制造业企业用工景气度有所上升。

供应商配送时间指数为 47.6％，比上月上升 7.5 个百分点，表明制造业原材料供应商交货时间延长情况有所改善。

扫码阅读▼
2024 年 3 月全球制造业 PMI 为 50.3％
重回扩张区间、全球经济稳中趋升

四、股票价格指数

股票价格指数简称股价指数，是用来反映股票市场价格变动的一种专用经济指标。股价指数可以按年、季、月来编制，但因股价涨跌迅速，一般要求按日编制。它以某年某月某一日的股价作为基期股价，这一日称为基日，基日指数通常定为 100，以后各日的股价同基日股价相比计算出百分数，即为各日股价指数。股价指数通常运用综合指数形式，一般以股票发行量为权数，也有以成交量为权数的。

扫码阅读▼
上证股价指数

扫码阅读▼
深证成分股指数
与深证综合指数

扫码阅读▼
道·琼斯股票
价格指数

扫码阅读▼
首批中证 A50 交易
型开放式指数基金
今天上市

任务六　运用 Excel 进行统计指数分析

在 Excel 中,主要是用公式输入并结合填充柄功能计算统计指数。下面以例 6-6"根据表 6-8 中三种商品资料,从相对数和绝对数两方面分析销售额变动的原因"为例,介绍在 Excel 中编制统计指数的操作方法。

具体操作步骤如下:

(1)在 Excel 表格中输入表 6-8 中的"商品名称""计量单位""销售量""价格"相关数据。

(2)在单元格 G3、H3、I3 中分别输入"$q_0 p_0$""$q_1 p_1$""$q_1 p_0$",在单元格 A11、A12、A13 中分别输入"销售额指数""销售量指数""价格指数",在单元格 B10、C10 中分别输入"指数""增减额"。

(3)计算"$q_0 p_0$"。在单元格 G4 中输入"＝C4＊E4",按【Enter】键,并使用填充柄将公式复制到 G5:G6。

(4)计算"$q_1 p_1$"。在单元格 H4 中输入"＝D4＊F4",按【Enter】键,并使用填充柄将公式复制到 H5:H6。

(5)计算"$q_1 p_0$"。在单元格 I4 中输入"＝D4＊E4",按【Enter】键,并使用填充柄将公式复制到 I5:I6。

(6)计算合计数。在单元格 G7 中输入"＝SUM(G4:G6)",按【Enter】键,并使用填充柄将公式复制到 H7:I7。

(7)编制"销售额指数"和计算"增减额"。在单元格 B11 中输入"＝H7/G7",按【Enter】键,在单元格 C11 中输入"＝H7－G7",按【Enter】键。

(8)编制"销售量指数"和计算"增减额"。在单元格 B12 中输入"＝I7/G7",按【Enter】键,在单元格 C12 中输入"＝I7－G7",按【Enter】键。

(9)编制"价格指数"和计算"增减额"。在单元格 B13 中输入"＝H7/I7",按【Enter】键,在单元格 C13 中输入"＝H7－I7",按【Enter】键。

(10)设置数字格式。选定 B11:B13,右键选择【设置单元格格式】,在出现的对话框中选择【数字】,在【分类】列表框中选择【百分比】,将【小数位数】确定为"2",单击【确定】,结果如图 6-8 所示。

▲	A	B	C	D	E	F	G	H	I
1	某商场三种商品销售资料								
2	商品名称	计量单位	销售量		价格／元		销售额／元		
3			q_0	q_1	p_0	p_1	q_0p_0	q_1p_1	q_1p_0
4	手套	副	200	140	68	70	13600	9800	9520
5	上衣	件	460	500	300	320	138000	160000	150000
6	长裤	条	120	180	240	200	28800	36000	43200
7	合计	–	–	–	–	–	180400	205800	202720
8									
9									
10			指数	增减额					
11	销售额指数		114.08%	25400					
12	销售量指数		112.37%	22320					
13	价格指数		101.52%	3080					

图 6-8　编制统计指数

扫码获取▼
本任务数据源

知识归纳

统计指数是用来分析社会经济现象数量变动的对比性指标。广义指数是指一切说明社会经济现象数量变动的相对数。狭义指数是一种特殊的相对数,即用来说明不能直接相加的复杂社会经济现象综合变动程度的相对数。

综合指数的编制特点是"先综合后对比"。编制综合指数必须明确指数化指标和同度量因素,指数化指标是被测定的因素,同度量因素也称权数,作为同度量因素的指标固定在哪个时期上不是固定不变的。通常情况下,在计算数量指标综合指数时,一般采用基期的质量指标作为同度量因素;编制质量指标综合指数时,一般采用报告期的数量指标作为同度量因素。

平均指数是总指数的另一种重要形式,它是通过个体指数采用加权平均的方法编制的,有加权算术平均数指数和加权调和平均数指数两种。平均指数的编制特点是"先对比后平均",又称可变构成指数。可变构成指数＝固定构成指数×结构影响指数。

指数体系是经济上有联系、数量上保持着对等关系的若干个指数所构成的整体,因素分析就是借助指数体系来分析现象总变动中各影响因素变动的影响程度。因素分析包括相对数分析和绝对数分析两种,前者是用各个指数计算结果来分析;后者则是利用各指数的分子与分母之差所形成的绝对值来分析。

　　统计指数在社会经济领域具有广泛应用,是帮助人们观测社会经济运行状况的晴雨表,常用的指数有居民消费价格指数(CPI)、工业生产者出厂价格指数(PPI)、采购经理指数(PMI)和股票价格指数等。

扫码答题▼
项目六习题

项目七　抽样推断分析

学习目标

知识目标

1.了解抽样推断的意义及特点；

2.熟练掌握总体和样本、参数和统计量、样本容量和样本个数、重复抽样和不重复抽样等抽样的基本概念；

3.了解抽样误差的意义及影响抽样误差大小的因素；

4.了解抽样平均误差的意义，掌握抽样平均误差的计算；

5.掌握抽样极限误差的意义及计算；

6.理解概率度的意义及其与抽样推断可靠程度的关系；

7.掌握抽样估计的方法与步骤；

8.掌握抽样组织设计。

能力目标

1.能够计算重复简单随机抽样的有关总体、样本指标；

2.能够计算不重复简单随机抽样的有关总体、样本指标；

3.能够根据有关资料进行必要抽取数目的计算；

4.能够根据有关资料进行区间估计；

5.能够熟练运用 Excel 软件进行抽样推断分析。

思政目标

1.介绍抽样调查发展史，培养学生发现问题的能力；

2.通过抽样推断实际操作，培养学生的敬业精神。

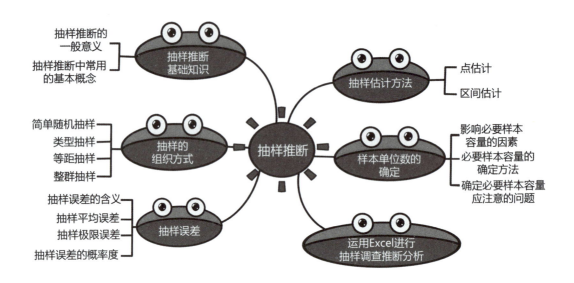

 导入阅读

抽样调查方法的应用

总体抽样设计

由于一个城市中居民的户数可能多达数百万,除了一些大型的市场研究机构和国家统计部门之外,大多数企业都不具有这样庞大的居民户名单。这种情况决定了抽样设计只能采取多阶段抽选的方式。根据调查要求,抽样分为两个阶段进行,第一阶段是从全市的居委会名单中抽选出 50 个样本居委会,第二阶段是从每个被选中的居委会中抽选出 20 户居民。

对居委会的抽选

从统计或者民政部门,我们可以获得一个城市的居委会名单。将居委会编上序号后,用计算机产生随机数的方法,可以简单地抽选出所需要的 50 个居委会。

如果在居委会名单中还包括了居委会户数等资料,则在抽选时可以采用不等概率抽选的方法。如果能够使一个居委会被抽中的概率与居委会的户数规模成正比,这种方法就是所谓 PPS(probability proportional to size)抽样方法。PPS 抽样是一种"自加权"的抽样方法,它保证了在不同规模的居委会均抽选 20 户样本的情况下,每户样本的代表性是相同的,从而最终的结果可以直接进行平均计算。当然,如果资料不充分,无法进行 PPS 抽样,那么利用事后加权的方法,也可以对调查结果进行有效推断。

在居委会中的抽样

在选定了居委会之后,对居民户的抽选将使用居委会地图来进行操作。此时,需要派出一些抽样员,到各居委会绘制居民户的分布图,抽样员需要了解居委会的实际位置、实际覆盖范围,并计算每一幢楼中实际的居住户数。然后,抽样员根据样本量的要求,采用等距或者其他方法,抽选出其中的若干户,作为最终访问的样本。

确定受访者

访问员根据抽样员选定的样本户,进行入户访问。以谁为实际的被调查者,是抽样设计中最后一个问题。如果调查内容涉及的是受访户的家庭情况,则对受访者的选择可以根据成员在家庭生活中的地位确定,例如,可以选择使用计算机最多的人、收入最高的人、实际负责购买决策的人,等等。

如果调查内容涉及的是个人行为,则家庭中每一个成年人都可以作为被调查者,此时就需要进行第二轮抽样,因为如果任凭访问员人为确定受访者,最终受访者就可能会偏向某一类人,例如家庭中比较好接触的老人、妇女等。

在家庭中进行第二轮抽样的方法是由美国著名抽样调查专家 Leslie Kish 发明的,一般称为 KISH 表方法。访问员入户后,首先记录该户中所有符合调查条件的家庭成员的人数,并按年龄大小进行排序和编号。随后,访问员根据受访户的编号和家庭人口数的交叉点,在表中找到一个数,并以这个数所对应的家庭成员作为受访者。

上述案例是一个典型的两阶段入户调查的现场抽样设计,从设计的全过程可以看到,随机性原则分别在选择居委会、选择居民户和入户后选择受访者等环节中得到体现。在任何一个环节中,如果随机原则受到破坏,都有可能对调查结果造成无法估计的偏差。调查中的抽样设计是一个复杂的技术环节,非专业的研究人员对此问题需要给予特殊关注。

(资料来源:https://wenku.baidu.com/aggs/c3d8926fb84ae45c3b358cca? index = 4&_wkts_=1679992662843)

任务一　掌握抽样推断基础知识

一、抽样推断的一般意义

(一)抽样推断的概念

抽样推断是按照随机原则从总体中抽取部分单位作为样本进行调查登记,在此基础上,运用抽取的样本资料计算样本指标,在一定的概率保证程度下,推断总体相应数量特征的一种统计方法。统计分析的主要任务,就是要反映现象总体的数量特征。但在实际工作中,不可能也没有必要每次都对总体的所有单位进行全面调查。在很多情况下,只需抽取总体的一部分单位作为样本,通过分析样本的实际资料来估计和推断总体的数量特征,以达到对现象总体的认识。

想一想

一天,爸爸叫儿子去买一盒火柴。临出门前,爸爸嘱咐儿子要买能划燃的火柴。儿子拿着钱出门了,过了好一会儿,儿子才回到家。

"火柴能划燃吗?"爸爸问。

"都能划燃。"

"你这么肯定?"

儿子递过一盒划过的火柴,兴奋地说:"我每根都试过啦。"

问:在这则笑话中,儿子采用的是什么调查方式?这种调查方式好不好?还可采用什么方法调查?

(二)抽样推断的特点

1.抽样推断是由部分推算整体的一种认识方法

抽样调查是一种非全面调查,只调查总体中的一部分单位,与全面调查不同;抽样调查是根据一部分单位的指标数值,推断总体的指标数值,不同于重点调查的调查结果不能用来推断总体指标数值。

2.抽样推断是建立在随机取样的基础上的

随机原则就是总体中样本单位的中选或不中选,不受主观因素的影响,每一单位都有相等的中选可能性。只有把抽样推断建立在随机样本的基础上,才可能事先掌握各种样本出现的可能性大小,提供样本指标数值的分布情况,计算样本指标的抽样平均误差,同时估计样本指标与总体指标之间抽样误差不超过一定范围的概率保证程度。只有坚持抽样的随机原则,抽样推断才可能利用概率论原理来研究样本指标与总体指标的关系,确定优良估计标准,为寻求更有效的抽样组织形式建立科学的理论基础。

3.抽样推断是运用概率估计的方法

利用样本指标来估计总体指标,从数学上来讲是运用了不确定的概率估计法,而不是确定的数学分析方法,因此不能利用一定的函数关系来推算总体参数。抽样推断原则上把由样本观察值所决定的样本指标看作随机变量。实践中往往只抽取一个样本,并以样本指标数值为基础估计相应的总体指标数值,接着需要解决的问题便是这样估计的总体指标数值可靠程度究竟有多高。

4.抽样推断的误差可以事先计算并加以控制

以样本指标估计相应的总体指标虽然存在一定的误差,但与其他统计估算不同,抽样误差范围可以事先通过有关资料加以计算,并且可以采取必要的抽样组织形式或者方法来进行控制,以保证抽样推断的结果达到一定的可靠程度。也可以这样说,抽样调查就是根据事先给定的允许误差范围或可靠程度进行设计的,这些都是其他估算方法办不到的。

(三)抽样推断的作用

抽样调查是统计学中最重要的方法之一,它广泛应用于物理、生物、天文、气象、医学、农业、工业、商业、金融、教育等各个领域。抽样调查的应用之所以如此广泛,主要在于它具有明显的经济性、实用性和科学性。统计抽样调查的作用具有以下几个方面:

1.节省调查成本

全面调查要调查总体中的全部单位,耗费的人力、物力和财力非常大;抽样调查只调查总体中的小部分单位,可大大节省人力、物力和财力。

2.调查速度快

由于抽样调查所要调查的单位只占总体全部单位的极小部分,所得资料可以快速进行汇总与分析,方便人们及时利用调查结果。特别是紧急需要有关信息时,抽样调查的重要性更为突出。

3.调查结果准确可靠

抽样调查的调查单位少,参加调查汇总的人员也少,并可对其进行严格的训练,因而产生登记性误差的可能性就更小,这样就可提高调查质量。例如,保险公司在增加某一新险种之前,必须对公众对新险种的态度有大致的了解。如果通过全面调查了解公众对新险种的态度,势必要花费保险公司难以承受的人力、物力和财力;如果采用抽样调查,只需调查公众中的一小部分,不但能节省人力、物力和财力,还能在短期内获得可靠的结果,从而可以对增加新险种的效益做出较准确的估计。

4.应用范围广

抽样调查应用范围较广,包括以下几个方面:

(1)对于无限总体只能进行抽样调查。

(2)有些事物在测量或试验时有破坏性,不能进行全面调查,只能进行抽样调查。例如,农产品的田间试验、电视机使用寿命检验等。

(3)有些总体从理论上讲可以进行全面调查,但实际上办不到。例如,要了解某河流中有多少条鱼,虽然河中鱼的数量是有限的,但这绝不可能做全面调查。

(4)在某些调查中,必须使用受过高度训练的人员或专用设备来获得有关的数据,而这种人员和设备在数量上又有限,只能进行抽样调查。

二、抽样推断中常用的基本概念

(一)全及总体和样本总体

全及总体是我们所要研究的对象,而样本总体则是我们所要观察的对象,两者既有区别又有联系。全及总体又称母体,简称总体,它是指所要认识的、具有某种共同性质的许多单位的集合体,通常全及总体的单位数用大写的英文字母 N 来表示。样本总体又称子样,简称样本,是从全及总体中随机抽取出来,代表全及总体的那部分单位的集合体。样本总体的单位数称为样本容量,通常用小写英文字母 n 来表示。随着样本容量的增大,样本对总体的代表性越来越高,并且当样本单位数足够多时,样本平均数越接近总体平均数。

如果说对于一次抽样调查,全及总体是唯一确定的,那么样本总体就不是这样,样本是不确定的,一个全及总体可能抽出很多个样本总体,样本的个数和样本的容量有关,也和抽样的方法有关。

(二)总体参数和样本统计量

1.总体参数

总体参数又称为全及指标,是根据全及总体各个单位的标志值或标志属性计算的,反映总体某种属性或特征的综合指标。由于全及总体是唯一确定的,因而全及指标数值也是唯一确定的,所以称为参数。

不同性质的总体,需要计算不同的全及指标。对于变量总体,由于各单位的标志可以用数量来表示,因此可以直接计算总体平均数,用大写英文字母 $\overline{X}$ 表示。

设总体有 N 个单位,各单位变量值为 X_1、X_2、$\cdots$、X_N,则

$$\overline{X} = \frac{X_1 + X_2 + \cdots + X_N}{N} = \frac{\sum X}{N}$$

对于属性总体,由于各单位的标志表现不可以用数量来表示,只能用一定的文字加以描述,因此应该计算结构相对指标,称为总体成数,用大写英文字母 P 表示,它说明具有某种属性的单位数在总体中所占的比重。变量总体也可以计算成数,即在所规定的某变量值以上或以下的总体单位数的比重,视同具有或不具有某种属性的单位数的比重。

设总体 N 个单位中,有 N_1 个单位具有某种属性,N_0 个单位不具有该种属性,$N_1 + N_0 = N$,P 为总体中具有某种属性的单位数所占的比重,Q 为不具有该种属性的单位数所占的比重,则总体成数为

$$P = \frac{N_1}{N}$$

$$Q = \frac{N_0}{N} = \frac{N - N_1}{N} = 1 - P$$

此外,全及指标还有总体方差 σ^2 和总体标准差 σ,它们都是测量总体标志值离散程度的指标。对于变量总体:

$$\sigma^2 = \frac{\sum (X - \overline{X})^2}{N}$$

$$\sigma = \sqrt{\frac{\sum (X - \overline{X})^2}{N}}$$

对于属性总体,成数方差 $\sigma^2 = P(1 - P)$,成数标准差 $\sigma = \sqrt{P(1 - P)}$,是用来反映属性总体是非标志变异程度的指标。

2.样本统计量

样本统计量也就是抽样指标、样本指标,是指由样本总体各个单位标志值或标志特征

计算的,反映样本总体某一方面属性或特征的综合指标,是用来推断全及指标的。与全及指标相对应,抽样指标包括抽样平均数 $\bar{x}$、抽样成数 p、抽样标准差 s、抽样方差 s^2 等。其中抽样平均数和抽样成数用小写英文字母表示,以示区别。

设抽样有 n 个单位,各单位变量值为 $x_1, x_2, \cdots, x_n$ 则抽样平均数为:

$$\bar{x} = \frac{\sum x}{n} \text{ 或 } \bar{x} = \frac{\sum x f}{\sum f}$$

样本方差和样本标准差分别为:

$$s^2 = \frac{\sum (x - \bar{x})^2}{n} \text{ 或 } \frac{\sum (x - \bar{x})^2 f}{\sum f}$$

$$s = \sqrt{\frac{\sum (x - \bar{x})^2}{n}} \text{ 或 } \sqrt{\frac{\sum (x - \bar{x})^2 f}{\sum f}}$$

设抽样总体 n 个单位中有 n_1 个单位具有某种属性,n_0 个单位不具有该种属性,$n_1 + n_0 = n$,p 为样本中具有某种属性的单位数所占的比重,q 为不具有该种属性的单位数所占的比重,则抽样成数为:

$$p = \frac{n_1}{n}$$

$$q = \frac{n_0}{n} = \frac{n - n_1}{n} = 1 - p$$

样本成数的标准差为:

$$s_p = \sqrt{p(1-p)}$$

(三)样本容量和样本个数

样本容量是指一个样本所包含的单位数,用 n 来表示。通常将样本单位数不少于 30 个的样本称为大样本,少于 30 个的称为小样本。社会经济统计的抽样调查多属于大样本调查。样本个数又称样本可能数目,指从一个总体中可能抽取的样本个数。一个总体有多少样本,则样本统计量就有多少种取值,从而形成该统计量的分布,此分布是抽样推断的基础。

(四)重复抽样和不重复抽样

重复抽样是从总体单位中抽取一个单位进行观察、纪录后,再放回总体中,然后再抽取下一个单位。不重复抽样是从总体单位中抽取一个单位进行观察、纪录后,不放回总体中,在余下的总体中抽取下一个单位。

扫码阅读▼
抽样推断的产生与发展

任务二　认识抽样的组织方式

如何科学地组织抽样,是一个至关重要的问题。科学地组织抽样,不但要保证抽样的随机性原则,还要在一定的调查费用条件下,选择出抽样误差最小的方案,或在给定的精确度的要求下,做到调查费用最少。抽样的组织方式主要有四种:简单随机抽样、类型抽样、等距抽样和整群抽样。在一次抽样中,这些组织方式可以单独使用,也可结合使用。抽样的组织方式不同,抽样误差的计算方法也就不同。

想一想

A 市自来水公司开展客户满意度调查。该自来水公司的客户有城镇居民、农村居民和企业,共有 200 万个客户,你认为该如何在较短的时间内以较经济的方式获得有关客户的满意度资料?

扫码阅读▼
自来水公司的客户满意度调查

一、简单随机抽样

简单随机抽样,又称为纯随机抽样,是对总体不进行任何分组、排队,完全按照随机原则直接从总体 N 个单位中抽取 n 个单位作为样本,使每个总体单位都有同等的机会被抽中。简单随机抽样是抽样调查中最基本的也是最单纯的组织形式,适用于均匀总体。

采用简单随机抽样的具体方法有以下两种:

(一)抽签法

简单随机抽样最原始的抽样方法就是抽签摸球。具体做法是将全及总体每个单位都用一个签或球来代表,然后把它们搅均匀,从中随机摸取,抽中者即为样本单位,直到抽满所需的样本容量 n 为止。这种方法一般适用于总体单位比较少的情况。如果总体单位数目很大,手续比较麻烦,则不宜采用。

(二)随机数表法

随机数表法是利用随机数表来抽取样本单位。随机数表是由计算机或其他随机方法制成的,即 $0,1,2,\cdots,9$ 这 10 个数字出现的概率是相同的,但排列的先后顺序则是随机的。在使用随机数表抽取样本之前,首先应将各个总体单位编上号码,然后在随机数表中任意地取数,凡是抽中的数字与相应的总体单位号码相一致的,该单位即为抽中的单位,若抽中的数字无相应的总体单位号码,则该数字被放弃,再重新抽取下一个数,直到抽满预定的样本容量 n 为止。

虽然简单随机抽样从理论上说最符合随机原则,是其他抽样形式的基础,但是它在统计实践中受到很大的限制:首先,当总体容量很大时,编号工作就很困难,对于连续生产的企业产品进行编号也不可能;其次,当总体各单位标志值之间差异很大时,采用这种抽样方式并不能保证样本具有代表性。

二、类型抽样

类型抽样又称为分层抽样。类型抽样实质上是统计分组法与简单随机抽样相结合的产物,它首先把全及总体各单位按某一标志分成若干个类型组,使各组组内标志值比较接近,然后在各个类型组内按随机原则进行纯随机抽样。其特点是,对于组内总体单位来说是非全面调查,而对于各个组来说是全面调查。

例如,研究农作物产量时,由于不同类型耕地的粮食产量有明显的差别,可先将耕地分为平原、丘陵、山地三个组,再在各类型组内按简单随机抽样方法抽取样本单位;又如,研究职工的工资水平时,由于各行业职工的工资水平有明显的差别,可先将职工按行业分组,再在各类型组内按简单随机抽样方法抽取样本单位。

类型抽样的优点表现在:

1.提高了样本的代表性。因为样本单位是从各个类型组中抽取的,所以样本中有各种标志值水平的单位。

2.降低了影响抽样平均误差的总体方差。在总体分组的情况下,总体方差由两部分组成:一部分是组间方差,即各类型组之间的标志值差异程度;另一部分是组内方差,即各组组内各单位标志值之间的差异程度。在类型抽样的情况下,由于组内总体单位是非全面调查,组间是全面调查,因此,组间方差是可以不考虑的,影响抽样误差的总体方差是组内方差。

提高类型抽样准确性的关键是如何进行统计分组。类型抽样统计分组的原则是从客观经济现象出发,在定性分析的基础上,尽量缩小组内标志值的变异,增加组间标志值的变异。这种做法可以缩小组内方差、增大组间方差,从而降低抽样误差。

三、等距抽样

等距抽样,又称为机械抽样或系统抽样,是事先将总体各单位按某一标志排队,然后依固定顺序和间隔抽选调查单位的一种抽样组织形式。例如,职工按姓氏笔画顺序排队,然后按此顺序等间隔地抽取样本单位进行调查。等距抽样要计算抽取间隔,若以 d 代表抽样间隔,N 代表总体单位数,n 代表样本容量,则 $d = N/n$。

例如,从 10 000 名职工中抽取 2% 即 200 名进行调查,职工可先按姓氏笔画排队列表,然后按照排队顺序分成 200 组(组数等于样本容量),每组 50 人(50 也是抽取间隔)。假设第一组随机抽取第 5 号职工,那么第一组样本单位的顺序号是 5,第二个样本单位的顺序号是 55,第三个样本单位的顺序号是 105,依此类推,最后一个样本单位的顺序号是 9955。

等距抽样的排队标志,可以与调查内容有关,也可以与调查内容无关。所以,等距抽样可以分为按无关标志排队的等距抽样和按有关标志排队的等距抽样,按有关标志排队的等距抽样抽取的样本代表性较高。等距抽样的抽样方法为不重复抽样,优点是抽样形式简单,容易实施,既能提高样本的代表性,又能保证随机原则的实施。

四、整群抽样

整群抽样是先将全及总体各单位划分成若干群(组),然后以群(组)为单位从总体中随机抽取一些群(组),对中选群(组)的所有单位进行全面调查的抽样组织形式。整群抽样的特点是:群内是全面调查,群间是抽样调查。

例如,对一城市居民进行生活水平调查,如果不是从城市全部住户中直接抽选住户进行调查,而是从城市全部居民委员会中随机抽选若干居委会,对被抽中的居委会所有住户都进行调查,这就是整群抽样。该城市的每一居委会就是一群。

再如,对连续生产的企业,每小时都抽选最后 10 分钟生产的全部产品进行调查,那么,每小时最后 10 分钟生产的全部产品就是一群。如果一天 24 小时生产的全部产品构成全及总体,则全及总体有 144 群,样本有 24 群。

整群抽样的优点是节约和方便。例如,整群抽样不需要编制总体单位名单,只需要编制总体群的名单,工作量少了。

在社会经济调查中,总体单位通常总是以某种社会经济组织形式结合为群体,所以利用这些群体作为整群抽样的"群"会给调查的组织工作和搜集资料工作提供方便。例如,以居委会和街道为单位组织城市住户调查是非常方便的。

由于整群抽样在群内是全面调查,在群间是抽样调查,影响抽样误差的总体方差是群间方差,故整群抽样对抽样误差的影响可以分两种情况:如果总体群内方差小,群间方差大,则样本的代表性降低,抽样误差增大;如果总体群内方差大,群间方差小,则样本的代表性提高,抽样误差减小。因此,为了减小抽样平均误差,在分群的时候,要注意增大群内方差,降低群间方差。

整群抽样和类型抽样都是统计分组和简单随机抽样结合的产物,但它们还是有本质区别的,主要表现在三个方面:其一,分群(组)原则不同。对于类型抽样,组间差异应尽可能大,组内差异应尽可能小;而对于整群抽样则相反。其二,抽样单位不同。类型抽样的抽样单位是基本单位(即总体单位),而整群抽样的抽样单位是群。其三,调查方式不同。对于类型抽样,在组内是抽样调查,在组间是全面调查;而对于整群抽样则相反。

扫码阅读▼
什么是住户调查?

任务三　计算抽样误差

在实际工作中,由于种种原因,统计的结果与实际数值之间往往存在一定的差异。其中由于样本不足以代表总体而产生的误差是不可避免的,不可能用主观的方法来消除它,准确地计算它也是不可能的。我们只能用一定的方法去估计它,并采取相应的措施对它加以控制。

扫码阅读▼
什么是统计误差?

一、抽样误差的含义

在抽样调查中,由于用样本指标代替全及指标所产生的误差可分为两种:一种是由于主观因素破坏了随机原则而产生的误差,称为系统性误差;另一种是由于抽样的随机性引起的偶然的代表性误差。抽样误差仅仅是指后一种由于抽样的随机性而带来的偶然的代表性误差,而不是指前一种因不遵循随机性原则而造成的系统性误差。

总的说来,抽样误差是指样本指标与全及总体指标之间的绝对误差。例如样本平均数与总体平均数之差$|\bar{x}-\bar{X}|$,样本成数与总体成数之差$|p-P|$。在进行抽样调查时不可避免会产生抽样误差,因为从总体中随机抽取的样本,其结构不可能和总体完全一致。例如,班级 100 个同学中有 60 个男同学和 40 个女同学,现在随机抽取 10 个同学为样本,由于随机的原因未必都能抽到 6 个男同学和 4 个女同学,使得利用样本计算的性别比例指标不能代表班级同学的性别比例指标,而使样本指标与总体指标之间存在绝对离差,这就是抽样误差。虽然抽样误差不可避免,但可以运用大数定律的数学公式加以精确地计算,确定它具体的数量界限,并可通过抽样设计加以控制。

抽样误差是衡量抽样调查准确程度的指标。抽样误差越大,表明样本总体对全及总体的代表性越小,抽样调查的结果越不可靠;反之,抽样误差越小,说明样本总体对全及总体的代表性越大,抽样调查的结果越准确可靠。

二、抽样平均误差

(一)抽样平均误差的含义

抽样平均误差是反映抽样误差一般水平的指标,它的实质含义是指抽样平均数(或成数)的标准差,即它反映了抽样指标与总体指标之间的平均离差程度。抽样平均误差的作用首先表现在它能够说明样本指标代表性的大小。抽样平均误差大,说明样本指标对总体指标的代表性低;反之则说明样本指标对总体指标的代表性高。

抽样平均误差的理论公式为:

$$\mu_x = \sqrt{\frac{\sum (\bar{x}-\bar{X})^2}{M}}$$

$$\mu_p = \sqrt{\frac{\sum (p-P)^2}{M}}$$

式中:μ_x——抽样平均数的平均误差;

μ_p——抽样成数的平均误差;

$\bar{x}$——样本平均数;

$\bar{X}$——总体平均数;

p——样本成数;

P——总体成数;

M——全部可能的样本个数。

上述公式是理论上的抽样平均误差的计算方法,但由于总体平均数和总体成数是未知的,也不可能计算出全部的样本指标,所以按上述公式来计算抽样平均误差是不可能的。在实际工作中,通常采用其他公式来计算抽样平均误差。

(二)抽样平均误差的计算

这里我们只介绍在简单随机抽样方式下的抽样平均误差的计算方法。

在简单随机抽样方式下,抽样平均误差的实际计算公式是根据上述理论公式推导出来的,它与理论公式完全等值。

1.抽样平均数的抽样平均误差

在重复抽样条件下,抽样平均数的平均误差的计算公式为:

$$\mu_{\bar{x}} = \sqrt{\frac{\sigma^2}{n}} = \frac{\sigma}{\sqrt{n}}$$

式中:$\mu_{\bar{x}}$——抽样平均数的平均误差;

σ^2——总体方差;

σ——总体标准差;

n——样本容量。

由此公式可以看出,抽样平均误差与总体标准差成正比,而与样本容量的平方根成反比。

在不重复抽样条件下,抽样平均数的平均误差的计算公式为:

$$\mu_{\bar{x}} = \sqrt{\frac{\sigma^2}{n}\left(\frac{N-n}{N-1}\right)}$$

在总体单位数 N 很大的情况下,上述公式可近似地表示为:

$$\mu_{\bar{x}} = \sqrt{\frac{\sigma^2}{n}\left(1 - \frac{n}{N}\right)}$$

式中:$1 - \dfrac{n}{N}$——修正系数。

从上述计算公式中可以看出,在其他条件不变的情况下,不重复抽样的抽样平均误差要小于重复抽样的抽样平均误差,不重复抽样的样本代表性较大。当总体单位数(N)很大时,$\dfrac{n}{N}$ 很小,$1 - \dfrac{n}{N}$ 接近于 1,此时不重复抽样的抽样平均误差实际上近似于重复抽样的抽样平均误差。在实际工作中,为减轻计算工作量,不重复抽样的抽样平均误差有时也采用重复抽样的抽样平均误差公式进行计算。

在计算抽样平均误差时,通常总体标准差 σ 是未知的,在大样本的情况下,可用样本标准差代替总体标准差,也可以用历史标准差或试验标准差代替。当有几个替代标准差可供选择时,通常取数值较大的标准差。成数标准差则取最接近于 0.5 的数值。因为标准差越大,抽样平均误差也会随之增大,相应的估计区间也较大,从而能提高总体指标落入估计区间的可能性。

【例 7-1】某电子产品使用寿命在 3 000 小时以下为不合格品,现在用简单随机抽样方法,从 5 000 个产品中抽取 100 个对其使用寿命进行调查。其结果如表 7-1 所示。

表 7-1　某电子产品使用寿命与产品个数资料

使用寿命/小时	产品个数/个
3 000 以下	2
3 000～4 000	30
4 000～5 000	50
5 000 以上	18
合计	100

根据以上资料,要求按重复抽样和不重复抽样计算该产品平均寿命的抽样平均误差。

解:(1)计算抽样平均数和标准差

① $\bar{x} = \dfrac{\sum xf}{\sum f} = \dfrac{2\ 500 \times 2 + 3\ 500 \times 30 + 4\ 500 \times 50 + 5\ 500 \times 18}{100} = 4\ 340(小时)$

② $\sigma = \sqrt{\dfrac{\sum (x-\bar{x})^2 f}{\sum f}} = 731.03(小时)$

(2)计算抽样平均误差

重复抽样:

$$\mu_{\bar{x}} = \frac{\sigma}{\sqrt{n}} = \frac{731.03}{\sqrt{100}} \approx 73.10(小时)$$

不重复抽样:

$$\mu_{\bar{x}} = \sqrt{\frac{\sigma^2}{n}\left(1 - \frac{n}{N}\right)} = \sqrt{\frac{731.03^2}{100}\left(1 - \frac{100}{5\ 000}\right)} = 72.37(小时)$$

巩固加深

【练习1】某灯泡厂对 10 000 个产品进行使用寿命检验,随机抽取 2% 样本进行测试,所得资料如表 7-2 所示。

表 7-2　灯泡使用寿命与产品个数资料

使用寿命/小时	产品个数/个
900 以下	2
900～950	4
950～1 000	11
1 000～1 050	71
1 050～1 100	84
1 100～1 150	18
1 150～1 200	7
1 200 以上	3
合计	200

根据以上资料，要求按重复抽样和不重复抽样计算该产品平均寿命的抽样平均误差。

【练习2】某工厂有 1 500 个工人，用简单随机的方法抽出 50 个工人作为样本，调查其工资水平，如表 7-3 所示。

表 7-3　某工厂工人月工资水平与工人数资料

月工资水平/元	5 240	5 340	5 400	5 500	5 600	5 800	6 000	6 600
工人数/人	4	6	9	10	8	6	4	3

要求：按重复抽样和不重复抽样计算抽样平均误差。

扫码观看▼
使用计算器计算抽样平均数的
抽样平均误差

2.抽样成数的抽样平均误差

在重复抽样条件下，抽样成数的抽样平均误差的计算公式为：

$$\mu_p = \sqrt{\frac{P(1-P)}{n}}$$

式中：μ_p ——抽样成数的抽样平均误差；

n ——样本容量。

抽样成数的抽样平均误差计算公式原理和抽样平均数的抽样平均误差原理相同。将成数的方差 $\sigma^2 = P(1-P)$ 代入抽样平均数的抽样平均误差的公式即可得上述公式。同样，因为总体成数 P 是未知数，可用样本成数 p 来代替。

在不重复抽样条件下，抽样成数的平均误差的计算公式为：

$$\mu_p = \sqrt{\frac{P(1-P)}{n}(1-\frac{n}{N})}$$

【例 7-2】某电子产品使用寿命在 3 000 小时以下为不合格品，现在用简单随机抽样方法，从 5 000 个产品中抽取 100 个对其使用寿命进行调查。其结果如表 7-4 所示。

表 7-4　某电子产品使用寿命与产品个数资料

使用寿命/小时	产品个数/个
3 000 以下	2
3 000～4 000	30
4 000～5 000	50
5 000 以上	18
合计	100

根据以上资料,要求按重复抽样和不重复抽样计算该产品合格率的抽样平均误差。

① 合格率 $p = \dfrac{98}{100} = 98\%$

② 重复抽样:$\mu_p = \sqrt{\dfrac{p(1-p)}{n}} = \sqrt{\dfrac{98\% \times (1-98\%)}{100}} = 1.4\%$

不重复抽样:$\mu_p = \sqrt{\dfrac{p(1-p)}{n}\left(1-\dfrac{n}{N}\right)} = \sqrt{\dfrac{98\% \times (1-98\%)}{100}\left(1-\dfrac{100}{5\,000}\right)} = 1.39\%$

扫码观看▼
使用计算器计算抽样成数的抽样
平均误差

巩固加深

【练习1】某灯泡厂对 10 000 个产品进行使用寿命检验,随机抽取 2% 样本进行测试,所得资料如表 7-5 所示。

表 7-5　灯泡使用寿命与产品个数资料

使用寿命/小时	产品个数/个
900 以下	2
900～950	4
950～1 000	11
1 000～1 050	71
1 050～1 100	84
1 100～1 150	18
1 150～1 200	7
1 200 以上	3
合计	200

按照质量规定,电灯泡使用寿命在 1 000 小时以上为合格品,根据以上资料,要求按重复抽样和不重复抽样计算该产品合格率的抽样平均误差。

【练习2】在生产线上完工的 2 000 条毛巾中随机抽取 10% 进行质量检验,其中合格产品有 196 条,要求按重复抽样和不重复抽样计算该毛巾合格率的抽样平均误差。

(三)影响抽样平均误差的因素

根据抽样平均误差公式,可以分析出影响抽样误差的因素主要有以下几个:

1.总体方差或标准差

总体方差或标准差描述了总体各单位标志值的变异程度。如果总体变异程度小,那么所抽取的各样本的指标与总体指标的离差也是较小的,再对其进行平均而得到的抽样平均误差也较小。因而,抽样平均误差与总体方差成正比例关系。

2.样本容量

样本容量越小,它对总体的代表性越差,这意味着抽样平均误差越大,因而抽样平均误差与样本容量成反比例关系。

3.抽样方法

在其他条件(如总体方差、样本容量等)相同时,不重复抽样的抽样平均误差一般小于重复抽样的抽样平均误差。这是因为不重复抽样对已抽过的总体单位不再放回参加下一次抽选,从而避免了重复选中。因此,不重复抽样的样本比重复抽样的样本更能反映总体的结构,故抽样平均误差会较小些。

4.抽样的组织方式

抽样按其组织方式不同可分为简单随机抽样、类型抽样、等距抽样、整群抽样等。在总体方差、样本容量和抽样方法相同的情况下,不同的抽样组织方式有不同的抽样平均误差,这是因为按不同组织方式所抽取的样本对于总体的代表性是不同的,因而其抽样平均误差也就不同。一般情况下,按照有关标志排队的等距抽样和类型抽样调查的抽样平均误差较小。

 想一想

重复抽样的情况下,假定抽样单位数增加 3 倍(其他条件不变),则抽样平均误差为原来的( )倍。

A. 1/2   B.1/3   C.$\sqrt{3}$ D.2

三、抽样极限误差

抽样极限误差是从另一个角度来考虑抽样误差问题的。用样本指标推断总体指标时,要想达到完全准确和毫无误差几乎是不可能的。样本指标和总体指标之间总会有一定的差距,所以在估计总体指标时,就必须同时考虑误差的大小。我们不希望误差太大,因为这会影响样本资料的价值。误差越大,样本资料的价值便越小。当误差超过一定限度时,样本资料也就毫无价值了。所以在进行抽样推断时,应该根据所研究对象的变异程度和任务的需要确定允许的误差范围,在这个范围内的数字就是有效的。这就是抽样极限误差的问题。

抽样极限误差是指调查者根据抽样推断结果的精确度及可靠性要求确定的样本指标和总体指标之间误差的最大允许范围,也称为允许误差或容许误差。由于总体指标是一个确定的数,而样本指标则是围绕着总体指标左右变动的量,它与总体指标可能产生正离差,也可能产生负离差,样本指标变动的上限和下限与总体指标之差的绝对值就可以表示抽样误差的可能范围,用"Δ"表示。

抽样平均数的极限误差:

$$\Delta_{\bar{x}} = |\bar{x} - \overline{X}|$$

抽样成数的极限误差:

$$\Delta_P = |p - P|$$

也就是说,根据推断结果精确度的要求,应事先确定样本指标与总体指标之间误差的最大允许值。如果抽样误差超过此值,抽样推断就达不到既定的精确度要求了。

由于总体指标是未知的,所以样本指标与总体指标之间的误差是否超过既定的极限误差,也无从知晓。因此,上述等式只是用来表明极限误差含义的定义公式,在实际工作中无法用来计算极限误差。但是,我们可以将其变换为如下完全等值的不等式:

$$\bar{x} - \Delta_{\bar{x}} \leqslant \overline{X} \leqslant \bar{x} + \Delta_{\bar{x}}$$
$$p - \Delta_p \leqslant P \leqslant p + \Delta_p$$

由此可见,确定极限误差 Δ,实际上是希望以样本指标($\bar{x}$ 或 p)为中心,长度为 Δ 的区间能够包含总体指标($\overline{X}$ 或 P)。只要总体指标被包含在该区间内,样本指标与总体指标之间的误差就不会超过极限误差 Δ,这样抽样推断就符合既定的精确度要求。

由于上述不等式可以作为区间估计公式使用,所以在确定极限误差后,我们就可以根据该不等式给出总体指标的估计区间了。上面第一个不等式表示被估计的总体平均数以抽样平均数为中心,被包含在 $\bar{x} - \Delta_{\bar{x}}$ 至 $\bar{x} + \Delta_{\bar{x}}$ 之间,区间($\bar{x} - \Delta_{\bar{x}}, \bar{x} + \Delta_{\bar{x}}$)称为平均数的估计区间或称平均数的置信区间。同样,区间($p - \Delta_p, p + \Delta_p$)称为成数的估计区间或称成数的置信区间。

【例 7-3】估计某乡粮食亩产量和总产量水平,从 8 000 亩粮食作物中用不重复抽样方法抽取 400 亩,求得其平均亩产量为 450 千克。如果规定抽样极限误差为 5 千克,试估计该乡粮食亩产量和总产量所在的置信区间。

解：已知 $\bar{x}=450$，$\Delta_{\bar{x}}=5$，则该乡粮食亩产量的区间落在 450 ± 5 千克的范围内，即 $445\sim455$ 千克；粮食总产量在 $8\,000\times(450\pm5)$ 千克的范围内，即 356 万～364 万千克。

【例 7-4】 要估计某秧苗的成活率，现从播种这一品种的秧苗地块随机重复抽取秧苗 1 000 棵，其中死苗 80 棵，如果规定抽样极限误差为 2%，试估计该秧苗的成活率所在的置信区间。

解：根据已知条件：$p=92\%$，$\Delta_p=2\%$，则该秧苗的成活率的区间落在 $92\%\pm2\%$ 的范围内，即 $90\%\sim94\%$。

四、抽样误差的概率度

抽样极限误差的实际意义是期望总体指标被包含在以样本指标为中心、长度为 Δ 的区间内。不过，我们并没有百分之百的把握肯定该区间包含总体指标。那么，总体指标被包含在该区间内的把握程度或可靠性有多大？这取决于区间的长度，即极限误差 Δ 的大小。极限误差越大，区间越宽，把握程度或可靠性就越高。所以，总体指标包含在该区间的把握程度问题，实质上就是一定的极限误差对应的概率保证程度（置信度）问题。

抽样极限误差与抽样平均误差的比值，就是抽样误差的概率度，用 t 表示。抽样极限误差与抽样平均误差的比值大小能反映估计区间的宽窄，标志着概率保证程度的高低，故称概率度。其计算公式为：

$$t=\frac{\Delta}{\mu}$$

想一想

抽样极限误差 Δ 与概率度 t 和抽样平均误差 μ 之间的关系？

扫码阅读▼
抽样极限误差 Δ 与概率度 t 和
抽样平均误差之间的关系

在标准正态分布条件下，概率保证程度 $F(t)$ 是概率度 t 的函数，t 值一定，$F(t)$ 也随之确定，t 值越大，$F(t)$ 也越大，抽样均值的正态分布如图 7-1 所示。

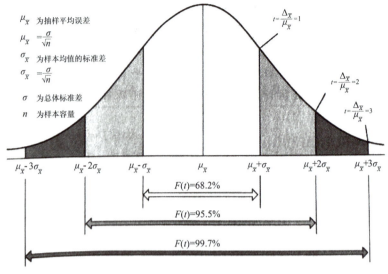

$\mu_{\bar{x}}$ 为抽样平均误差

$\mu_{\bar{x}} = \dfrac{\sigma}{\sqrt{n}}$

$\sigma_{\bar{x}}$ 为样本均值的标准差

$\sigma_{\bar{x}} = \dfrac{\sigma}{\sqrt{n}}$

σ 为总体标准差

n 为样本容量

$t = \dfrac{\Delta_{\bar{x}}}{\mu_{\bar{x}}} = 1$

$t = \dfrac{\Delta_{\bar{x}}}{\mu_{\bar{x}}} = 2$

$t = \dfrac{\Delta_{\bar{x}}}{\mu_{\bar{x}}} = 3$

$F(t) = 68.2\%$

$F(t) = 95.5\%$

$F(t) = 99.7\%$

图 7-1 抽样均值的正态分布

现将几个常用概率度与概率保证程度的对应数值如表 7-6 所示。

表 7-6 常用概率度与概率保证程度

概率度 t	概率保证程度 $F(t) / \%$
1.00	68.27
2.00	95.45
3.00	99.73
1.64	90.00
1.96	95.00
2.58	99.00

【例 7-5】承例 7-3,若已知该乡粮食亩产的标准差为 82 千克,则平均亩产量的抽样平均误差为:

$$\mu_{\bar{x}} = \sqrt{\dfrac{\sigma^2}{n}\left(1 - \dfrac{n}{N}\right)} = \sqrt{\dfrac{82^2}{400}\left(1 - \dfrac{400}{8\,000}\right)} = 4(千克)$$

概率度为:

$$t = \dfrac{\Delta_{\bar{x}}}{\mu_{\bar{x}}} = \dfrac{5}{4} = 1.25$$

查表得 $F(t) = 78.87\%$。

【例 7-6】承例 7-4,根据求得的秧苗成活率 92%,可以求得该秧苗成活率的抽样平均误差为:

$$\mu_p = \sqrt{\dfrac{p(1-P)}{n}} = \sqrt{\dfrac{92\% \times (1 - 92\%)}{1000}} = 0.86\%$$

概率度为：

$$t = \frac{\Delta_p}{\mu_p} = \frac{2\%}{0.86\%} = 2.33$$

查表得 $F(t) = 98.02\%$。

任务四　掌握抽样估计方法

抽样估计是指利用实际调查的样本指标数值估计相应的总体指标数值的方法。由于总体指标是表明总体数量特征的参数，例如总体平均数、总体成数等，因此，抽样估计也称为参数估计。参数估计有点估计和区间估计两种类型。

一、点估计

(一)点估计概念

点估计是指根据样本资料得出的样本指标数值，直接用以代表相应的总体指标，即 $\bar{x} = \bar{X}$，$p = P$。例如，在某乡粮食亩产抽样调查中，样本平均亩产量为 450 千克，用点估计推断全乡粮食平均亩产量为 450 千克。

(二)统计量选择的优良标准

在对总体特征作出估计时，并非所有统计量都是优良的，从而产生了评价统计量是否优良的标准。衡量一个样本统计量是不是估计总体参数的优良统计量，一般有如下三条标准：

1.无偏性

如果样本统计量的数学期望值等于被估计的总体参数本身，则该统计量是被估计参数的无偏统计量。因为抽样平均数的数学期望等于总体平均数，所以抽样平均数（样本均值）就是总体平均数（总体均值）的无偏统计量。

2.一致性

当样本容量 n 充分大时，若样本统计量充分地靠近被估计的总体参数本身，则该统计量是被估计总体参数的一致统计量。即：当 $n \to N$ 时，$\bar{x} \to \bar{X}$ 或者 $p \to P$。

统计量的一致性是从极限意义上讲的，它适用于大样本的情况。如果一个统计量是一致性统计量，那么采用大样本就更加可靠；当然，在样本容量 n 增大时，统计量的一致性会增强，但调查所需的人力、财力、物力也会相应增加。

3.有效性

若一个统计量的方差比其他统计量的方差都小，则该统计量是被估计总体参数的有效统计量。有效性是指无偏性统计量中方差最小的统计量。无偏统计量只考虑统计量的平均结果是否等于待估计总体参数的真值,而不考虑统计量的每个可能值及其次数分布与待估计总体参数真值之间离差的大小。我们在解决实际问题时,不仅希望统计量是无偏的,而且希望该统计量所有抽样结果之间的变异程度尽可能小,即要选择各无偏统计量中与被估计总体参数的离差较小的作为有效统计量。如抽样平均数、中位数和总体某一变量值都是总体平均数的无偏统计量,但在同样的样本容量下,抽样平均数是更为有效的统计量。

点估计的优点是简便、易行,原理也很直观。但它有不足之处,即没有考虑到抽样误差,更没有指出误差在一定范围内的可靠程度有多大。根据抽样估计理论,可以把样本指标和抽样误差结合起来,估计总体指标,并且确定这种推断的准确度和可靠程度。

二、区间估计

(一)区间估计的概念

区间估计是指把抽样指标与抽样平均误差结合起来推断总体指标所在的可能范围。也就是根据给定的估计可靠程度的要求,利用实际样本资料,指出包含总体被估计值的区间,这个区间又称为置信区间,该区间的上下限称为置信上下限。

总体参数和区间估计必须同时具备估计值、抽样误差范围和概率保证程度三个要素,抽样误差范围能决定估计的准确性,而概率保证程度能决定估计的可靠性。在抽样估计时我们当然希望估计的准确性尽量高,也希望估计的可靠性尽量高,但这两个愿望是矛盾的。利用一个样本对总体进行估计时,若提高估计的准确性,必然会降低估计的可靠性。因此在抽样估计的时候,只能对其中一个要素提出要求,以此推算另一个要素的变动情况。例如,对估计的准确性提出要求,即要求误差范围不超过给定的标准,来推算估计的可靠性,或对估计的可靠性提出要求,即要求给出一定的概率保证程度,来推算可能的误差范围。所以,区间估计根据所给定的条件不同,有两种估计方法。

(二)区间估计的方法

1.根据已给定的抽样极限误差进行区间估计

其具体步骤如下:

第一步,抽取样本,计算样本指标,即计算样本平均数 $\bar{x}$ 或样本的成数 p,将其作为总体指标的估计值,并计算样本标准差 σ,推算抽样平均误差 μ。

第二步,将抽样极限误差 Δ,除以抽样平均误差 μ,求出概率度 t,再根据 t 值查正态分布概率表,求出相应的概率保证程度 $F(t)$。

第三步,根据给定的抽样极限误差 Δ,估计总体指标的上限或下限。

【例 7-7】从全校近万名学生中,随机重复抽取 100 名学生测得其平均身高为 160cm。根据以往的经验,学生身高的标准差为 3cm。现要求以最大不超过 0.6cm 的允许误差,来推断学校全体学生的平均身高。

第一步,计算抽样平均数的抽样平均误差。

已知 $n=100$，$\bar{x}=160$，$\sigma=3$，$\Delta_{\bar{x}}=0.6$

$$\mu_{\bar{x}}=\frac{\sigma}{\sqrt{n}}=\frac{3}{\sqrt{100}}=0.3(\mathrm{cm})$$

第二步，求出概率度 t。

$$t=\frac{\Delta_{\bar{x}}}{\mu_{\bar{x}}}=\frac{0.6}{0.3}=2$$

根据 $t=2$，查表得 $F(t)=95.45\%$。

第三步，估计总体指标的区间。

$$下限 = \bar{x} - \Delta_{\bar{x}} = 160 - 0.6 = 159.4(\mathrm{cm})$$
$$上限 = \bar{x} + \Delta_{\bar{x}} = 160 + 0.6 = 160.6(\mathrm{cm})$$

计算结果表明，在 95.45％ 的概率保证程度下该校学生的平均身高为 159.4～160.4 cm。

 巩固加深

【练习】一批型号的电子产品进行耐用性检测，用重复抽样方法选取其中 100 件产品进行检验，结果为：平均耐用时数为 1 050 小时，标准差为 50 小时。要求平均耐用时数的误差范围不超过 10 小时，试求该批产品的平均耐用时数的估计区间。

【例 7-8】要估计某秧苗的成活率，现从播种这一品种的秧苗地块随机重复抽取秧苗 100 棵，其中死苗 10 棵，如果规定抽样极限误差为 3％，试估计该秧苗的成活率所在的区间。

第一步，计算抽样成数的抽样平均误差。

已知 $n=100$，$p=\frac{90}{100}\times100\%=90\%$，$\Delta_p=3\%$

$$\mu_p=\sqrt{\frac{90\%\times(1-90\%)}{100}}=3\%$$

第二步，求出概率度 t。

$$t=\frac{\Delta_p}{\mu_p}=\frac{3\%}{3\%}=1$$

根据 $t=1$，查表得 $F(t)=68.27\%$。

第三步，估计总体指标的区间。

$$下限 = p - P = 90\% - 3\% = 87\%$$

$$上限 = p - P = 90\% + 3\% = 93\%$$

计算结果表明,在 68.27% 的概率保证程度下该秧苗的成活率为 87%~93%。

 巩固加深

【练习】要调查某高校在校生的视力情况,现随机从中重复抽取 400 名学生,检查有近视眼的学生 320 名,要求误差范围不超过 4%,试估计该校在校生中近视学生所占比重的区间。

2.根据已给定的概率保证程度进行区间估计

其具体步骤如下:

第一步,抽取样本,计算样本指标,即计算样本平均数 $\bar{x}$ 或样本的成数 p,将其作为总体指标的估计值,并计算样本标准差,推算抽样平均误差 μ。

第二步,根据要求的概率保证程度 $F(t)$,查正态分布概率表,求得概率度 t。

第三步,根据概率度 t 和抽样平均误差 μ 推算出抽样极限误差 Δ,并根据抽样极限误差估计总体指标的上限和下限。

【例 7-9】某电子产品使用寿命在 3 000 小时以下为不合格品,现在用简单随机抽样方法,从 5 000 个产品中抽取 100 个对其使用寿命进行调查。其结果如表 7-7 所示。

表 7-7　某电子产品使用寿命与产品个数资料

使用寿命/小时	产品个数/个
3 000 以下	2
3 000~4 000	30
4 000~5 000	50
5 000 以上	18
合计	100

根据重复抽样的方法,以 95.45% 的概率保证程度(即 $t=2$)对该产品的平均使用寿命和合格率进行区间估计。

(1)平均使用寿命的区间估计:

① $\bar{x} = \dfrac{\sum xf}{\sum f} = 4\ 340$(小时)

② $\sigma = \sqrt{\dfrac{\sum (x - \bar{x})^2 f}{\sum f}} = 731.03$(小时)

③ $\mu_x = \dfrac{\sigma}{\sqrt{n}} = \dfrac{731.03}{\sqrt{100}} \approx 73.10$（小时）

④又因 $F(t) = 95.45\%$，故 $t = 2$，则有

  $\Delta_x = t\mu_x = 2 \times 73.10 = 146.20$（小时）

⑤置信区间为：$\bar{x} - \Delta_x \leqslant \overline{X} \leqslant \bar{x} + \Delta_x$

     $4\ 340 - 146.20 \leqslant \overline{X} \leqslant 4\ 340 + 146.20$

     $4\ 193.80 \leqslant \overline{X} \leqslant 4\ 486.20$

故以 95.45% 的概率保证程度估计该产品的平均使用寿命在 4 193.80～4 486.20 小时。

(2)合格率的区间估计：

① $p = \dfrac{98}{100} = 98\%$

② $\mu_p = \sqrt{\dfrac{p(1-p)}{n}} = \sqrt{\dfrac{98\% \times (1 - 98\%)}{100}} = 1.4\%$

③又因 $F(t) = 95.45\%$，故 $t = 2$，则有

  $\Delta_p = t\mu_p = 2 \times 1.4\% = 2.8\%$

④置信上限 $= p + \Delta_p = 98\% + 2.8\% = 100.8\%$（根据实际情况取上限为 100%）

  置信下限 $= p - \Delta_p = 98\% - 2.8\% = 95.2\%$

即 $95.2\% \leqslant P \leqslant 100\%$

故以 95.45% 的概率保证程度该产品的合格率为 95.2%～100%。

 巩固加深

【练习】某外贸公司出口一种茶叶，规定每包规格不低于 150 克，现在用重复抽样的方法抽取其中 1% 进行检验，其结果如表 7-8 所示。

表 7-8　某外贸公司出口茶叶资料

每包重量/克	包数/包
148～149	10
149～150	20
150～151	50
151～152	20

  要求：(1)以 99.73% 的概率保证程度估计这批茶叶平均每包重量的范围，以便确定平均重量是否达到规格要求。

  (2)以同样的概率保证估计这批茶叶合格率范围。

任务五 确定样本单位数

样本容量过大,会增加调查的工作量,造成人力、财力、物力和时间的浪费,从而不能充分发挥抽样调查的优越性;样本容量过小,则样本对总体缺乏足够的代表性,从而难以保证推断结果的精确度和可靠性,实用价值不高。所以,样本容量要科学确定,以保证抽样调查的效果最佳。

一、影响必要样本容量的因素

(一)总体各单位标志值变异程度的大小,即 σ^2 和 $p(1-p)$ 的值

总体中各单位标志值之间的差异越大,必要抽样数目就越多;总体中各单位标志值抽样之间的差异越小,必要抽样数目就越少。

(二)允许的极限误差的大小,即 Δ_x 或 Δ_p 的值

允许误差越大,必要抽样数目就越少;允许误差越小,必要抽样数目就越多。

(三)抽样推断的可靠程度,即 t 值

对调查结果要求的可靠程度越高,必要抽样数目就越多;反之,就越少。

(四)抽样方法与抽样的组织方式

在其他条件不变的情况下,类型抽样和等距抽样比简单随机抽样、整群抽样需要的样本容量少些;不重复抽样比重复抽样需要的样本容量少些。

二、必要样本容量的确定方法

影响抽样误差的因素之一是样本容量的大小。在抽样调查中,事先确定必要的样本容量是一项重要的工作。由于样本容量是抽样极限误差公式的组成部分,所以可以根据抽样极限误差公式推导出样本容量的公式。下面以简单随机抽样为例,介绍推断总体指标所必需的样本容量的计算方法。

(一)推断总体平均数所需的样本容量

1.在重复抽样条件下

$$n = \frac{t^2 \sigma^2}{\Delta_{\bar{x}}^2}$$

2.在不重复抽样条件下

$$n = \frac{Nt^2\sigma^2}{N\Delta_{\bar{x}}^2 + t^2\sigma^2}$$

（二）推断总体成数所需的样本容量

1.在重复抽样条件下

$$n = \frac{t^2 p(1-p)}{\Delta_p^2}$$

2.在不重复抽样条件下

$$n = \frac{Nt^2 p(1-p)}{N\Delta_p^2 + t^2 p(1-p)}$$

三、确定必要样本容量应注意的问题

在确定必要样本容量时，可能会遇到一些应用性问题，应注意以下几个方面。

（一）总体指标未知的问题

公式中涉及总体标准差与总体成数资料时，一般可以利用历史资料或实验数据来代替。若遇到有不止一个经验数据或样本数据时，宜选择标准差最大的一个。

（二）估计对象不同导致要求的样本容量不相等的问题

对于同一资料既要估计平均数又要估计成数时，根据这两种估计所求的必要样本容量可能不相等，这时应选择较大的样本容量进行抽样，以保证抽样推断的精确度和可靠性。

（三）抽样方法不同导致样本容量不相等的问题

按重复抽样公式计算的必要样本容量要比按不重复抽样公式确定的必要样本容量大。在条件允许的情况下，为保证抽样推断的精确度和可靠性，原则上，一切抽样调查在计算必要样本容量时，都可采用重复抽样公式计算。

【例 7-10】某企业对产品进行包装重量检验，该批产品共 10 万袋，规定平均每袋重量的误差范围不超过 10 克，合格率的极限误差不超过 2%。根据以往资料，产品每袋重量的标准差为 65 克，产品包装重量的合格率为 98%。问：在 95% 的概率保证程度下，采用不重复抽样方法，至少应抽查多少袋产品进行重量检验？

因 $\sigma = 65$ 克，$t = 1.96$，$\Delta_{\bar{x}} = 10$ 克，$N = 100\ 000$ 袋，用平均数推断的样本容量

$$n = \frac{Nt^2\sigma^2}{N\Delta_{\bar{x}}^2 + t^2\sigma^2} = \frac{100\ 000 \times 1.96^2 \times 65^2}{100\ 000 \times 10^2 + 1.96^2 \times 65^2} \approx 162（袋）$$

因 $p = 98\%$，$t = 1.96$，$\Delta_p = 2\%$，$N = 100\ 000$ 袋，用成数推算的样本容量

$$n=\frac{Nt^2p(1-p)}{N\Delta_p^2+t^2p(1-p)}=\frac{100\,000\times1.96^2\times0.98\times(1-0.98)}{100\,000\times0.02^2+1.96^2\times0.98\times(1-0.98)}\approx188(袋)$$

结论：为满足平均数和成数两种推算的共同需要，至少应抽查 188 袋产品。

 巩固加深

【练习1】某食品厂要检验本月生产的 10 000 袋某产品的重量，根据以往的资料，这种产品每袋重量的标准差为 25 克。如果要求在 95.45% 的置信度下，平均每袋重量的误差不超过 5 克，应至少抽查多少袋产品？

【练习2】为了检验某企业生产的 10 000 个显像管的合格率，需要确定样本容量。根据以往的经验，该企业显像管的合格率为 90%。如果要求估计的允许误差不超过 2.75%，置信度为 95.45%，则至少应该抽取多少只显像管？

任务六　运用 Excel 进行抽样推断分析

一、生成随机数表

随机数表也称乱数表，是统计工作者用计算机随机生成的从 0 到 9 十个数字所组成的数表，每个数字在表中出现的次数是等概率的，顺序是随机的。利用随机数表抽取样本，完全排除主观挑选样本的可能性，保证了每个个体被抽取的概率相等，使抽样调查有较强的科学性。

在 Excel 中可以使用 RANDBETWEEN 函数自动生成随机数表。

 函数学习园地

RANDBETWEEN 函数是返回一个介于指定的数字之间的随机数。其语法格式为：RANDBETWEEN(bottom,top)，参数 Bottom 是 RANDBETWEEN 能返回的最小整数，参数 Top 是 RANDBETWEEN 能返回的最大整数。

【例 7-11】某电子产品使用寿命在 3 000 小时以下为不合格品，现在用简单随机抽样方法，从 5 000 个产品中抽取 100 个对其使用寿命进行调查。这 5 000 个产品在生产过程中已有自动编号，编号范围为 0001 至 5000，使用随机数表进行抽样。

具体 Excel 操作步骤如下：

（1）选择单元格 A1，在功能区【公式】选项卡中单击【插入函数】，在【插入函数】对话框的【搜索函数】文本框中输入"RANDBETWEEN"，单击【转到】按钮，然后在【选择函数】列表中找到【RANDBETWEEN】，单击【确定】，如图 7-2 所示。

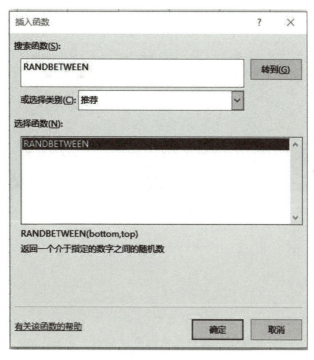

图 7-2 【插入函数】对话框

（2）在【函数参数】对话框中，在【Bottom】中输入"0001"，在【Top】中输入"5 000"，如图 7-3 所示。

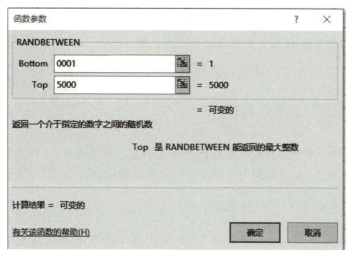

图 7-3 【函数参数】对话框

（3）单击【确定】，在 A1 单元格中，生成第一个随机数。

（4）使用填充柄，按住鼠标左键向下和向右拖动，自动生成随机数表。本例中，要随机抽取 100 个，可按住鼠标向下拖动至 A10，向右拖动至 J10，如图 7-4 所示。

A1	▼	：	×	✓	f_x	=RANDBETWEEN(1,5000)

	A	B	C	D	E	F	G	H	I	J
1	3311	298	2094	3393	1631	4928	1345	4410	4640	3783
2	898	4978	1024	2518	3932	3293	4584	3819	1491	3935
3	4332	2464	1626	978	1370	758	1178	1667	2663	4943
4	1845	1231	1519	3445	681	1987	1912	3431	174	417
5	4882	3576	1491	3424	3053	2831	3184	2792	1693	4302
6	2793	2145	1376	3566	2592	1689	2011	2489	4685	1401
7	795	3528	191	2927	4126	1280	3316	4777	1945	580
8	281	2132	3380	1013	389	2594	2828	470	127	2725
9	4258	2298	3798	3905	1166	2125	4926	2824	3026	3844
10	4235	994	1954	3819	720	965	3148	2992	3856	712

图 7-4　生成随机数表

 试一试

同学们可以按快捷键 F9，仔细看看变化。

提示：每按一次快捷键 F9，随机数表就自动刷新一次。

 知识拓展

RAND 函数也是一个能自动生成随机数表的函数，不同的是它生成 0—1 之间的随机数（包含小数位数），该函数不需要参数。

二、概率保证程度与概率度的换算

在抽样推断中，经常涉及概率保证程度与概率度之间的换算，这种换算可以通过查看正态分布概率表解决，也可以利用 Excel 中的相关函数实现。

（一）由概率保证程度 $F(t)$ 计算概率度 t

【例 7-12】某电子产品使用寿命调查，要求以 95.45％ 的概率保证程度对该产品的平均使用寿命和合格率进行区间估计。

由概率保证程度 $F(t)$ 计算概率度 t 需使用 TINV 函数。

函数学习园地

TINV 函数用于返回学生 t 分布的双尾区间点,即返回作为概率和自由度函数的学生 t 分布的 t 值。其语法格式为:TINV(probadility,degrees_freedom),参数 Probability 为对应于双尾学生 t 分布的概率值,参数 Degrees_freedom 为分布的自由度。

具体 Excel 操作步骤如下:

(1)选择任一空白单元格,在功能区【公式】选项卡中单击【插入函数】,选择 TINV 函数。

(2)在【函数参数】对话框中,在【Probability】中输入不确定概率值。不确定概率值=(1-概率保证程度)÷100%,在此例中,不确定概率值=(1-95.45%)÷100%=0.0455。

(3)在【Degrees_freedom】中输入自由度(自由度=样本容量-1)。如果调查项目的样本容量很大,可以直接用样本容量代替自由度。如果仅用于换算 t 值,可尽可能设大一些。

(4)参数输入完毕后,在对话框下方将显示出计算结果,如图 7-5 所示。单击【确定】按钮,该数值将显示在原选定的单元格中,再根据需要设置保留的小数位数。

图 7-5　使用 TINV 函数将概率保证程度换算为概率度

(二)由概率度 t 计算概率保证程度 $F(t)$

由概率度 t 计算概率保证程度 $F(t)$ 需要通过 NORMSDIST 函数实现。

函数学习园地

NORMSDIST 函数是返回标准正态累积分布函数值,其语法为 NORMSDIST (z),z 是要计算其分布的值。

如果只需计算某一概率度 t 对应的概率保证程度 $F(t)$,如概率度为 2 的 $F(t)$ 值,可任选一空白单元格,直接输入公式"$=2*\text{NORMSDIST}(2)-1$",即可求得 $F(t)$ 值。

三、总体平均数的区间估计

【例 7-14】承例 7-9,以"某电子产品使用寿命调查"为例,根据重复抽样的方法,以 95.45% 的概率保证程度对该产品的平均使用寿命进行区间估计。

具体 Excel 操作步骤如下:

(1)计算样本平均数、样本方差、样本标准差。(操作方法见项目四)

(2)计算抽样平均误差。在单元格 B12 输入"$=\text{B11/SQRT(C7)}$",其中 SQRT 函数是返回数值的平方根。

(3)计算抽样极限误差。单击单元格 B13,在功能区【公式】选项卡中单击【插入函数】,在【插入函数】对话框的【搜索函数】文本框中输入【CONFIDENCE.NORM】,单击【转到】按钮,然后在【选择函数】列表中找到【CONFIDENCE.NORM】,点击【确定】。

在【函数参数】对话框中,【Alpha】用来计算置信区间的显著性水平,此例显著性水平 $=1-$(概率保证程度)$\div100\%=(1-95.45\%)\div100\%=0.0455$。【Standard_dev】假设为已知的总体标准方差,此例为样本标准差 731.03。【Size】是样本容量,此例为 100。分别输入参数后,单击【确定】,得到抽样极限误差的计算结果,如图 7-6 所示。

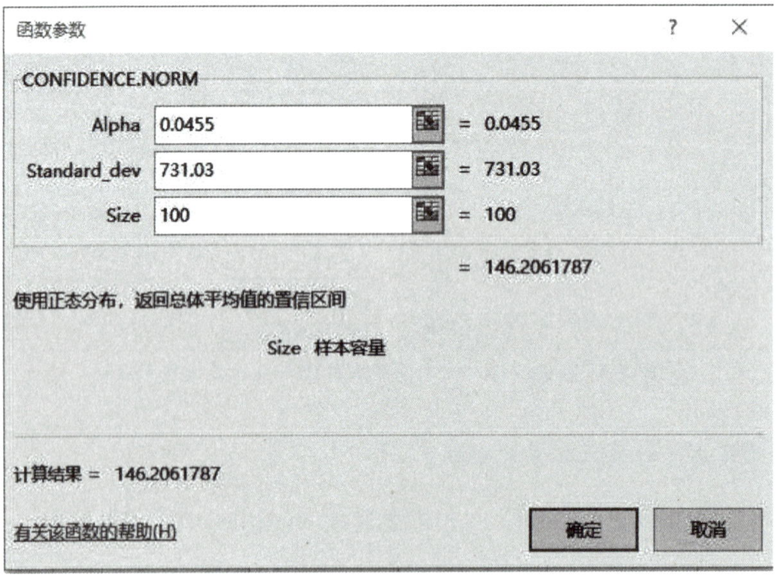

图 7-6 使用 CONFIDENCE.NORM 函数计算抽样极限误差

(4)单击单元格 B14,输入"$=\text{B9+B13}$",得到总体平均数上限。

单击单元格 B15,输入"$=\text{B9-B13}$",得到总体平均数下限,如图 7-7 所示。

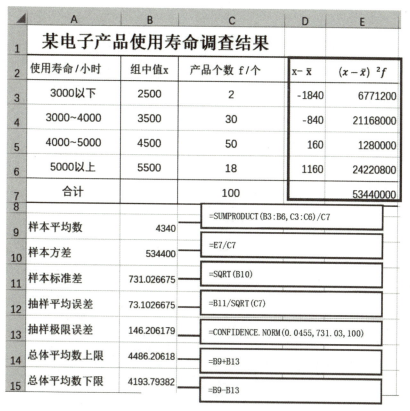

图 7-7　总体平均数的区间估计

四、总体成数的区间估计

以例 7-9 中的"某电子产品使用寿命调查"为例,根据重复抽样的方法,以 95.45% 的概率保证程度对该产品的合格率进行区间估计。

具体 Excel 操作步骤如下:

(1)计算样本成数。在单元格 B9 输入"=(100−2)/100",按【Enter】键确定。

(2)计算抽样平均误差。在单元格 B10 输入"=SQRT(0.98 * (1−0.98)/100)",按【Enter】键确定。

(3)由概率保证程度计算概率度。在单元格 B11 输入"=TINV(0.0455,100)",按【Enter】键确定。

(4)计算抽样极限误差。在单元格 B12 输入"=B10 * B11",按【Enter】键确定。

(5)计算总体成数的上下限。在单元格 B13 输入"=B9+B12",按【Enter】键确定。在单元格 B13 输入"=B9−B12",按【Enter】键确定。如图 7-8 所示。

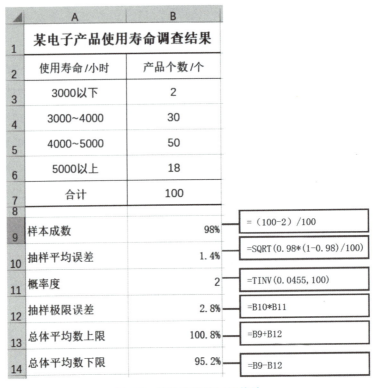

图 7-8 总体成数的区间估计

扫码获取▼
本任务数据源

 知识归纳

抽样推断是在抽样调查的基础上，按照随机抽样的原则，从总体中抽出一部分单位作为样本，并利用样本的实际资料计算样本指标值，然后根据样本指标对总体的数量特征（总体指标）作出具有一定可靠程度的估计和判断的一种统计分析方法。其特点在于：是一种由部分推算整体的认识方法，是建立在随机取样的基础上的，是一种运用概率估计的方法，抽样推断的误差可以事先计算并加以控制。

抽样推断中的基本概念有：全及总体（总体）、抽样总体（样本）、全及指标、抽样指标、样本容量、样本个数、重复抽样和不重复抽样。

　　抽样推断的具体组织方式主要包括：简单随机抽样、类型抽样、等距抽样和整群抽样。

　　抽样误差为抽样估计值与被估计值之差。抽样误差是指偶然性的代表性误差，即按照随机原则抽样时，在没有登记误差和系统性误差的条件下，单纯由于不同的随机样本得出不同的估计量而产生的误差。抽样平均误差就是反映抽样误差一般水平的指标，通常用样本统计量的标准差来表示。抽样极限误差是抽样指标与总体指标之间可允许的误差范围。

　　抽样估计有点估计和区间估计两种方法。点估计优良统计量选择的标准是无偏性、一致性和有效性。区间估计的结果由概念保证程度和置信区间两部分构成。

　　必要样本容量是在一定的人力、物力和时间等条件的限制下，为保证满足抽样调查对数据的估计精确度和概率保证程度（置信度），所需要的最小抽样数目。

扫码答题▼
项目七习题

项目八 相关与回归分析

学习目标

知识目标

1.了解相关关系的测定方法,掌握相关系数的概念、性质和计算方法;

2.了解一元线性回归分析的特点,掌握一元线性回归分析的方法;

3.理解相关系数与回归系数之间的数量关系;

4.掌握估计标准误差的意义及计算方法;

5.理解相关分析与回归分析在社会经济现象中的应用。

能力目标

1.能够计算相关系数,并根据相关系数,判断现象之间的相关程度;

2.能够用最小二乘法确定直线回归方程;

3.能够用估计标准误分析回归方程代表性大小;

4.能够熟练运用 Excel 软件进行相关与回归分析。

思政目标

培养学生一丝不苟、严谨求真的科学精神。

知识结构图

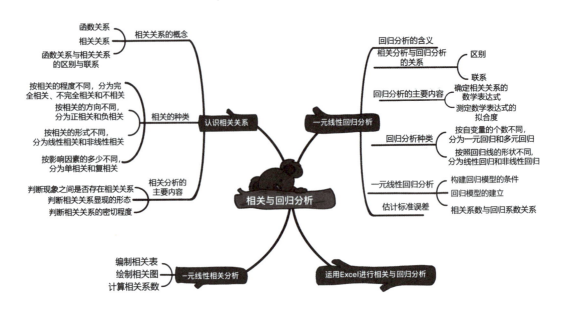

导入阅读

在前面,我们已经学习了分析总体特征的一些方法,通过指标可以说明总体的具体数量特征,用抽样估计可以解决无法进行全面调查统计的难题。但是在一项统计活动中,我们不但要了解某个总体或某些总体的特征,还要了解一些总体之间的联系以及互相影响的程度。

通过《2022 年国家统计年鉴》整理 2015—2021 年与国内生产总值有联系的各项指标,如表 8-1 所示,我们可以了解进出口总额、全社会固定资产投资总额、全国人均可支配收入、全国人均消费支出等,这些指标之间有没有什么关联?

表 8-1　2015—2021 年与国内生产总值有联系的各项指标

时间	进出口总额/亿元	全社会固定资产投资/亿元	国内生产总值/亿元	全国人均可支配收入/元	全国人均消费支出/元
2015	245 502.9	405 928	688 858.2	21 966.2	15 712.4
2016	243 386.5	434 364	746 395.1	23 821	17 110.7
2017	278 099.2	461 284	832 035.9	25 973.8	18 322.1
2018	305 010.1	488 499	919 281.1	28 228	19 853.1
2019	315 627.3	513 608	986 515.2	30 732.8	21 558.9
2020	322 215.2	527 270	1 013 567.0	32 188.8	21 209.9
2021	390 921.7	552 884	1 143 669.7	35 128.1	24 100.1

数据来源:《2022 年国家统计年鉴》。

通过观察，我们可以发现，进出口总额与国内生产总值、国内生产总值与人均可支配收入、人均可支配收入与人均消费支出等都有一定的关系。如：进出口总额、全社会固定资产投资总额增加，国内生产总值随之增加；人均可支配收入增加、人均消费支出也随之增加等。那么它们之间的实际关系到底如何？在统计学中，我们主要的任务就是将这种根据表面资料的"感觉"转化成理性的认识，即由定性转移至定量。这就是本项目的学习内容：通过相关分析和回归分析研究变量之间的关系。

任务一　认识相关关系

　　统计分析中经常要进行社会经济现象之间相互关系的分析研究。例如，商品价格和商品销售量的关系、工资增长和人们愿意付出的劳动多少的关系、家庭收入水平和支出的关系、广告费用和产品销售收入的关系等。从数量上研究这些现象的相互依存关系，分析现象变动的影响因素和作用强度，可以帮助经营管理者提高分析问题、预测事物发展变化的精确性和判断决策的科学性。

一、相关关系的概念

　　在对社会生活中各种现象间复杂的相互关系进行数量方面的研究时，首先要借助研究者所掌握的科学知识、工作能力和判断能力对现象做定性分析，以免对不相关或虚假相关现象进行相关分析。定性分析主要是指在总体的一系列标志中找到其中有联系的成对标志，确定哪个是因素标志，哪个是结果标志，即自变量和因变量。因果关系是客观世界普遍联系和相互制约的重要表现形式。相关分析就是对总体中确实具有联系的标志进行的分析。

　　因素标志是决定结果标志发展的条件，根据结果标志对因素标志的不同反应，可以把现象总体数量上所存在的依存关系划分为两种不同的类型：一种是函数关系，另一种是相关关系。

(一)函数关系

　　函数关系也称确定性关系，即变量之间客观存在确定性的数量对应关系，通常以 $y=f(x)$ 的方程来表现。这种关系中，自变量 x 的每一个数值，因变量 y 都有一个唯一确定的数值与之相对应。例如，银行的 1 年期存款利率为 3.25%，存入的本金用 x 表示，到期本息用 y 表示，则 $y=(1+3.25\%)x$ 。函数关系是数量之间联系的一种形式。

(二)相关关系

　　相关关系也称非确定性关系，是指变量之间确实存在着数量上的联系，当一个现象发生数量变化时,另一现象也相应地发生数量上的变化,但其关系值是不完全确定的。例如,产品成本与企业利润之间有密切的关系,相同的成本与其相对应的利润却不一定完全相同;又如,广告费用与产品销售收入之间的关系,投入相同的广告费用,但对应的产品销售收入不一定完全相同。

(三)函数关系与相关关系的区别与联系

函数关系与相关关系的区别表现在变量之间的具体关系是否确定,即函数关系是确定的,相关关系是不确定的。

函数关系与相关关系的联系表现在,对具有相关关系的现象进行分析时,必须利用相应的函数关系数学表达式来表明现象之间的相关方程式。相关关系是相关分析的研究对象,函数关系是相关分析的工具。

扫码阅读▼
使用"相关""回归"概念的
第一人——高尔顿

二、相关的种类

现象之间的相关关系,从不同的角度和侧面,按不同的标志划分,有不同的种类。不同种类的相关关系,需要用不同的方法进行研究。现象之间的相关关系主要有以下几种分类:

(一)按相关的程度不同,分为完全相关、不完全相关和不相关

当一个变量的数量完全由另一个变量的数量变化所确定时,二者之间的关系即为完全相关。在这种情况下相关关系即函数关系,可以用一定的方程形式来准确地表示。例如圆的面积 S 取决于它的半径 R,即 $S=\pi R^2$。如果两个标志彼此互不影响,其数量变化各自独立,称为不相关。例如,股票价格的高低与气温的高低,一般认为是不相关的。如果两个现象之间的关系,介于完全相关和不相关之间,称为不完全相关,它是统计相关分析的主要研究对象。

(二)按相关的方向不同,分为正相关和负相关

当一个变量的值增加或减少时,另一个变量的值也随之增加或减少,即数量变动方向一致,就称为正相关。例如,居民的可支配收入增加,其消费水平也随之提高。当一个变量的值增加或减少时,另一个变量的值反而减少或增加,即数量变动方向是相反的,那就说明现象之间存在负相关。例如,利润随着单位成本的降低而增加。必须指出,许多现象

正负相关的关系仅在一定范围内存在。例如,在其他条件不变的情况下,运动员的成绩随着训练量的增加而提高,即存在着正相关;但是,如果训练量连续增加,则会导致运动员因训练过度而成绩下降,这又是负相关。

(三)按相关的形式不同,分为线性相关和非线性相关

当我们对两个具有相关关系的现象进行实际调查时,可以获得系列成对的数据,这些数据的对应关系可以用平面直角坐标系的点来反映。如果这些点的分布情况大致散布在一条直线的周围,则这两种现象就具有线性相关关系。如果现象相关点的分布并不表现为直线的形式,而近似于某种曲线,则这种关系就称为非线性相关。例如,施肥量在一定的界限内,亩产量相应增加;一旦施肥量超过一定量,收获率反而会出现下降情况,就是一种非线性相关。

(四)按影响因素的多少不同,分为单相关和复相关

这是按影响结果标志的因素标志的数目多少对相关关系进行的分类。如果一个结果标志同某一因素标志相关,就称为单相关或简单相关。例如,在计件工资的条件下,工人一天的工资只与其完成的产量成相关关系,这时所研究的只是两个标志的相关关系,所以是单相关。

统计实践中,经常分析若干个因素标志对结果标志的影响,这种关系即复相关,又称多元相关。例如,商品需求量与商品价格、居民的收入水平、替代品的价格之间的相关关系。在实际工作中,如果存在多个因素标志对结果标志有影响,应该加以筛选,抓住其中最主要的因素标志研究其相关关系。

扫码阅读▼
相关关系和因果关系

三、相关分析的主要内容

(一)判断现象之间是否存在相关关系

判断现象之间是否存在相关关系,是相关分析与回归分析的起点,只有存在相互依存关系,才有进一步分析的必要。

(二)判断相关关系呈现的形态

相关关系按形式分可分为线性相关和非线性相关,只有确定现象相关的具体表现形

式,才能运用相应的相关分析方法进行分析。

(三)判断相关关系的密切程度

判断相关关系密切程度的主要方法是绘制相关图表和计算相关系数,只有对达到一定密切程度的相关关系,配合回归方程才有实际意义。

 巩固加深

随着信息技术的发展,人们通过大数据分析,发现更多事物之间存在相关关系,但相关关系显然并不等同于因果关系。例如,树木快速生长的时候,小草也在快速生长,这两种生物在生长方面存在完全的正相关关系,但我们不能就此认定草和树的生长之间有因果关系。事实是春天到了这个原因同时导致草和树的生长。真实世界是错综复杂的,建立因果关系能帮助人类解释复杂世界,获得相关关系只是获得因果关系的第一步。相关关系是对数据关系的客观反映,基于发现的相关关系,人类能够进一步洞察复杂世界中事物之间的关系,进而从中总结出因果关系思维模型假设,推动人类认知的不断深化。

请你观察自己身边的事物,举一个例子说说它们之间的相关关系和因果关系。

任务二　一元线性相关分析

在统计工作中,要分析社会经济现象之间的相关关系,一般先要制作相关表或相关图,通过直观判断确定现象之间大致上呈现何种关系。在线性相关条件下,如果要更精确地描述两个变量之间的相关程度,则需要计算相关系数。

一、编制相关表

相关表是用来反映变量之间相关关系的统计表。将一个变量的若干变量值按照从小到大的顺序排列,并将另一个变量的值与之对应而排列起来的统计表,就叫相关表。

相关表是进行相关分析和绘制相关图的基础。变量之间的相关关系在表面上看有时是杂乱无章、毫无规律的,通过对资料进行排序,编制成相关表,可以初步观察现象之间的相关方向、形式和密切程度。

【例 8-1】假设对某社区 2023 年 10 户居民家庭的可支配收入和消费支出进行调查,得到原始资料,如表 8-2 所示。

表 8-2　居民可支配收入和消费的原始资料

单位:千元

居民家庭	1	2	3	4	5	6	7	8	9	10
可支配收入(x)	23	18	42	31	50	45	37	14	28	58
消费支出(y)	20	15	38	28	45	40	33	10	24	50

根据以上原始资料,将可支配收入按照从小到大的顺序排列,可编制相关表,如表 8-3 所示。

表 8-3　居民可支配收入和消费的相关表

单位:千元

可支配收入(x)	14	18	23	28	31	37	42	45	50	58
消费支出(y)	10	15	20	24	28	33	38	40	45	50

从表 8-3 可以看出,随着月可支配收入的提高,居民的消费支出也有相应提高的趋势,两者之间存在明显的正相关关系。

二、绘制相关图

相关图也称散点图,是以直角坐标系的横轴代表自变量 x,纵轴代表因变量 y,将两个变量间相对应的变量值用坐标点的形式描绘出来,用来反映两变量之间相关点分布状况的图形。

通过相关图可以更直观地反映变量之间的相关方向和密切程度,当 y 对 x 有函数关系时,所有的相关点都分布在某条线上;不完全相关关系则由于其他因素的影响,其相关点并非处在一条线上,但所有相关点的分布也会显示出某种趋势。

在图 8-1 中,可以直观地看出居民可支配收入和消费呈现出线性、正相关的趋势,但两者用直线方程表示时,会存在一定的误差,即两者之间有不完全相关关系。

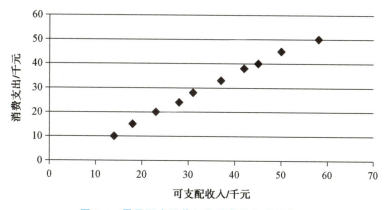

图 8-1　居民可支配收入和消费的相关散点图

应注意,在总体单位数即观察值个数相对较少的情况下,相关线条的形状会因组数和组限的改变而改变。因此,在观察值个数不多的条件下,不能过于相信相关线条的形状。

三、计算相关系数

相关表和相关图只能大体上反映标志之间的相关关系。如果现象之间存在线性相关关系,可以通过计算相关系数来确定相关关系的密切程度。相关系数基本计算公式或者称为相关系数的定义公式如下:

$$r = \frac{\sigma_{xy}^2}{\sigma_x \sigma_y}$$

式中:r——相关系数;

$$\sigma_{xy}^2 = \frac{\sum (x - \bar{x})(y - \bar{y})}{n}$$——协方差;

$$\sigma_x = \sqrt{\frac{\sum (x - \bar{x})^2}{n}}$$——x 的标准差;

$$\sigma_y = \sqrt{\frac{\sum (y - \bar{y})^2}{n}}$$——y 的标准差。

所以相关系数可表示为如下形式:

$$r = \frac{\sum (x - \bar{x})(y - \bar{y})}{n\sigma_x \sigma_y} \quad 或 \quad r = \frac{\sum (x - \bar{x})(y - \bar{y})}{\sqrt{\sum (x - \bar{x})^2} \sqrt{\sum (y - \bar{y})^2}}$$

【例 8-2】根据表 8-3 居民家庭的月可支配收入和消费支出的调查资料,计算相关系数,令 y 为消费支出,x 为可支配收入,如表 8-4 所示。

表 8-4　定义公式计算相关系数

可支配收入 (x)	消费支出 (y)	$x - \bar{x}$	$y - \bar{y}$	$(x - \bar{x})^2$	$(y - \bar{y})^2$	$(x - \bar{x})(y - \bar{y})$
14	10	-20.6	-20.3	424.36	412.09	418.18
18	15	-16.6	-15.3	275.56	234.09	253.98
23	20	-11.6	-10.3	134.56	106.09	119.48
28	24	-6.6	-6.3	43.56	39.69	41.58
31	28	-3.6	-2.3	12.96	5.29	8.28
37	33	2.4	2.7	5.76	7.29	6.48
42	38	7.4	7.7	54.76	59.29	56.98
45	40	10.4	9.7	108.16	94.09	100.88
50	45	15.4	14.7	237.16	216.09	226.38
58	50	23.4	19.7	547.56	388.09	460.98
合计:346	303	0	0	1844.4	1562.1	1693.2

$$\bar{x} = \frac{\sum x}{n} = 34.6(千元)$$

$$\bar{y} = \frac{\sum y}{n} = 30.3(千元)$$

$$r = \frac{\sum (x - \bar{x})(y - \bar{y})}{\sqrt{\sum (x - \bar{x})^2}\sqrt{\sum (y - \bar{y})^2}} = \frac{1693.2}{\sqrt{1844.4 \times 1562.1}} \approx 0.9975$$

以上公式是根据$(x - \bar{x})$和$(y - \bar{y})$计算的,当$\bar{x}$或$\bar{y}$为除不尽的小数时,计算既麻烦又影响准确性。在实际处理问题时,如果根据原始变量的数值计算相关系数,可运用相关关系数简捷法计算。其计算公式为

$$r = \frac{n\sum xy - \sum x \sum y}{\sqrt{n\sum x^2 - (\sum x)^2}\sqrt{n\sum y^2 - (\sum y)^2}}$$

根据上述公式计算相关系数,只需要列出 3 个计算栏,即 x^2、y^2、xy,而且能避免平均数、离差以及标准差的直接计算,减少中间环节,计算相关系数的准确性也会相应提高。计算如表 8-5 所示。

表 8-5 简捷公式计算相关系数

可支配收入(x)	消费支出(y)	x^2	y^2	xy
14	10	196	100	140
18	15	324	225	270
23	20	529	400	460
28	24	784	576	672
31	28	961	784	868
37	33	1 369	1 089	1 221
42	38	1 764	1 444	1 596
45	40	2 025	1 600	1 800
50	45	2 500	2 025	2 250
58	50	3 364	2 500	2 900
合计:346	303	13 816	10 743	12 177

$$r = \frac{n\sum xy - \sum x \sum y}{\sqrt{n\sum x^2 - (\sum x)^2}\sqrt{n\sum y^2 - (\sum y)^2}}$$

$$= \frac{10 \times 12\ 177 - 346 \times 303}{\sqrt{10 \times 13\ 816 - 346^2}\sqrt{10 \times 10\ 743 - 303^2}} \approx 0.9975$$

也可以直接利用多功能计算器的统计功能模块计算出 $\overline{xy}$、$\bar{x}$、$\bar{y}$、σ_x、σ_y,再用相关系数的简捷公式计算。其计算公式为:

$$r = \frac{\overline{xy} - \bar{x}\bar{y}}{\sigma_x \sigma_y}$$

 巩固加深

【练习1】某企业上半年产品产量与单位成本资料如表8-6所示。

表8-6 某企业上半年产品产量与单位成本资料

月份	产量/千件	单位成本/元
1	2	73
2	3	72
3	4	71
4	3	73
5	4	69
6	5	68

要求:判断产品产量与单位成本之间是否存在相关关系,如果有,关系的密切程度如何?

【练习2】根据表8-7中的资料,已知居民收入和消费支出之间为线性相关关系,试计算居民收入和消费支出之间的相关系数。

表8-7 居民收入和消费支出资料

编号	居民收入/千元	消费支出/千元
1	15	12
2	18	15
3	20	18
4	25	20
5	30	28
6	40	36
7	62	42
8	75	53
9	88	60
10	92	65

【练习3】某部门8个企业产品销售额和销售利润的资料如下:

单位(元)

计算结果: $\sum xy = 189\ 127$ $\sum x^2 = 2\ 969\ 700$ $\sum x = 4\ 290$

$\sum y^2 = 12\ 189.11$ $\sum y = 260.1$

试求:产品销售额与利润额的相关关系。

计算相关系数的目的是判断两个变量的线性相关程度与方向,因此,需要明确判断标准。根据相关系数判断相关关系的方法如下:

(1)相关系数 r 的取值为 $-1 \leqslant r \leqslant 1$。

(2)当 $|r|=1$ 时,x 与 y 变量为完全线性相关,x 与 y 之间存在着确定的函数关系。

(3)当 $r>0$ 时,x 与 y 为正相关;当 $r<0$ 时,x 与 y 为负相关。

(4)当 $r=0$ 时,y 的变化与 x 无关,即 x 与 y 完全没有线性相关。

(5)$|r|$ 的数值越大,越接近于 1,表示 x 与 y 线性相关程度越高;反之,$|r|$ 的数值越小,越接近于 0,表示 x 与 y 线性相关程度越低。

通常按以下标准来判断两个变量的线性相关程度:

$0<|r|<0.3$ 时,为微弱相关;

$0.3 \leqslant |r|<0.5$ 时,为低度相关;

$0.5 \leqslant |r|<0.8$ 时,为显著相关;

$0.8 \leqslant |r|<1$ 时,为高度相关。

任务三 一元线性回归分析

一、回归分析的含义

回归分析是指对具有相关关系的现象,根据其变量之间的数量变化规律,运用相关的数学模型(称为回归方程式)近似地表示变量之间的平均变化关系,并进行估算和预测的一种统计分析方法。

就一般意义而言,相关分析包括相关和回归两方面内容,因为相关与回归都是研究两个变量相互关系的方法。但就具体方法所解决的问题而言,相关分析和回归分析是有明显差别的。相关分析能确定两个变量之间相关方向和相关的密切程度,但不能指出两个变量相互关系的具体形式,也无法从一个变量的变化情况来推测另一个变量的变化情况。回归分析能对具有相关关系的两个或两个以上变量之间数量变化的一般关系进行测定,确立一个相应的数学表达式,以便由一个已知量来推测另一个未知量,从而为估算预测提供一个重要的方法。

二、相关分析与回归分析的关系

(一)相关分析与回归分析的区别

(1)相关分析研究的两个变量是具有对等关系的;回归分析研究的两个变量不是具有对等关系的,必须根据研究目的,先确定其中一个是自变量,另一个是因变量。

(2)对两个变量 x 和 y 来说,相关分析只能计算出一个反映两个变量间相关关系密切程度的相关系数,而且计算中改变 x 和 y 的地位不会影响相关系数的值。回归分析有时可以根据研究目的不同分别建立两个不同的回归方程:既可以 x 为自变量,y 为因变量,建立 y 对 x 的回归方程;也可以 y 为自变量,x 为因变量,建立 x 对 y 的回归方程。

(3)相关分析对资料的要求是两个变量都是随机变量,而回归分析对资料的要求是自变量是可以控制的变量(给定的变量),因变量是随机变量。

(二)相关分析与回归分析的联系

(1)相关分析是回归分析的基础和前提

如果缺少相关分析,没有定性说明现象间是否存在相关关系,没有对相关关系的密切程度做出判断,就不能进行回归分析。即使进行了回归分析,也可能是没有实际意义的。

(2)回归分析是相关分析的深入和继续

仅仅说明现象间具有密切的相关关系是不够的,只有进行回归分析、拟合回归方程,才有可能进行进一步的分析和预测,相关分析才有实际的意义。

三、回归分析的主要内容

(一)确定相关关系的数学表达式

回归分析的目的之一是根据一个现象变动对另一个现象的变动做出数量上的判断,测定变量间的一般数量变化关系,即建立相关关系的数学模型——回归方程,用函数关系近似地表现相关关系。如果现象之间表现为线性相关,则采用配合直线方程;如果表现为非线性相关,就采用配合曲线方程。这是进行判断、推算和预测的依据。

(二)测定数学表达式的拟合度

数学模型是现象间相关关系的数量描述形式,模型拟合的精度直接影响统计分析结论的精确性。因此,在模型建立后,需要对其精确度进行检验。统计上一般是通过计算估计标准误差来测定精确度。估计标准误差越小,说明模型的拟合精度越高,从而进行统计分析结论的可靠性就越大;反之,估计标准误差越大,说明模型的拟合精度越低,从而进行统计分析结论的可靠性就越低。

四、回归分析的种类

回归分析按自变量的个数不同,可分为一元回归和多元回归。只有一个自变量的回归分析称为一元回归,又称简单回归;有两个或两个以上自变量的回归分析称为多元回归,或称复回归。按照回归线的形状不同,可以分为线性回归(直线回归)和非线性回归(曲线回归)。其中,线性回归是基本的,这里只介绍一元线性回归,即简单线性回归。

五、一元线性回归分析

在回归分析中,最简单的模型是只有一个因变量和一个自变量的线性回归模型。这类模型就是一元线性回归模型,又称为直线回归模型。

(一)构建一元线性回归模型应具备的条件

一般情况下,构建一元线型回归模型应遵循以下几个条件:

1.两个变量之间确实存在显著或显著以上的相关关系

如果两个变量之间没有相关关系或相关程度不显著,则所配合的线性回归方程对两个变量之间的数量依存关系的代表性就不够,计算结果与实际情况之间误差太大,没有应用价值。

2.现象间存在线性相关关系

一元线性回归方程在图形上表现为一条直线,因此,只有当两个变量的相关关系表现为直线相关时,所配合的直线方程才是对客观现实的真实描述,才可用此进行统计分析,如果现象间的相关关系表现为曲线,却配合为直线,就会得出错误的分析结论。

3.具备一定数量的变量观测值

回归直线方程是根据自变量和因变量的样本观测值求得的,因此,变量 x 和变量 y 两者应有一定数量的对应观测值,这是构建直线方程的依据。如果观测值太少,受随机因素的影响较大,就不易观察出现象间的变动规律性,所求出的直线回归方程也就没有意义了。

4.应用最小平方法(最小二乘法)原理确定两个待定参数 a 和 b

使用最小平方法可以使因变量实际值与理论值离差的代数和等于零,即 $\sum(y-y_c)=0$,从而使离差的平方和为最小,即 $\sum(y-y_c)^2=0$ 为最小值,因而最具有代表性,是最佳的回归直线模型。

(二)一元线性回归模型的建立

在相关图中,如果自变量与因变量对应的散点分布近似为直线,且计算出的相关系数具有显著的线性相关关系时,则可以使用一元线性回归方程来描述自变量与因变量之间的相关关系。其方程式为:

$$y_c = a + bx$$

式中, y_c 表示 y 的估计值, a 和 b 是确定该直线方程的两个待定参数, a 代表直线的起点值,在数学上称为直线的纵轴截距; b 代表自变量变动一个单位时因变量的平均变动值,数学上称为斜率,也称为回归系数。 $b>0$ 为增加量, $b<0$ 为减少量。一旦解出 a 和 b ,表明变量之间一般关系的回归直线就可以确定下来了。

根据最小平方法计算一元线性回归方程参数的公式为:

$$b = \frac{\sigma_{xy}^2}{\sigma_x^2} = \frac{\overline{xy} - \overline{x}\,\overline{y}}{\sigma_x^2} = \frac{n\sum xy - \sum x \sum y}{n\sum x^2 - (\sum x)^2}$$

$$a = \bar{y} - b\bar{x} = \frac{\sum y}{n} - b\frac{\sum x}{n}$$

【例 8-3】根据表 8-8 居民家庭的月可支配收入和消费支出的调查资料,试建立 y 对 x 的回归方程。

表 8-8　居民家庭的月可支配收入和消费支出的回归分析

单位:千元

可支配收入(x)	消费支出(y)	x^2	xy
14	10	196	140
18	15	324	270
23	20	529	460
28	24	784	672
31	28	961	868
37	33	1 369	1 221
42	38	1 764	1 596
45	40	2 025	1 800
50	45	2 500	2 250
58	50	3 364	2 900
$\sum x = 346$	$\sum y = 303$	$\sum x^2 = 13\,816$	$\sum xy = 12\,177$

$$b = \frac{n\sum xy - \sum x\sum y}{n\sum x^2 - (\sum x)^2} = \frac{10 \times 12\,177 - 346 \times 303}{10 \times 13\,816 - 346^2} = 0.9180$$

$$a = \bar{y} - b\bar{x} = \frac{\sum y}{n} - b\frac{\sum x}{n} = \frac{303}{10} - 0.9180 \times \frac{346}{10} = -1.4628$$

所以,

$$y_c = a + bx = -1.4628 + 0.9180x$$

注意方程参数 b 所代表的意义。b 称为回归系数,它表示当 x 每变动一个单位时,y 的平均变动值。当 b 的符号为正时,自变量和因变量同方向变动,当 b 的符号为负时,自变量和因变量反方向变动。在本案例中,b 表示居民月可支配收入每增加 1 千元,消费支出平均增加 0.9180 千元。根据这个方程,还可以估计该社区居民月可支配收入对消费支出的影响,例如,当居民月可支配收入为 65 千元时,消费支出为 58.23 千元。

【练习1】某企业上半年产品产量与单位成本资料如表8-9所示。

表8-9　某企业上半年产品产量与单位成本资料

月份	产量/千件	单位成本/元
1	2	73
2	3	72
3	4	71
4	3	73
5	4	69
6	5	68

要求:建立单位成本对产品产量的回归方程,并说明其中参数代表的经济意义。

【练习2】根据表8-10中的资料,已知居民收入和消费支出之间为线性相关关系,试建立消费支出对居民收入的回归方程,并说明其中参数代表的经济意义。

表8-10　居民收入和消费支出资料

单位:千元

编号	居民收入	消费支出
1	15	12
2	18	15
3	20	18
4	25	20
5	30	28
6	40	36
7	62	42
8	75	53
9	88	60
10	92	65

【练习3】某部门8个企业产品销售额和销售利润的资料如下:

单位(元)

计算结果:$\sum xy = 189\,127$　　$\sum x^2 = 2\,969\,700$　　$\sum x = 4\,290$

$\sum y^2 = 12\,189.11$　　$\sum y = 260.1$

试建立 y 对 x 的回归方程,并说明其中参数代表的经济意义。

（三）相关系数与回归系数关系

因为 $r = \dfrac{\sigma_{xy}^2}{\sigma_x \sigma_y}$，$b = \dfrac{\sigma_{xy}^2}{\sigma_x^2}$，所以 $\dfrac{r}{b} = \dfrac{\sigma_x}{\sigma_y}$

因此，回归系数 b 的符号与相关系数 r 的符号一致。若 $r > 0$ 则 $b > 0$，变量之间呈正相关关系；若 $r < 0$ 则 $b < 0$，变量之间呈负相关关系。

五、估计标准误差

回归方程的一个重要作用在于能根据自变量的已知值推算因变量的可能值。这个可能值也称估计值、理论值、平均值，它和真正的实际值既可能一致，也可能不一致，因而就会产生估计值的代表性问题。显而易见，将一系列 y_c 值和 y 值加以比较，可以发现其中存在着一系列离差，有的是正差，有的是负差。回归方程的代表性，一般是通过估计标准误差来加以检验的。估计标准误差是用来说明回归方程代表性高低的统计分析指标，其计算原理与标准差基本上相同，计算公式为

$$s_{yx} = \sqrt{\frac{\sum (y - y_c)^2}{n - 2}}$$

式中：s_{yx}——估计标准误差；

下标 yx——y 依 x 而回归的方程；

y——因变量实际值；

y_c——根据回归方程推算出来的因变量的估计值；

$n-2$——回归估计的自由度，因为模型 $y_c = a + bx$ 包括估计量 a 和 b，所以模型失去了两个自由度。

【例 8-4】根据表 8-11 居民家庭的月可支配收入和消费支出的调查资料，计算估计标准误差。

表 8-11　居民家庭的月可支配收入和消费支出的估计标准误差计算

可支配收入（x）	消费支出（y）	$y_c = -1.4628 + 0.9180x$	$y - y_c$	$(y - y_c)^2$
14	10	11.3892	-1.3892	1.929877
18	15	15.0612	-0.0612	0.003745
23	20	19.6512	0.3488	0.121661
28	24	24.2412	-0.2412	0.058177
31	28	26.9952	1.0048	1.009623
37	33	32.5032	0.4968	0.24681

续表

可支配收入（x）	消费支出（y）	$y_c = -1.4628 + 0.9180x$	$y - y_c$	$(y - y_c)^2$
42	38	37.0932	0.9068	0.822286
45	40	39.8472	0.1528	0.023348
50	45	44.4372	0.5628	0.316744
58	50	51.7812	-1.7812	3.172673
合计：346	303	303	0	7.704946

$$s_{yx} = \sqrt{\frac{\sum (y - y_c)^2}{n - 2}} = \sqrt{\frac{7.704946}{10 - 2}} = 0.9814（千元）$$

计算结果表明，消费支出的实际值与估计值的平均离差为 0.9814 千元。

计算出了估计标准误差，便可以对回归方程的代表性进行检验。估计标准误差 s_{yx} 越大，则回归方程的代表性就越低，因而估计值 y_c 的可靠性就越低；反之，若 s_{yx} 越小，则回归方程的代表性就越高，估计值 y_c 的可靠性也越高。因此，只有在估计标准误差小的情况下，用回归方程估计或预测才具有实际意义。

实际工作中，使用估计标准误差的定义公式计算它比较麻烦，如果使用没有分组的原始资料计算估计标准误差，常用以下简捷计算公式。

$$s_{yx} = \sqrt{\frac{\sum y^2 - a \sum y - b \sum xy}{n - 2}}$$

任务四　运用 Excel 进行相关与回归分析

一、绘制相关图

绘制相关图主要是使用 Excel 的图表功能。

现用例 8-1 中表 8-2 所示的居民可支配收入和消费的资料，绘制相关图。具体操作步骤如下：

（1）在 Excel 表格中添加数据。

（2）选定数据区域 B3：C12，在【插入】选项卡下的【图表】功能组中，选择【散点图】，选择所需要的样式，即可生成相应的相关图。如图 8-2 所示。

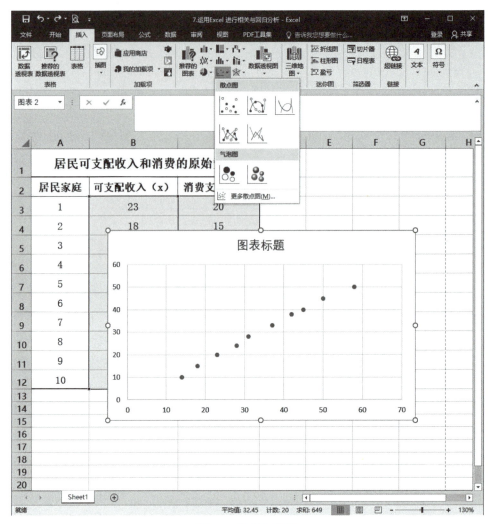

图 8-2　绘制相关图

二、计算相关系数

用 Excel 计算相关系数的方法有两种：一是利用 CORREL 函数，二是利用数据分析工具。现用例 8-1 中表 8-2 所示的居民可支配收入和消费支出的资料，介绍这两种方法。

（一）利用 CORREL 函数计算相关系数

 函数学习园地

CORREL 函数用于返回两组数值的相关系数，其语法格式为：CORREL(array1,array2)，参数【Array1】和【Array2】分别是第一组和第二组的数值。

具体操作步骤如下：

（1）在 Excel 表格中添加数据后，选择任一空白单元格，在功能区【公式】选项卡中单击【插入函数】，选择 CORREL 函数。

（2）在【函数参数】对话框中，在【Array1】文本框中输入"B3：B12"，在【Array2】文本框中输入"C3：C12"，如图 8-3 所示。

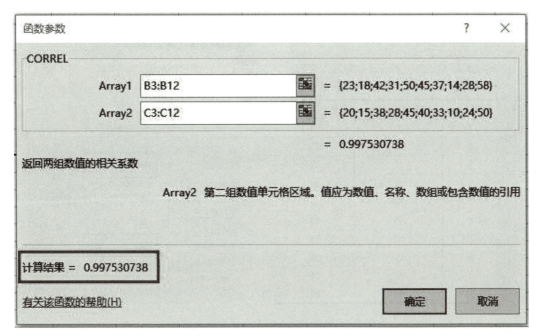

图 8-3　利用 CORREL 函数计算相关系数

（3）单击【确定】按钮，在指定单元格中将显示出相关系数的计算结果。

（二）利用数据分析工具计算相关系数

利用数据分析工具计算相关系数时，必须在 Excel 中加载"分析工具库"，具体操作方法见"项目三——利用直方图工具进行分组统计"。

接下来具体操作步骤如下：

（1）在功能区【数据】选项卡下单击【数据分析】，在列表中选择【相关系数】，单击【确定】，打开【相关系数】对话框。

（2）在【输入区域】中输入可支配收入和消费支出数据所在的区域"＄B＄2：＄C＄12"，在【输出区域】中输入相关系数所在的单元格"＄E＄2"，如图 8-4 所示。

 特别提醒

如果将标题行也选择在数据区域内，则应选择【标志位于第一行】复选框。

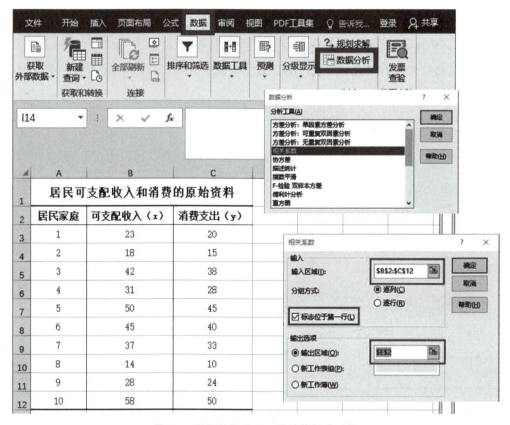

图 8-4　利用数据分析工具计算相关系数

（3）单击【确定】按钮，得到相关系数分析结果，如图 8-5 所示。

E	F	G
	可支配收入（x）	消费支出（y）
可支配收入（x）	1	
消费支出（y）	0.997530738	1

图 8-5　分析结果

三、一元线性回归分析

例 8-1 中表 8-2 的相关系数计算表明居民可支配收入和消费支出之间存在较高的线性相关关系。这里仍承该例，介绍如何通过 Excel 进行回归分析。

(一)利用 LINEST 函数进行回归分析

 函数学习园地

  LINEST 函数是使用最小二乘法对已知数据进行最佳直线拟合,并返回描述此直线的数组。其语法格式为:LINEST(known_y's,known_x's,const,stats)。其中,参数【Known_y's】是关系表达式 $y=ax+b$ 中已知的 y 值集合。【Known_x's】是关系表达式 $y=ax+b$ 中已知的可选 x 值集合。【Const】为一逻辑值,用于指定是否将常量 b 强制设为 0。如果【Const】为 TRUE 或省略,b 将按正常计算。如果【Const】为 FALSE,b 将被设为 0,并同时调整 a 值使 $y=ax$。【Stats】为一逻辑值,指定是否返回附加回归统计值。如果【Stats】为 TRUE,则 LINEST 函数返回附加回归统计值,包括判定系数、Y 估计值的标准误差、F 观察值、回归平方和、残差平方和。如果【Stats】为 FALSE 或省略,LINEST 函数只返回系数 a 和常量 b。

  具体操作步骤如下:

  (1)在 Excel 表格中选定放置计算结果的单元格区域,计算结果需要 2 列 5 行共 10 个单元格,在本例中选定 E3:F7 单元格区域。

  (2)在功能区【公式】选项卡下单击【插入函数】,搜索、选择 LINEST 函数。

  (3)在【函数参数】对话框中,在【Known_y's】文本框中输入因变量消费支出 y 值所在的数值区域"C3:C12",在【Known_x's】文本框中输入自变量可支配收入 x 值所在的数值区域"B3:B12"。【Const】文本框要求输入逻辑值,本例中需要正常计算截距,可输入"TRUE"或省略。【Stats】文本框也要求输入逻辑值,本例中要计算估计标准误,输入"TRUE"。如图 8-6 所示。

  (4)函数参数设置完毕后,按【Ctrl+Shift+Enter】组合键,在指定单元格中将显示相关的计算结果。如图 8-7 所示。

(二)利用数据分析工具进行回归分析

  具体操作步骤如下:

  (1)在功能区【数据】选项卡下单击【数据分析】,在列表中选择【回归】,单击【确定】,打开【回归】对话框。

  (2)在【Y 值输入区域】中输入因变量消费支出 y 值所在的数值区域"＄C＄3:＄C＄12",在【X 值输入区域】中输入自变量可支配收入 x 值所在的数值区域"＄B＄3:＄B＄12",在【输出区域】中输入相关系数所在的单元格"＄E＄3",如图 8-8 所示。

  (3)单击【确定】按钮,得到回归分析结果,如图 8-9 所示。

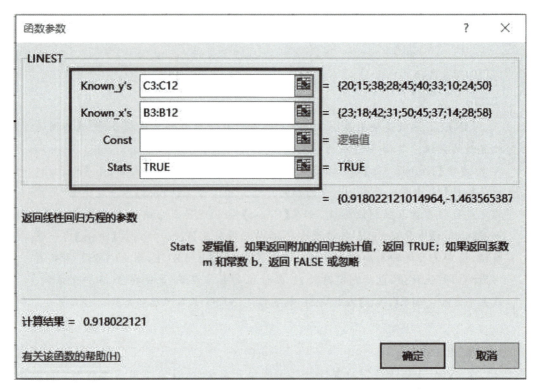

图 8-6   利用 LINEST 函数进行回归分析

A	B	C	D	E	F
1	居民可支配收入和消费的原始资料				
2 居民家庭	可支配收入（x）	消费支出（y）			
3 1	23	20		0.918022121	-1.463565387
4 2	18	15		0.022851368	0.849382629
5 3	42	38		0.995067573	0.981385799
6 4	31	28		1613.919493	8
7 5	50	45		1554.395055	7.704944697
8 6	45	40			
9 7	37	33			
10 8	14	10			
11 9	28	24			
12 10	58	50			

图 8-7   分析结果

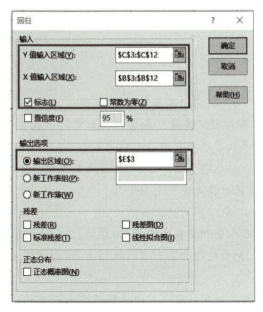

图 8-8　利用数据分析工具进行回归分析

SUMMARY OUTPUT							
回归统计							
Multiple R	0.997380065						
R Square	0.994766994						
Adjusted R Squa	0.994019421						
标准误差	1.03906718						
观测值	9						
方差分析							
	df	SS	MS	F	ignificance F		
回归分析	1	1436.665	1436.665	1330.663	3.02E-09		
残差	7	7.557624	1.079661				
总计	8	1444.222					
	Coefficients	标准误差	t Stat	P-value	Lower 95%	Upper 95%	下限 95.0%	上限 95.0%
Intercept	-1.597613741	0.969762	-1.64743	0.143462	-3.89074	0.695509	-3.89074	0.695509
23	0.920676544	0.025239	36.47826	3.02E-09	0.860996	0.980357	0.860996	0.980357

图 8-9　分析结果

扫码获取▼
本任务数据源

知识归纳

在现实世界里,许多现象之间是相互联系、相互制约的。现象之间的这种关系可以分为函数关系和相关关系两大类。函数关系反映现象之间存在的一种严格的数量对应关系,是某种确定的原因,必然导致确定的结果的因果关系。相关关系是指变量之间存在的一种不严格的依存关系。在这种关系中,当一个现象发生数量变化时,另一现象也相应地发生数量上的变化,但其关系值是不完全确定的。

现象之间的相关关系,从不同的角度和侧面,有不同的种类。相关关系按照相关的程度不同,分为完全相关、不完全相关和不相关;按相关的方向不同,分为正相关和负相关;按相关关系的形式不同,分为线性相关和非线性相关;按影响因素多少不同,分为单相关和复相关。

相关分析的主要内容包括判断现象之间是否存在相关关系、判断相关关系呈现的形态和判断相关关系的密切程度。

相关表和相关图只能大体上反映标志之间的相关关系。如果现象之间存在线性相关关系,可以通过计算相关系数来确定相关关系的密切程度。相关系数是在直线相关条件下,说明两个变量之间相关密切程度的统计分析指标。相关系数的计算有定义公式和简捷公式两个公式。

回归分析是对具有相关关系的现象,根据其变量之间的数量变化规律,运用相关的数学模型(称为回归方程式)近似地表示变量之间的平均变化关系,并进行估算和预测。直线回归方程的基本形式为:

$$y_c = a + bx$$

式中:y_c 表示回归估计值;a 和 b 均表示未知参数,参数 a 表示直线在纵轴上截距,b 是直线的斜率,称为回归系数,a 和 b 通常用最小平方法来计算。

估计标准误差是用来说明直线回归方程代表性大小的统计分析指标。

扫码答题▼
项目八习题